U0142757

圖解
海事法規

五南圖書出版公司 印行

張雅富 ／ 編著

閱讀文字

理解內容

觀看圖表

圖解讓
海事法規
更簡單

自
序

自序

　　我國於民國 108 年 11 月通過〈海洋基本法〉，並訂定每年 6 月 8 日為國家海洋日，海洋委員會並依〈海洋基本法〉公布〈國家海洋政策白皮書〉，以及教育部的〈海洋教育政策白皮書〉，交通部也推出〈運輸政策白皮書〉，都顯示政府因應國際潮流對海洋的保護與開放。

　　而國際海運業對海事法規的訂定，主要是由聯合國的國際海事組織來邀集締約國討論制定後實施，我國目前雖非會員國，交通部仍會將參照相關國際法規以「內國法化」來一體準用，顯示不論是海洋發展、海洋教育或海洋運輸等，海事法規都是人、船、貨在海運商業及安全處理過程的重要依據及指引。

　　本書嘗試以圖示、說明的入門方式介紹國內外主要常用海事（航港）法規條文，主要分為海洋、海運、港務、關務及國際公約等，內容避免艱澀的法理討論文句，似應可供相關從業人員實務參考或學子在課堂的輔助學習，亦符合「**簡單易學、實用入門**」的編著撰寫初衷。

　　本書於公餘編撰過程中，雖盡力研讀及整理相關國內外資料，恐仍有疏漏或解讀不全之處，尚請各業（學）界先進，仍不吝給予本人指正。最後，也感謝臺灣港務（股）公司給予良好工作環境及五南圖書出版公司提供本書出版的機會。

張雅富
西元 2021 年春於高雄港

CONTENTS 目錄

第5章　船舶法

第6章　船舶登記法

第7章　船員法

第8章　海商法

第9章　引水法

第10章　航路標識條例

第15章　相關關務法規

參考資訊　309

附錄

第1章
海事概念

Unit 1-1 海事管理內容

一、海事管理的意義

　　「海事（Maritime Affair）」泛指關於船舶航海的事項，**廣義**上一切與航海有關的事物，包括造船驗船、航道航標、航業及港埠的營運管理、海洋開發與污染防治、海洋教育與人員培訓、船舶意外事故處理。**狹義**指當船舶在海上航行時，常有船舶沉沒、碰撞、觸礁或其他意外事故，因此國際上與本國政府會制定相關海事法規以管理及促進商船航行秩序。

二、海事法規的性質

(一)立法性質的一致性：依據我國憲法第 10 章中央與地方之權限的第 107 條規定：「航政事項由中央立法並執行之」。同法第 108 條規定：「航業及海洋漁業、二省以上之水陸交通運輸事項由中央立法並執行之，或交由省縣執行之」。

(二)國際法與國內法兼具：航運事業經濟活動是與國際商港的港務管理、航行安全等，除了受國內法規的限制外，因航運事業為國際性活動，故對於船舶、船員及運送事項等亦受國際公約的規範，我國的法規之內容亦會對應國際公約的增修而配合修正。

(三)海事法規具有強制性：海事法規內容包含甚廣，除了一些民法規定的事項之外，大部分屬國家機關的行政作為，故屬於強制性的規範，特別是行政程序，會要求當事人遵守依法辦理。

(四)公法與私法性質兼具：海事法規有國家以管理權要求當事人配合之公法的法律關係（如船舶航行安全），也有私法上的規範私人與私人、公法人的權利義務關係（例如船舶權益登記）。

三、海事管理的發展

　　一國所鄰接之海域亦被稱為「藍色國土」，海洋的空間、資源及管理，逐漸受到廣大的重視。由於海洋運輸、航行安全、資源及環境保護等議題，都涉及各國管理作為的一致性及公平性，因此各國普遍關注其涉外性的內容，故在研擬訂定國內法規時，架構及內容必須注意與國際海公約相契合。

　　近年由於海上運輸因國際貿易擴大而更為興盛，對船舶作業條件、船上人員安全、海洋污染防治、環境永續發展等，賦予海事管理更廣更深的行政管理內涵，而海事法規也是依法行政的法律依據。

歐洲海事日（European Maritime Day, EMD），是每年 5 月 20 日在歐盟各國輪流舉辦兩天的研討會議及博覽會，討論海事事務及藍色經濟的永續發展議題，顯示歐盟對海事的管理焦點擴展。

海事管理事務
（Maritime Affairs）

海域船舶保全、海上救難、海洋污染及環境保護等

航業與經營管理等

航業法、船舶法及船員法等

港務管理及關務類

商港法及關務法規

污染防治及生態永續

海洋污染法治及相關子法

國際海事公約等

海事安全及海洋環保等

Unit 1-2 海事法規範圍

海事管理的範圍，依據管理對象及內容約可分為以下幾類法規：

一、海域保安法規

自〈聯合國海洋法公約〉（United Nations Convention on the Law of the Sea, UNCLOS），於 1982 年 12 月 10 日開始簽署，至 1994 年 11 月 16 日生效後，世界各國對海域的管理，以便利國際交通、公平運用海洋資源、養護海洋生物、永續海洋資源等目的，加強對領海及經濟海域的立法管理。

例如我國的海洋委員會海巡署（簡稱海巡署）是負責臺灣鄰近海域及海岸巡防之主管機關，負責巡防海岸、領海、鄰接區及專屬經濟海域等，並執行查緝走私貨物和毒品、犯罪逃亡、偷渡等治安事務，是為海上執法與巡防救難工作的司法警察。

二、船舶管理法規

船舶管理（Ship Management）是對海上的交通船舶進行監理業務，例如船舶登記管理、進出港簽證申請、船舶檢查（特別檢查、定期檢查、臨時檢查）、船舶丈量及發證、船舶設備規範、船舶違規處理（含外籍船）、船舶相關統計作業等。

我國於 101 年 3 月 1 日新成立「交通部航港局」（Maritime and Harbor Bureau, MOTC），將為原自交通部的各港務局之航政組所重新組合成立新的航港監理機關，以負責航政及港政的公權力業務。

三、船員管理法規

船員管理（Seafarer Management），這裡指依法為保障船員權益，維護船員身心健康，加強船員培訓及調和勞雇關係，促進航業發展的行政管理，但不涉及軍事建制之艦艇、海岸巡防機關之艦艇及漁船等的船員。主管機關為交通部，其業務由航政機關辦理（即交通部航港局）。

四、航業經營法規

航業經營法規類是政府為健全航業制度，促進航業發展，繁榮國家經濟的立法。其中航業（Shipping Industry）是指以船舶運送、船務代理、海運承攬運送、貨櫃集散站經營等為營業之事業，包括管理外籍船公司在本國的營業運送行為。主管機關為交通部，其業務由航政機關辦理（即交通部航港局）。

五、船舶航行法規

　　航行安全，船舶在海上（江河）上航行，與陸上交通一樣需有序運行才能避免發生意外事故，故國際上與國內法規對船舶航行指引（例如〈**1972 海上避碰規則國際公約**〉，Convention on the International Regulations for Preventing Collisions at Sea, 1972；COLREG）及國內對航路標識輔助設施，均會有詳細規定，對船舶進出商港另有規定船舶引水（Pilotage）規定以確保在特定區域的航行秩序。

六、港務管理及關務法規

　　港埠是客貨的水陸運輸交會地區，依我國管理體制可分爲商港及工業轉用港，特別是國際港口因應國際通商船舶進出安全，會部分參探引用國際公約內容，船舶貨物在港口進出亦受關務法規的要求。

七、環境保護法規

　　海洋保護的觀念及推動是落實在國際公約與國內新頒法規，特別是防止船舶在航行與作業中對海域及港口的汙染，或意外事故所產生的海洋污染，以減少對生態環境的干擾。

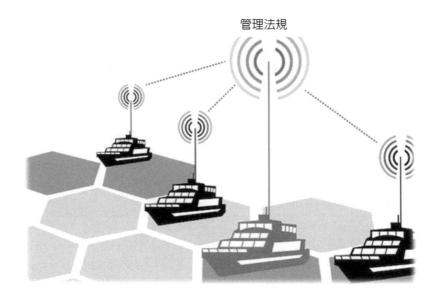

管理法規

海事法規

（Maritime rules and Regulations）

　　海事法規主要是對行為人（法人或自然人）從事海運作業的行為規範，以及船舶所有人與其運送客貨所應負責任及權利事項，包括港口在提供船舶泊靠、貨物裝卸及旅客服務時的管理規定，也是航政機關對航政及港政的公權力管理依據。各項海運法律規定，其航政主管機關，在中央為交通部，在地方為當地航政主管機關（航港局）。而海洋委員會海巡署負責領海及經濟海域的海域安全事務。

中華民國交通部

https://www.motc.gov.tw/ch/index.jsp

交通部航港局

https://www.motcmpb.gov. tw/

海洋委員會海巡署

　　則是負責海上安全、救難及海洋保育等項：

一、海上交通秩序之管制及維護事項。

二、海上救難、海洋災害救護及海上糾紛之處理事項。

三、漁業巡護及漁業資源之維護事項。

四、海洋環境保護及保育事項。

https://www.cga.gov.tw/GipOpen/wSite/mp?mp=999

海洋環境保護──零碳排放、零廢棄物

歐盟推動減少船舶燃料碳排放、港口收受船舶垃圾處理、老舊船舶循環使用，以降低對海洋環境的衝擊。

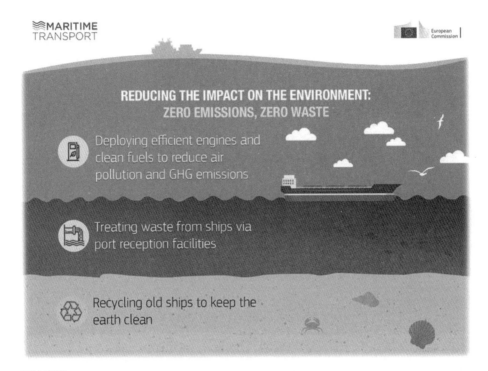

圖片來源：

https://ec.europa.eu/transport/modes/maritime/maritime-transport_en

第2章
國外海事組織

Unit 2-1 聯合國組織

海上航運有國際航運和國內航運連接各地，以各式船舶進行海上客貨運送，為維護海上船舶航行秩序及安全，有必要建立各國共同遵循的國際規範以共同遵守，聯合國（United Nation, UN）所屬的「國際海事組織」（International Maritime Organization, IMO）便扮演協調及制訂各類國際規則公約的主要角色。

一、組織沿革

國際海事組織原為 1958 年 3 月成立之「政府間海事諮詢組織」（Inter-Governmental Maritime Consultative Organization, IMCO），1959 年成為聯合國組織下 15 個專門機構之一，1982 年 5 月該組織第九屆大會決定更名為國際海事組織，總部是設在英國倫敦，為負責改善船隻在海上安全和防止海洋污染的一個聯合國所屬國際組織機構。

二、組織功能

國際海事組織是一個促進各國政府和各國航運業界在改進海上安全、防止海洋污染與及海事技術合作的國際組織。國際海事組織理事會共有 40 名成員，分為 A、B、C 三類。其中 10 個 A 類理事為航運大國，10 個 B 類理事為海上貿易量最大國家，20 個 C 類理事為地區代表，理事會是該組織的重要決策機構。該組織每兩年舉行一次大會改選理事會和主席，當選主席和理事國的任期為 2 年。

三、重要公約

(一)「載重線國際公約」（International Convention on Load Lines, 1966；CLL），是各締約國於 1966 年 4 月 5 日在英國倫敦簽署的議定書。各締約國政府基於保障海上人命和財產的需要，願意對國際航行船舶的載重限制共同訂定統一的原則和規則。

(二)「海上避碰規則國際公約」（Convention on the International Regulations for Preventing Collisions at Sea, 1972；COLREG），公約是國際海事組織 1972 年 10 月 20 日於倫敦所公布對於海上航行之國際規則，包括海上瞭望、船舶安全速限、避碰及其採取措施、狹窄水域、分道航行區、船舶相遇、受限制船舶、船舶燈號等航行規則。

(三)「防止船舶污染國際公約」，現稱「關於 1973 年防止船舶污染國際公約之 1978 年議定書」（Protocol of 1978 Relating to the International Convention for the Prevention of Pollution From Ships 1973；MARPOL 73/78），是國際海事組織針對海上船舶因例行作業產生之油類物質污染行為，並設法減少船舶因意外事故或操作疏失所形成之污染行為所制定之國際公約。

(四)「海上人命安全國際公約」，現稱「關於 1974 年國際海上人命安全公約之 1978 年議定書」（Protocol of 1978 Relating to the International Convention for the Safety of Life at Sea 1974；SOLAS 74/78）是國際海事組織為保障乘客及船員海上航行安全，所制定有關商船設備規範及檢查資格的海事安全公約之一。

(五) 「航海人員訓練、發證及航行當值標準國際公約」（International Convention on Standards of Training, Certification and Watchkeeping for Seafarers；STCW），是經過多次修正案後稱為「1978 年航海人員訓練、發證及航行當值標準國際公約及其修正案」，係國際海事組織針對 300 至 500 總噸位以上，於近岸與遠洋國際航行的商船船員，規範相關訓練、發證、資格及設置相關標準。對於為各締約國政府，該國政府有義務達到或者超過本公約所設置航海人員訓練、發證及航行當值的最低標準。

(六) 「港口國管制」（Port State Control, PSC），是在本國港口對外國船舶的安全進行監督和檢查之機構，目的是在測試船舶上船長和其船員的能力、船舶狀況與及它上面各項設備的工作狀況是否遵照或符合國際安全公約（SOLAS、MARPOL、STCW 等）的要求，並且測試船上人員是否已管理達到國際海事法要求的合格標準。

(七) 「船舶壓艙水及沉積物管理國際公約」（International Convention for the Control and Management of Ships' Ballast Water and Sediments, 2004；BWM），國際海事組織於 2019 年 9 月 8 日強制船舶設置壓艙水處理系統，壓艙水處理系統能有效移除、淨化含於壓艙水及沉積物中的水生生物與病原體，避免影響海洋環境與生態平衡。

 聯合國國際海事組織
（International Maritime Organization, IMO）

聯合國國際海事組織

http://www.imo.org/EN/Pages/Default.aspx

　在國際海運的規則或公約是由聯合國底下的國際海事組織（International Maritime Organization, IMO）邀集會員國商討訂定，特別是船舶航行、船員及旅客、貨物運送安全、海洋環境等。

主要活動
1. 制定和修改有關海上安全、防止海洋受船舶污染。
2. 便利海上運輸、提高航行效率。
3. 及與之有關的海事責任方面的公約。
4. 交流上述有關方面的實際經驗和海事報告。
5. 為會員國提供本組織所研究問題的情報和科技報告。
6. 用聯合國開發計劃署等國際組織提供的經費和捐助國提供的捐款，為發展中國家提供一定的技術援助。

Unit 2-2 歐盟及美國組織

一、歐盟執行委員會

　　Maritime Affairs, European Commission 是歐洲聯盟（European Union）下的一個機關，爲歐盟事實上的內閣，總部在比利時首都布魯塞爾。在歐盟政治系統中，歐洲執委會主要工作爲負責執行歐洲議會和歐盟理事會的決議、提出歐洲法案和維護「歐洲聯盟條約」。是由歐盟各會員國對海洋事務的一種對話及協調機制，以發展藍色（海洋）經濟爲宗旨，對海洋資源及空間能有效的運用與規劃，並保護海洋及生態環境，以創造附加價值及工作機會，經常性辦理國際海洋治理、海是保全監督、海洋教育、海事技術交流、海事安全等活動。

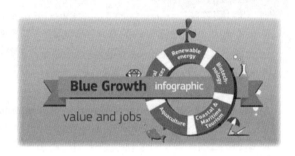

二、美國運輸部海事局

　　Maritime Administration（MARAD）是美國運輸部（Department of Transportation, DOT）的下屬機關，負責美國水道運輸系統，以配合國家經濟發展及維護安全（港口及船舶）的需要，並有自備吊具的船隊以供戰時及緊急應變使用，總部設在華頓特區。在技術上提供合適的水上基礎運輸設施，並與其他運輸方式能無縫接軌。此外對遠洋航運船舶、商船等提供技術與教育資源，促進船員的技能與美國民眾對海事行業工作的認識。

歐盟執行委員會的海事事務
（Maritime Affairs, European Commission）

https://ec.europa.eu/maritimeaffairs/home_en

主要項目
以發展藍色經濟，促進海洋的有效開發運用及永續發展：
1. 水產養殖（Aquaculture）
2. 海岸及海洋觀光（Coastal and maritime tourism）
3. 海洋生物工程（Blue biotechnology）
4. 海洋能源（Ocean energy）
5. 海底採礦（Seabed mining）

美國運輸部海事局
（Maritime Administration (MARAD), U.S. Department of Transportation）

https://www.maritime.dot.gov/

主要項目
以平時促進基礎建設、維持港口及航運安全，戰時協助動員：
1. 船舶及航運（Ships and shipping）
2. 港口及船舶航行（Port and vessel operations）
3. 國家安全（National security）
4. 環境及安全（Environment, and safety）

第3章
基本海洋法規

Unit 3-1 聯合國海洋法公約

「1982 年聯合國海洋法公約」（1982 United Nations Convention on the Law of the Sea, UNCLOS）[註1]的前言指出：「通過本公約，在妥爲顧及所有國家主權之情形下，爲海洋建立一種法律秩序，以便利國際交通和促進海洋之和平用途，海洋資源之公平而有效之利用，海洋生物資源之養護及研究、保護和保全海洋環境」，顯示有對引導海洋國家對其海洋活動與利用及所涉之國家海洋權益，進行**總體性之政策規劃、法律制定及組織建構**。

我國雖未簽署「1982 年聯合國海洋法公約」並未成爲其締約國，但作爲海洋國家，爲與國際社會重要之海洋相關公約、法規接軌，正視並改善我國海洋事務面臨之困境與挑戰，以提升我國國際形象，進而確立國家海洋發展之基本原則及方向，參考聯合聯合國海洋法公約及相關公約實有必要，亦爲我國訂定「**海洋基本法**」的依據。

一、立法沿革 [註2]

這是指聯合國曾召開的三次海洋法會議，以及 1982 年第三次會議所決議的海洋法公約（LOS）。1982 年 12 月 10 日第三次會議後 160 國簽署，1994 年 11 月 16 日 60 國批准生效，到 2012 年 6 月爲止，已有 162 個國家批准或加入，「1982 年聯合國海洋法公約」涉及海洋法幾乎所有方面的問題，由 1 個序言和 17 個部分組成，共 320 條，另有 9 個附件。其主要內容包括：領海和鄰接區、用於國際航行的海峽、群島國、專屬經濟區、大陸礁層、公海、島嶼制度、閉海或半閉海、內陸國出入海洋的權利和過境自由、區域、海洋環境的保護和保全、海洋科學研究、海洋技術的發展和轉讓、爭端的解決方式等。

[註1] 聯合國海洋法公約，植根法律網
http://www.rootlaw.com.tw/LawArticle.aspx?LawID=A040050070011500-0711210

[註2] 聯合國海洋法公約，台灣法律網
http://www.lawtw.com/article.php?template=article_content&job_id=130477&article_category_id=2028&article_id=64734

聯合國海洋法公約包括七項重要項目：
1. 航行權
2. 國家管轄水域
3. 大陸礁層（大陸架）
4. 深海探礦權
5. 海洋環境保護
6. 海洋科學研究
7. 爭端解決機制

二、重要條文【註3】

前言（部分摘要）

　　本公約締約各國，本著以互相諒解和合作的精神解決與海洋法有關的一切問題的願望，並且認識到本公約對於維護和平、正義和全世界人民的進步作出重要貢獻的歷史意義。

　　認識到有需要通過本公約，在妥為顧及所有國家主權的情形下，為海洋建立一種法律秩序、以便利國際交通和促進海洋的和平用途、海洋資源的公平而有效的利用、海洋生物資源的養護以及研究、保護和保全海洋環境。考慮到達成這些目標將有助於實現公正公平的國際經濟秩序，這種秩序將照顧到全人類的利益和需要，特別是發展中國家的特殊利益和需要，不論其為沿海國或內陸國。

　　希望以公約發展 1970 年 12 月 17 日第 2749（XXV）號決議所載各項原則，聯合國大會在該決議中宣布，除其他外，國家管轄範圍以外的海床和洋底區域及其底土以及該區域的資源為人類共同繼承財產，其勘探與開發應為全人類的利益而進行，不論各國的地理位置如何。

第 1 條　用語與範圍

一、為本公約的目的：

(一)「區域」是指國家管轄範圍以外的海床和洋底及其底土。

(二)「管理局」是指國際海底管理局。

(三)「『區域』內活動」是指勘探和開發「區域」的資源一切活動。

(四)「海洋環境的污染」是指：人類直接或間接把物質或能量引入海洋環境，其中包括河口灣，以致造成或可能造成損害生物資源和海洋生物、危害人類健康、妨礙包括捕魚和海洋的其他正當用途在內的各種海洋活動、損壞海水使用質量和減損

【註3】　United Nations Convention on the Law of the Sea
https://www.un.org/Depts/los/convention_agreements/texts/unclos/unclos_e.pdf

環境優美等有害影響。

(五) 1.「傾倒」是指：

    (1) 從船隻、飛機、平臺或其他人造海上結構故意處置廢物或其他物質的行為；

    (2) 故意處置船隻、飛機、平臺或其他人造海上結構的行為。

  2.「傾倒」不包括：

    (1) 船隻、飛機、平臺或其他人造海上結構及其裝備的正常操作所附帶發生或產生的廢物或其他物質的處置，但為了處置這種物質而操作的船隻、飛機、平臺或其他人造海上結構所運載或向其輸送的廢物或其他物質，或在這種船隻、飛機、平臺或結構上處理這種廢物或其他物質所產生的廢物或其他物質均除外；

    (2) 並非為了單純處置物質而放置物質，但以這種放置不違反本公約的目的為限。

二、(一)「締約國」是指同意受本公約拘束而本公約對其生效的國家。

    (二) 本公約比照適用於第 305 條第一款 (b)、(c)、(d)、(e) 和 (f) 所指的實體，這些實體按照與各自有關的條件成為本公約的締約國，在這種情況下，「締約國」也指這些實體。

第 2 條　領海及其上空、海床和底土的法律地位

一、沿海國的主權及於其陸地領土及其內水以外鄰接的一帶海域，在群島國的情形下則及於群島水域以外鄰接的一帶海域，稱為**領海**。

二、此項主權及於領海的上空及其海床和底土。

三、對於領海的主權的行使受本公約和其他國際法規則的限制。

 中華民國專屬經濟海域及大陸礁層法（Law on the Exclusive Economic Zone and the Continental Shelf of the Republic of China）

第 2 條

中華民國之專屬經濟海域為鄰接領海外側至距離領海基線 200 浬間之海域。

前項專屬經濟海域包括水體、海床及底土。

中華民國之大陸礁層為其領海以外，依其陸地領土自然延伸至大陸邊外緣之海底區域。

前項海底區域包括海床及底土。

第 3 條　領海的寬度

每一個國家有權確定其領海的寬度，直至從按照本公約確定的基線量起不超過 **12 海浬**的界限為止。

中華民國領海及鄰接區法（Law on the Territorial Sea and the Contiguous Zone of the Republic of China）

第 2 條
中華民國領海為自基線起至其外側 12 浬間之海域。

第 14 條
中華民國鄰接區為鄰接其領海外側至距離基線 24 浬間之海域；其外界線由行政院訂定，並得分批公告之。

第 17 條　無害通過權
在本公約的限制下，所有國家，不論為沿海國或內陸國，其船舶均享有**無害通過**領海的權利。

第 18 條　通過的意義
一、通過是指為了下列目的，通過領海的航行：
(一) 穿過領海但不進入內水或停靠內水以外的泊船處或港口設施；或
(二) 駛往或駛出內水或停靠泊船處或港口設施。
二、通過應繼續不停和迅速進行。通過包括停船和下錨在內，但以通常航行所附帶發生的或由於不可抗力或遇難所必要的或為救助遇險或遭難的人員、船舶或飛機的目的為限。

 外國船舶無害通過中華民國領海管理辦法

第 5 條
外國船舶通過中華民國領海時，應遵守中華民國海洋污染防治法及其相關規定，避免造成污染。

第 6 條
外國船舶通過中華民國領海，應設置防止污染設備，並備置海洋污染防止證明書。

第 10 條
外國船舶通過中華民國領海時，未經許可，不得進行海洋科學研究及水文測量活動。
前項行為之查察及取締，由海岸巡防機關執行，必要時，得會同行政院國家科學委員會執行。

第 22 條　領海內的海道和分道通航制

一、沿海國考慮到航行安全認爲必要時，可要求行使無害通過其領海權利的外國船舶使用其爲管制船舶通過而指定或規定的海道和分道通航制。

二、特別是沿海國可要求油輪、核動力船舶和載運核物質或材料或其他本質上危險或有毒物質或材料的船舶只在上述海道通過。

三、沿海國根據本條指定海道和規定分道通航制時，應考慮到：

(一) 主管國際組織的建議；

(二) 習慣上用於國際航行的水道；

(三) 特定船舶和水道的特殊性質；和

(四) 船舶來往的頻繁程度。

四、沿海國應在海圖上清楚地標出這種海道和分道通航制，並應將該海圖妥爲公布。

 中華民國領海及鄰接區法（Law on the Territorial Sea and the Contiguous Zone of the Republic of China）

第 12 條

中華民國政府基於航行安全、預防海上與海底設施或海洋資源受到破壞或預防海洋環境受到污染，得要求無害通過之外國船舶遵守一定之海道或分道通航制。

前項一定之海道或分道通航制內容，由行政院訂定公告之。

第 13 條

在用於國際航行的臺灣海峽非領海海域部份，中華民國政府可就下列各項或任何一項，制定關於管理外國船舶和航空器過境通行之法令：

一、維護航行安全及管理海上交通。

二、防止、減少和控制環境可能受到之污染。

三、禁止捕魚。

四、防止及處罰違犯中華民國海關、財政、移民或衛生法令，上下任何商品、貨幣或人員之行爲。

前項關於海峽過境通行之法令，由行政院公告之。

第 28 條　對外國船舶的民事管轄權

一、沿海國不應爲對通過領海的外國船舶上某人行使民事管轄權的目的而停止其航行或改變其航向。

二、沿海國不得爲任何民事訴訟的目的而對船舶從事執行或加以逮捕，但涉及該船舶本身在通過沿海國水域的航行中或爲該航行的目的而承擔的義務或因而負擔的責任，則不在此限。

三、第二款不妨害沿海國按照其法律爲任何民事訴訟的目的而對在領海內停泊或駛離內水後通過領海的外國船舶從事執行或加以逮捕的權利。

第 33 條　毗連區（鄰接區）

一、沿海國可在毗連其領海稱為毗連區的區域內，行使為下列事項所必要的管制：

(一) 防止在其領土或領海內違犯其海關、財政、移民或衛生的法律和規章；

(二) 懲治在其領土或領海內違犯上述法律和規章的行為。

二、毗連區從測算領海寬度的基線量起，不得超過 **24** 海浬。

 中華民國領海及鄰接區法（Law on the Territorial Sea and the Contiguous Zone of the Republic of China）

第 17 條

中華民國之國防、警察、海關或其他有關機關人員，對於在領海或鄰接區內之人或物，認為有違犯中華民國相關法令之虞者，得進行緊追、登臨、檢查；必要時，得予扣留、逮捕或留置。

前項各有關機關人員在進行緊追、登臨、檢查時，得相互替補，接續為之。

第 39 條　船舶和飛機在過境通行時的義務

一、船舶和飛機在行使過境通行權時應：

(一) 毫不遲延地通過或飛越海峽；

(二) 不對海峽沿岸國的主權、領土完整或政治獨立進行任何武力威脅或使用武力，或以任何其他違反「聯合國憲章」所體現的國際法原則的方式進行武力威脅或使用武力；

(三) 除因不可抗力或遇難而有必要外，不從事其繼續不停和迅速過境的通常方式所附帶發生的活動以外的任何活動；

(四) 遵守本部份的其他有關規定。

二、過境通行的**船舶**應：

(一) 遵守一般接受的關於海上安全的國際規章、程序和慣例，包括「國際海上避碰規則」；

(二) 遵守一般接受的關於防止、減少和控制來自船舶的污染的國際規章、程序和慣例。

三、過境通行的**飛機**應：

(一) 遵守國際民用航空組織制定的適用於民用飛機的「航空規則」，國有飛機通常應遵守這種安全措施，並在操作時隨時適當顧及航行安全；

(二) 隨時監聽國際上指定的空中交通管制主管機構所分配的無線電頻率或有關的國際呼救無線電頻率。

第 40 條　研究和測量活動

外國船舶，包括海洋科學研究和水文測量的船舶在內，在過境通行時，非經海峽沿岸國事前准許，不得進行任何研究或測量活動。

> **在中華民國專屬經濟海域或大陸礁層從事海洋科學研究許可辦法**（Regulation Governing Permission to Undertake the Marine Scientific Research in the Exclusive Economic Zone or on the Continental Shelf of the Republic of China）
>
> **第 2 條**
> 本辦法之主管機關為海洋委員會。

第 41 條　用於國際航行的海峽內的海道和分道通航制

一、依照本部分，海峽沿岸國可於必要時為海峽航行指定海道和規定分道通航制，以促進船舶的安全通過。

二、這種國家可於情況需要時，經妥為公布後，以其他海道或分道通航制替換任何其原先指定或規定的海道或分道通航制。

三、這種海道和分道通航制應符合一般接受的國際規章。

四、海峽沿岸國在指定或替換海道或在規定或替換分道通航制以前，應將提議提交主管國際組織，以期得到採納。該組織僅可採納同海峽沿岸國議定的海道和分道通航制，在此以後，海峽沿岸國可對這些海道和分道通航制予以指定、規定或替換。

五、對於某一海峽，如所提議的海道或分道通航制穿過該海峽兩個或兩個以上沿岸國的水域，有關各國應同主管國際組織協商，合作擬訂提議。

六、海峽沿岸國應在海圖上清楚地標出其所指定或規定的一切海道和分道通航制，並應將該海圖妥為公布。

七、過境通行的船舶應尊重按照本條制定的適用的海道和分道通航制。

第 42 條　海峽沿岸國關於過境通行的法律和規章

一、在本節規定的限制下，海峽沿岸國可對下列各項或任何一項制定關於通過海峽的過境通行的法律和規章：

(一) 第 41 條所規定的航行安全和海上交通管理；

(二) 使有關在海峽內排放油類、油污廢物和其他有毒物質的適用的國際規章有效，以防止、減少和控制污染；

(三) 對於漁船，防止捕魚，包括漁具的裝載；

(四) 違反海峽沿岸國海關、財政、移民或衛生的法律和規章，上下任何商品、貨幣或人員。

二、這種法律和規章不應在形式上或事實上在外國船舶間有所歧視，或在其適用上有否定，妨礙或損害本節規定的過境通行權的實際後果。

三、海峽沿岸國應將所有這種法律和規章妥為公佈。

四、行使過境通行權的外國船舶應遵守這種法律和規章。

五、享有主權豁免的船舶的船旗國或飛機的登記國，在該船舶或飛機不遵守這種法律和規章或本部份的其他規定時，應對海峽沿岸國遭受的任何損失和損害負國際責任。

 中華民國領海及鄰接區法（Law on the Territorial Sea and the Contiguous Zone of the Republic of China）

第 15 條

中華民國政府得在鄰接區內為下列目的制定法令：

一、防止在領土或領海內違犯有關海關、財政、貿易、檢驗、移民、衛生或環保法令、及非法廣播之情事發生。

二、處罰在領土或領海內違犯有關海關、財政、貿易、檢驗、移民、衛生或環保法令、及非法廣播之行為。

對於在公海或中華民國領海及鄰接區以外其他海域之任何未經許可之廣播，中華民國政府得制定法令，防止及處罰之。

前二項之法令由行政院公告之。

第 43 條　助航和安全設備及其他改進辦法以及污染的防止、減少和控制

海峽使用國和海峽沿岸國應對下列各項通過協議進行合作：

一、在海峽內建立並維持必要的助航和安全設備或幫助國際航行的其他改進辦法；和

二、防止、減少和控制來自船舶的污染。

第 55 條　專屬經濟區的特定法律制度

專屬經濟區是領海以外並鄰接領海的一個區域，受本部分規定的特定法律制度的限制，在這個制度下，沿海國的權利和管轄權以及其他國家的權利和自由，均受本公約有關規定的支配。

第 77 條　沿海國對大陸礁層的權利

一、沿海國為勘探大陸礁層和開發其自然資源的目的，對大陸礁層行使主權權利。

二、第一款所指的權利是專屬性的，即：如果沿海國不勘探大陸礁層或開發其自然資源，任何人未經沿海國明示同意，均不得從事這種活動。

三、沿海國對大陸礁層的權利並不取決於有效或象徵的占領或任何明文公告。

四、本部分所指的自然資源包括海床和底土的礦物和其他非生物資源，以及屬於定居種的生物，即在可捕撈階段在海床上或海床下不能移動或其軀體須與海床或底土保持接觸才能移動的生物。

第 90 條　公海航行自由
每個國家，不論是沿海國或內陸國，均有權在公海上行駛懸掛其旗幟的船舶。

第 91 條　船舶的國籍
一、每個國家應確定對船舶給予國籍、船舶在其領土內登記及船舶懸掛該國旗幟的權利的條件。船舶具有其有權懸掛的旗幟所屬國家的國籍。國家和船舶之間必須有眞正聯繫。
二、每個國家應向其給予懸掛該國旗幟權利的船舶頒發給予該權利的文件。

第 100 條　合作制止海盜行為的義務
所有國家應盡最大可能進行合作，以制止在公海上或在任何國家管轄範圍以外的任何其他地方的海盜行爲。

第 101 條　海盜行為的定義
下列行爲中的任何行爲構成**海盜行爲**：
一、私人船舶或私人飛機的船員、機組成員或乘客爲私人目的，對下列對象所從事的任何非法的暴力或扣留行爲，或任何掠奪行爲：
(一) 在公海上對另一船舶或飛機，或對另一船舶或飛機上的人或財物；
(二) 在任何國家管轄範圍以外的地方對船舶、飛機，人或財物；
二、明知船舶或飛機成爲海盜船舶或飛機的事實，而自願參加其活動的任何行爲；
三、教唆或故意便利 (一) 或 (二) 項所述行爲的任何行爲。

第 145 條　海洋環境的保護
應按照本公約對「區域」內活動採取必要措施，以確保切實保護海洋環境，不受這種活動可能產生的有害影響。爲此目的，管理局應制定適當的規則、規章和程序，以便除其他外：
一、防止、減少和控制對包括海岸在內的海洋環境污染和其他危害，並防止干擾海洋環境的生態平衡，特別注意使其不受諸如鑽探、挖泥、挖鑿、廢物處置等活動，以及建造和操作或維修與這種活動有關的設施、管道和其他裝置所產生的有害影響；
二、保護和養護「區域」的自然資源，並防止海洋環境中動植物損害。

第 149 條　考古和歷史文物
在「區域」內發現的一切考古和歷史文物，應爲全人類的利益予以保存或處置，但應特別顧及來源國，或文化上的發源國，或歷史和考古上的來源國的優先權利。

第 192 條　一般義務
各國有保護和保全海洋環境的義務。

水下文化資產保存法（Underwater Cultural Heritage Preservation Act）

第 1 條

爲保存、保護及管理水下文化資產，建構國民與歷史之聯繫，發揚海洋國家之特質，並尊重聯合國保護水下文化資產公約與國際相關協議之精神，特制定本法。

 中華民國領海及鄰接區法（Law on the Territorial Sea and the Contiguous Zone of the Republic of China）

第 16 條

於中華民國領海及鄰接區中進行考古、科學研究、或其他任何活動所發現之歷史文物或遺跡等，屬於中華民國所有，並得由中華民國政府依相關法令加以處置。

第 193 條　各國開發其自然環境的主權權利

各國有依據其環境政策和按照其保護和保全海洋環境的職責開發其自然資源的主權權利。

第 194 條　防止減少和控制海洋環境污染的措施

一、各國應在適當情形下個別或聯合地採取一切符合本公約的必要措施，防止、減少和控制任何來源的海洋環境污染，爲此目的，按照其能力使用其所掌握的最切實可行的方法，並應在這方面盡力協調它們的政策。

二、各國應採取一切必要措施，確保在其管轄或控制下的活動的進行不致使其他國家及其環境遭受污染的損害，並確保在其管轄或控制範圍內的事件或活動所造成的污染不致擴大到其按照本公約行使主權權利的區域之外。

三、依據本部分採取的措施，應針對海洋環境的一切污染來源。這些措施，除其他外，應包括旨在最大可能範圍內盡量減少下列污染的措施：

(一) 從陸上來源、從大氣層或通過大氣層或由於傾倒而放出的有毒害或有礙健康的物質，特別是持久不變的物質；

(二) 來自船隻污染，特別是爲了防止意外事件和處理緊急情況，保證海上操作安全，防止故意和無意的排放，以及規定船隻的設計、建造、裝備、操作船和人員配備的措施；

(三) 來自用於勘探或開發海床和底土的自然資源的設施和裝置的污染，特別是爲了防止意外事件和處理緊急情況，保證海上操作安全，以及規定這些設施或裝置的設計、建造、裝備、操作和人員配備的措施；

(四) 來自在海洋環境內操作的其他設施和裝置的污染，特別是爲了防止意外事件和處理緊急情況，保證海上操作安全，以及規定這些設施或裝置的設計、建造、裝備、操作和人員配備的措施。

四、各國採取措施防止、減少或控制海洋環境的污染時，不應對其他國家依照本公約行使其權利並履行其義務所進行的活動有不當的干擾。

五、按照本部分採取的措施，應包括為保護和保全稀有或脆弱的生態系統，以及衰竭、受威脅或有滅絕危險的物種和其他形式的海洋生物的生存環境，而有必要的措施。

第 198 條　即將發生的損害或實際損害的通知

當一國得知海洋環境有即將遭受污染損害的迫切危險或已經遭受污染損害的情況時，應立即通知其認為可能受這種損害影響的其他國家以及各主管國際組織。

第 199 條　對污染的應急計劃

在第 198 條所指的情形下，受影響區域的各國，應按照其能力，與各主管國際組織盡可能進行合作，以消除污染的影響並防止或盡量減少損害。為此目的，各國應共同發展和促進各種應急計劃，以應付海洋環境的污染事故。

 海洋污染防治法（Marine Pollution Control Act）

第 2 條

本法適用於中華民國管轄之潮間帶、內水、領海、鄰接區、專屬經濟海域及大陸礁層上覆水域。

於前項所定範圍外海域排放有害物質，致造成前項範圍內污染者，亦適用本法之規定。

聯合國海洋法公約所劃定之國家海域管轄區

　　根據「聯合國海洋法公約」的相關規定，海域的劃分是內水開始向外延伸依次是領海、鄰接區、專屬經濟區、大陸礁層、公海。海域的劃分從內到外，依次是：內水、領海、鄰接區、專屬經濟區、大陸礁層、公海。從領海基線開始起算，領海是 12 海浬，毗連區合計是 24 海浬，專屬經濟區是 200 海里。

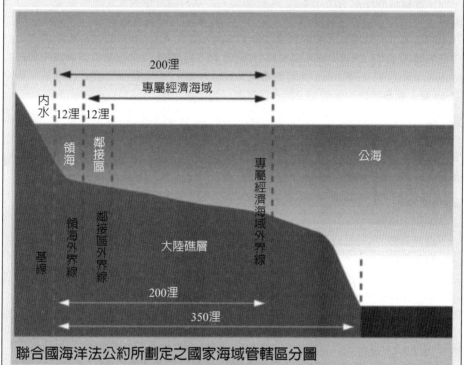

聯合國海洋法公約所劃定之國家海域管轄區分圖

資料來源：行政院農業委員會漁業署—世界海洋日
https://www.fa.gov.tw/cht/ResourceWorldOceansDay/content.aspx?id=3&chk=3c1655f4-2198-42a4-88bb-bc2c77505fcf&param=pn=1

Unit 3-2 國內海洋基本法

一、立法沿革【註4】

臺灣四面環海，海洋的治理與藍色經濟攸關我國整體發展及競爭優勢；海洋保護管理、永續發展需重視與落實。因此制定「海洋基本法」（Ocean Basic Act），擘劃長遠、宏觀且整體性之海洋政策藍圖，確立指標性導引功能，以發揮海洋政策統合及事務協調之效。

海洋委員會於民國 107 年 4 月 28 日成立，即為打造「生態、安全、繁榮」的海洋國家。為期符合該會組織法制定之意旨，同時彰顯海洋專責機關成立之使命，完成「海洋基本法」草案。「海洋基本法」草案於 107 年 9 月 12 日函報行政院審議，行政院於同年 11 月 22 日、108 年 3 月 19 日及 27 日召開 3 次跨部會審查會議，經行政院 108 年 4 月 25 日第 3648 次院會通過，及 108 年 11 月 1 日立法院三讀通過，全文共 19 條，並奉總統 108 年 11 月 20 日華總一義字第 10800126571 號令制定公布。

第 1 條

為打造生態、安全、繁榮之優質海洋國家，維護國家海洋權益，提升國民海洋科學知識，深化多元海洋文化，創造健康海洋環境與促進資源永續，健全海洋產業發展，推動區域及國際海洋事務合作，特制定本法。

第 2 條

本法用詞，定義如下：

一、**海洋資源**（Marine resources）：指海床上覆水域與海床及其底土之生物或非生物自然資源。

二、**海洋產業**（Marine industry）：指利用海洋資源與空間進行各項生產及服務活動，或其他與海洋資源相關之產業。

三、**海洋開發**（Ocean development）：指對海洋資源之永續利用、合理良善治理、育成及經營等行為。

四、**海洋事務**（Marine affairs）：指與海洋有關之公共事務。

【註4】 海洋委員會
https://www.oac.gov.tw/ch/home.jsp?id=147&parentpath=0,3&mcustomize=law_view.jsp&dataserno=201908200001

> 🖐 海洋資源，包括海洋水資源、海洋生物資源、海洋礦物資源、海洋油氣資源、海洋能源與海洋空間資源等，可供探勘、開發、養護、管理及使用，且有益發展國民經濟、提升人民生活福祉之資源。
>
> 🖐 利用海洋資源與空間進行各項生產及服務活動之海洋產業，包括運輸交通、造船、港灣、水產、科學技術研發、環境保護、海洋運動、觀光、休憩及資訊系統等。
>
> 🖐 與海洋有關之公共事務，為導引國家海洋永續發展之跨領域、整合性管理事務，包括海洋、海洋資源、海洋產業、海洋開發、海洋生物多樣性保育、海洋文化及歷史、水下文化資產保存、海洋環境保護、海岸海域管理與巡防、區域與國際交流合作等相關海洋政策、法令、計畫、預算、金融與組織之研究、規劃、協調及推動等事項之統籌整合。

第 3 條
政府應推廣**海洋相關知識**、便利資訊，確保海洋之豐富、活力，創造高附加價值海洋產業環境，並應透過追求友善環境、永續發展、資源合理有效利用與國際交流合作，以保障、維護國家、世代人民及各族群之海洋權益。

第 4 條
政府應統籌整合各目的事業主管機關**涉海權責**，共同推展海洋事務。政府應制（訂）定海洋空間規劃之法規，因應海洋多目標使用需求，協調海域使用及競合，落實海洋整合管理。

第 5 條
政府應本尊重歷史、主權、主權權利、管轄權之原則，在和平、互惠與確保我國海洋權益之基礎上，積極參與海洋事務有關之區域與國際合作，共同維護、開發及永續分享海洋資源。

第 6 條
國民、企業與民間團體應協助政府推展國家海洋政策、各項相關施政計畫及措施。

第 7 條
為維護、促進我國海洋權益、國家安全、海域治安、海事安全，並因應重大緊急情勢，政府應以全球視野與國際戰略思維，提升**海洋事務執行能量**，強化海洋實力，以符合國家生存、安全及發展所需。

第 8 條
政府應整合、善用國內資源，訂定**海洋污染防治對策**，由源頭減污，強化污染防治能

量，有效因應氣候變遷，審慎推動國土規劃，加強海洋災害防護，加速推動海洋復育工作，積極推動區域及國際合作，以保護海洋環境。

第 9 條

政府應積極推動、輔助海洋產業之發展，並結合財稅與金融制度，提供海洋產業穩健發展政策，培植國內人才及產業鏈，促成海洋經濟之發展。

第 10 條

政府應建立合宜機制，尊重、維護、保存傳統用海智慧等海洋文化資產，保障與傳承原住民族傳統用海文化及權益，並兼顧漁業科學管理。

政府應規劃發揮海洋空間特色，營造友善海洋設施，發展海洋運動、觀光及休憩活動，強化國民親海、愛海意識，建立人與海共存共榮之新文明。

第 11 條

政府應將海洋重要知識內涵，納入國民基本教育與公務人員之培訓課程，整合相關教學資源、培訓機構或團體，建立各級學校間及其與區域、社會之連結，以推動普及全民之海洋教育。

第 12 條

政府應促成公私部門與學術機構合作，建立海洋研究資源運用、發展之協調整合機制，提升海洋科學之研究、法律與政策研訂、文化專業能力，進行長期性、應用性、基礎性之調查研究，並建立國家海洋資訊系統及共享平台。

第 13 條

政府應本生態系統為基礎之方法，優先保護自然海岸、景觀、重要海洋生物棲息地、特殊與瀕危物種、脆弱敏感區域、水下文化資產等，保全海洋生物多樣性，訂定相關保存、保育、保護政策與計畫，採取衝擊減輕措施、生態補償或其他開發替代方案，劃設海洋保護區，致力復原海洋生態系統及自然關聯脈絡，並保障原有海域使用者權益。

第 14 條

政府應寬列海洋事務預算，採取必要措施，確保預算經費符合推行政策所需。

政府應依實際需要合理分配、挹注資源，補助、表彰相關學術機構、海洋產業界、民間團體與個人等，共同推動相關海洋事務及措施。

中央政府得設立海洋發展基金辦理海洋發展及資源永續等相關事項。

第 15 條

政府應於本法施行後 1 年內發布國家海洋政策白皮書，並依其績效及國內外情勢發展定期檢討修正之。

各級政府應配合國家海洋政策白皮書，檢討所主管之政策與行政措施，有不符其規定者，應訂定、修正其相關政策及行政措施，並推動執行。

第 16 條

各級政府應於本法施行後 **2 年**內依本法規定檢討所主管之法規，有不符本法規定者，應制（訂）定、修正或廢止之。

前項法規制（訂）定、修正或廢止前，由中央海洋專責機關會同中央目的事業主管機關，依本法規定解釋、適用之。

第 17 條

各級政府應確實**執行海洋相關法規**，對於違反者，應依法取締、處罰。

第 18 條

為促使政府及社會各界深植海洋意識，特訂定 6 月 8 日為**國家海洋日**。

世界海洋日（World Oceans Day）為每年 6 月 8 日，係始於 1992 年於巴西里約熱內盧召開的聯合國環境與發展會議所確定，並在 2009 年由聯合國正式將世界海洋日列入官方正式節日。

第 19 條

本法自公布日施行。

海洋基本法（Ocean Basic Act）

海洋事務龐雜多元，惟依憲法第 107 條第 5 款及第 108 條第 1 項第 6 款規定，得由中央立法並執行者，僅有航政、航業及海洋漁業，規範顯有不足；又海洋事務之規範散見於多部法律，致事權分散且無明確之國家海洋政策與願景，實有必要制定具有政策指導、規範政府義務與授權立法性質之海洋基本法，以收政策統合及事務協調之效，進而達到打造優質海洋國家之目的。

立法重要性

海洋事務龐雜多元，相關規範散見於多部法律致事權分散，且無明確之國家海洋政策與願景，實有必要制定具有政策指導、規範政府義務與授權立法性質之海洋基本法，以收政策統合及事務協調之效。

立法目的

海洋委員會成立，即為打造「生態、安全、繁榮」的海洋國家。

法案效益

1. 確立國家海洋永續發展之基本原則及方針。
2. 擘劃長遠、宏觀且整體性之海洋政策藍圖。
3. 發揮海洋政策統合及事務協調之效。

資料來源：整理自海洋委員會之立法總說明。

歐盟海洋運輸會議的理想：對海洋開發、永續發展及生態保護

圖片來源：
https://www.blue-growth.org/Events_Blue_Growth/EU_Parliament_Oceans_Conference_2019_
March_Commission_European_Conservation.htm

第4章
航業法

Unit 4-1 航業法要點介紹

一、立法沿革

中華民國 70 年 6 月 3 日總統令制定公布全文 70 條；中華民國 103 年 1 月 22 日總統華總一義字第 10300009371 號令增訂公布第 60-1 條條文，中華民國 107 年 4 月 27 日行政院院臺規字第 1070172574 號公告第 27 條之 1 第 2 項、第 5 項所列屬「行政院海岸巡防署」之權責事項，自 107 年 4 月 28 日起改由「海洋委員會」管轄。

民國 70 年所定「航業」一詞之定義，參照日本、韓國海上運送事業法之規定，將船舶運送業、船務代理、船舶貨運承攬業、船舶出租業（已於 84 年 7 月 12 日刪除）；均納入於航業範圍之中。貨櫃運輸為近年來之新興航運事業，與船舶密不可分，故將貨櫃集散站經營業及貨櫃出租業一併納入航業範圍，在本法中予以規定，以利管理。

二、重要條文

第 1 條

為健全航業制度，促進航業發展，繁榮國家經濟，特制定本法。

第 2 條

本法之主管機關為交通部；航業之業務由航政機關辦理之。

第 3 條

本法所用名詞，定義如下：

一、**航業**（Shipping Industry）：指以船舶運送、船務代理、海運承攬運送、貨櫃集散站經營等為營業之事業。

二、**船舶運送業**（Vessel Carrier）：指以總噸位 20 以上之動力船舶，或總噸位 50 以上非動力船舶從事客貨運送而受報酬為營業之事業。

船舶運送業所經營之範圍，限指以大船經營客、貨運送之業者，不包括小船經營業、漁業用船（如漁船、娛樂漁業漁船、漁獲運搬船等）、公務船等非商業用船舶之適用，亦與商港法所規範商港區域內各類工作船或交通船之性質不同，以交通船接送引水人、船員為業務者，應屬港務管理之範疇，其購建船舶籌設經營，事涉港區之行駛水域及作業秩序之管理，應依商港法規相關規定辦理。（102 年 1 月 11 日）

三、**船務代理業**（Shipping Agency）：指受船舶運送業或其他有權委託人之委託，在約定授權範圍內，以委託人名義代為處理船舶客貨運送及其有關業務而受報酬為營業之事業。

四、**海運承攬運送業**（Freight Forwarder）：指以自己之名義，為他人之計算，使船舶運送業運送貨物而受報酬為營業之事業。

五、**貨櫃集散站經營業**（Container Terminal Operator）：指提供貨櫃、櫃裝貨物集散之場地及設備，以貨櫃、櫃裝貨物集散而受報酬為營業之事業。

六、**航線**（Sailing Route）：指以船舶經營客貨運送所航行之路線。

七、**國內航線**（Domestic Route）：指以船舶航行於本國港口間或特定水域內，經營客貨運送之路線。

八、**國際航線**（International Route）：指以船舶航行於本國港口與外國港口間或外國港口間，經營客貨運送之路線。

九、**固定航線**（Liner Service）：指利用船舶航行於港口間或特定水域內，具有固定航班，經營客貨運送之路線。

十、**國際聯營組織**（International Joint Service Organization）：指船舶運送業間，就其國際航線之經營，協商運費、票價、運量、租傭艙位或其他與該航線經營有關事項之國際常設組織或非常設之聯盟。

為因應國際聯營組織之多樣化發展趨勢，「海運聯營」簽署之型態有以正式協議，並設有秘書處處理日常事務者，亦有以協會、論壇取代海運同盟之名稱者，其中又以「運能或運價穩定同盟」（capacity/rate stabilization）「討論或對話協議」（talking agreement）、「航運組合」（consortia）或「策略及全球聯盟」（strategic/global alliance）為最主要的類型，爰修正條文第十款國際聯營組織之定義略作文字修正。（102 年 1 月 11 日）

十一、**國際航運協議**（International shipping protocol）：指國際聯營組織為規範營運者間之相互關係、運送作業、收費、聯運及配貨等事項而訂立之約定。

十二、**私人武裝保全人員**（Privately Contracted Armed Security Personnel）：指經營中華民國籍船舶之船舶運送業所僱用外國籍私人海事保全公司提供持有或使用槍砲、彈藥、刀械之人員。

參照國際海事組織海事安全委員會 1405 號通告修正版，增訂第 12 款有關私人武裝保全人員之定義。（102 年 5 月 31 日）

第 4 條

非中華民國船舶，不得在中華民國各港口間運送客貨。但經主管機關**特許**者，不在此限。

第 10 條

船舶運送業將其所有之船舶拆解或以光船出租、抵押、出售於國外，或將船舶變更為非中華民國籍，應敘明理由，報請航政機關核轉主管機關備查。

船舶運送業租船經營固定航線者，應報請航政機關備查。

> 鑑於船舶運送業對船舶之處分行為係屬商業行為，為避免因行政權之干預而影響其經營策略之彈性，並參酌其他海運先進國家對船舶運送業之船舶拆解或抵押之行為均採開放管理態度，爰將第一項之核准程序修正為備查程序。另為避免業者將其所有船舶國籍變更為非中華民國籍後影響我國戰時動員業務，而有將業者異動船舶之情形提供相關機關瞭解之必要，故將其納為第一項應報主管機關備查之事項。（102 年 1 月 11 日）

第 12 條

船舶運送業自國外購買現成船，其**船齡**不得超過允許輸入之年限，並應於購買前擬具購船營運計畫書，申請航政機關核轉主管機關核定。

第 16 條

　主管機關得依實際需要，指定中華民國船舶運送業，經營特定航線之客貨運送；其因此所生之營運損失，由政府**補償**之。

前項補償之條件、範圍、方式及監督考核等事項之辦法，由主管機關會商有關機關定之。

第 27-1 條

船舶運送業經營之中華民國籍船舶航行於受海盜或非法武力威脅高風險海域者，該船舶運送業得**僱用私人武裝保全人員**。

前項船舶運送業應逐船檢附相關文件，事先報請航政機關備查，並由航政機關轉知內政部、財政部、海洋委員會。

船舶運送業應令其僱用之私人武裝保全人員及其持有或使用之槍砲、彈藥、刀械在國外登（離）船，並不得進入已報請備查受保護船舶以外之中華民國領域。

第一項之受威脅高風險海域，由航政機關公告之。

第二項報請備查之程序、應檢附之船舶文書、航行計畫、僱用計畫、保險計畫等文件、私人武裝保全人員與其持有或使用之槍砲、彈藥、刀械於船舶上之管理、使用規定、紀錄及其他應遵行事項之辦法，由主管機關會同內政部、法務部、財政部及海洋委員會定之。

航政機關應統一蒐集外國籍私人海事保全公司之相關資訊，以供船舶運送業參考。

> 第三項規定船舶運送業應令其僱用之私人武裝保全人員及其持有或使用之槍砲、彈藥、刀械在國外登（離）船，並不得進入已報請備查受保護船舶以外之中華民國領域，如所僱用之私人武裝保全人員及其持有或使用之槍砲、彈藥、刀械違反本項規定，進入我國領域，仍應依刑法及其他法律規定論處。
> 第四項規定第一項所定受威脅高風險海域，由航政機關參酌國際海事組織及國際海盜事件公告之，俾使船舶運送業者知悉得僱用私人武裝保全人員之海域。
> （102 年 5 月 31 日）

第 28 條
外國籍船舶運送業非依法設立分公司或委託中華民國船務代理業代為處理船舶客貨運送業務，不得在中華民國境內攬運客貨。

第 37 條
船務代理業經營代理業務應以委託人名義為之，並以約定範圍為限。

第 40 條
外國籍海運承攬運送業非依法設立分公司或委託中華民國海運承攬運送業代為處理業務，不得在中華民國境內營業。
前項海運承攬運送業代理外國籍海運承攬運送業在中華民國之業務，於代理時應檢附有關文書，向航政機關辦理登記。
海運承攬運送業經營前項代理業務，應以委託人名義為之，並以約定之範圍為限。

第 41 條
海運承攬運送業除船舶運送業兼營者外，不得光船承租船舶，運送其所承攬貨物。

> 海運承攬運送業得以論程及論時傭船方式，運送其所承攬之貨物，惟「光船租賃」因涉及「船舶運送業」營運業務之範疇，需具有「船舶運送業」資格並依修正條文第十條第二項規定報經當地航政機關備查後始得為之。考量船舶運送業與公共運輸人（Ocean Common Carrier）之特性，爰酌作文字修正，俾使文義明確。（102 年 1 月 11 日）

第 45 條

經營貨櫃集散站業務，應具備有關文書，申請航政機關核轉主管機關許可籌設。

貨櫃集散站經營業，應自許可籌設之日起 6 個月內，依規定置備足供貨櫃、貨物、車輛、機具存放及貨物起卸場所，辦理公司登記，檢附有關文書，申請航政機關核轉主管機關許可及核發許可證，並向海關登記後，始得營業。

第 46 條

貨櫃集散站經營業之營業費率表，應報請航政機關備查；變更時亦同。

第 60 條

本法未規定事項，涉及國際事務者，主管機關得參照有關國際公約或協定及其附約所訂規則、辦法、標準、建議或程式，採用發布施行。

第 60-1 條

中華民國政府與其他國家簽訂之協定，另有規定者，從其規定。

 貨櫃集散站（Container Freight Station, CFS）

依貨櫃集散站設立的地點，可分為船邊貨櫃場（On Dock Terminal），以及碼頭外貨櫃場（Off Dock Terminal）或稱內陸貨櫃場（Inland Container Terminal）兩種。前者即為貨櫃集散站設立在碼頭上，因此也稱貨櫃碼頭。

資料來源：http://ind.ntou.edu.tw/~elearning/boxtrans-yard.html

圖片來源：Container Freight Station: Meaning, Functions And Role in Import-Export
https://www.cogoport.com/blogs/container-freight-station-meaning-functions-and-role-in-import-export

航業法（Shipping Act）的子法

1. 船舶運送業投保營運人責任保險及旅客傷害保險辦法

對客貨之運送保障，要求船舶運送業應於開始營運前，投保營運人責任保險。船舶運送業經營旅客運送者，應於開始營運前為旅客投保傷害保險。

2. 船舶運送業聯營監督辦法

對從事國內固定航線之船舶運送業間就該航線之運費、票價、運量、座位及排班等事項訂立聯營組織章程或協議書成立之組織，進行營運監督。

3. 指定船舶運送業經營特定航線客貨運送補償及監督辦法

配合政府因天災或特殊條件的開闢不固定航線，主管機關對船舶運送業經營特定航線所生營運損失之補償及監督。

4. 政府機關及公營事業機構進口物資器材海運運送作業辦法

為發展國家整體經濟，由主管機關推薦適宜之船舶運送業，以合理價格及符合公開公平競爭原則，提供海運服務相關事宜。

5. 船舶運送業管理規則

船舶運送業之最低資本額、籌設申請、許可證之核發與換發、公司變更登記、船舶購建與拆售、自國外輸入船齡之限制、營運、管理、運價表備查、投保金額及證照費收取等事項之規則。

6. 船務代理業管理規則、7. 海運承攬運送業管理規則

規定船務代理業及海運承攬運送業之最低資本額、外國籍海運承攬運送業設立分公司經營業務之營運資金、籌設申請、許可證之核發與換發、公司變更登記、營運、管理、保險金額、保證金及證照費收取等事項之規則。

8. 貨櫃集散站經營業管理規則

貨櫃集散站經營業之最低資本額或外國籍貨櫃集散站經營業設立分公司經營業務之營運資金、設備基準、經營項目、籌設申請、許可證之核發與換發、公司變更登記、營運、管理、證照費收取等事項之規則。

航業法相關增修條文說明

新增第 60-1 條（103 年 1 月 3 日）

因應我國與其他國家或地區簽訂自由貿易及海運合作等協定之需，參考關稅法第100 條及所得稅法第 124 條規定，增訂本條，以避免協定簽署後修法不及或過於頻繁之情形。

新增第 27-1 條（102 年 5 月 31 日）

一、本條新增。

二、第一項規定船舶運送業得僱用私人武裝保全人員之時點。

三、有關船舶運送業僱用私人武裝保全人員之程序，參酌其他類似國情之國家係由業者事先向航政機關報請備查之作法，爰於第二項規定業者應事先報請航政機關備查；另因該等人員登（離）中華民國籍船舶及持有或使用槍砲、彈藥、刀械等情事，涉相關機關權責，並規定航政機關應轉知內政部、財政部及行政院海岸巡防署。

四、第三項規定船舶運送業應令其僱用之私人武裝保全人員及其持有或使用之槍砲、彈藥、刀械在國外登（離）船，並不得進入已報請備查受保護船舶以外之中華民國領域，如所僱用之私人武裝保全人員及其持有或使用之槍砲、彈藥、刀械違反本項規定，進入我國領域，仍應依刑法及其他法律規定論處，併予敘明。

五、第四項規定第一項所定受威脅高風險海域，由航政機關參酌國際海事組織及國際海盜事件公告之，俾使船舶運送業者知悉得僱用私人武裝保全人員之海域。

六、第五項就船舶運送業僱用私人武裝保全人員之報請備查程序、應檢附文件、私人武裝保全人員與其持有或使用之槍砲、彈藥、刀械於船舶上之管理、使用規定、紀錄及其他應遵行事項之辦法，授權由主管機關會同相關機關定之，俾利實務之執行。

七、第六項規定航政機關應統一蒐集外國籍私人海運保全公司之相關資訊，以供船舶運送業參考。

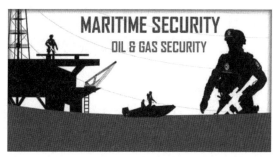

🖈 海上武裝保全人員（國際海事組織因應近年海盜對海上船舶及船員的威脅，要求各國政府對船舶許可設置民間武裝保全人員）

資料來源：Private Armed Security
https://www.imo.org/en/OurWork/Security/Pages/Private-Armed-Security.aspx

Unit 4-2 船舶運送業投保營運人責任保險及旅客傷害保險辦法

一、立法沿革

中華民國 103 年 11 月 27 日交通部交航字第 10350151641 號令訂定發布全文 7 條；並施行日期，由主管機關定之。中華民國 107 年 8 月 30 日交通部交航 (一) 字 第 10798001721 號令修正發布第 4 條條文；施行日期，由主管機關定之。

二、重要條文

第 1 條

本辦法依航業法第 14 條第 5 項規定訂定之。

第 2 條

船舶運送業應於開始營運前，投保**營運人責任保險**。

前項營運人責任保險範圍如下：

一、對船舶殘骸之清除及海洋污染之責任。

二、對船員或其他第三人造成之傷害或死亡之責任。

三、因碰觸固定或非固定物體等屬於第三人財產部分所負擔之損失賠償責任。

四、因碰撞或其他原因造成他船毀損之責任。

五、救助人命衍生之費用。

前項第二款每人死亡給付之保險金額，不得低於新臺幣 250 萬元。

營運人責任保險最低保險額度以每一總噸位國際貨幣基金特別提款權 162 計算單位，計算其數額。但船舶登記總噸位不足 400 者，以 400 計算之。

第 3 條

船舶運送業應於**開始營運前 30 日內**，檢具營運人責任保險契約報請航政機關備查。但船舶運送業加入防護與補償協會者，得以加入防護與補償協會之入會證書報請航政機關備查。

第 4 條

船舶運送業經營旅客運送者，應於開始營運前為旅客投保傷害保險。

前項旅客傷害保險給付項目及最低保險金額如下：

一、**傷害醫療費用**給付：每一旅客新臺幣 30 萬元。

二、**失能給付**：每一旅客新臺幣 250 萬元。

三、**死亡給付**：每一旅客新臺幣 250 萬元。

船舶運送業應將前項**保險金額載明於**客票上。

修正第 4 條（107 年 8 月 30 日）

　　船舶運送業投保營運人責任保險及旅客傷害保險辦法於 103 年 11 月 27 日訂定發布。本次修正係為符合身心障礙者權利公約第 3 條及第 5 條所定「不歧視」原則，並配合保險法第 125 條第 1 項修正文字用語，將第 4 條第 2 項第 2 款「殘廢」修正為「失能」。

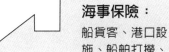

海事保險：
船貨客、港口設施、船舶打撈、漏油污染、漁業損害等

 　船舶於海上及港口作業時，常會有遇到船舶碰撞、碼頭設施損毀、漁業污染糾紛等，透過海事保險互助可減少船東損失負擔，也確保受害者的權益能獲得理賠。

圖片來源：日本船主相互保險責任組合（Japan P&I Club）
https://www.piclub.or.jp/service/information

Unit 4-3 船舶運送業聯營監督辦法

一、立法沿革

中華民國 92 年 3 月 4 日交通部交航發字第 092B000022 號令訂定發布全文 13 條；並自發布日施行。中華民國 103 年 4 月 14 日交通部交航字第 10350042591 號令修正發布全文 10 條；並自發布日施行。

二、重要條文

第 1 條
本辦法依航業法（以下簡稱本法）第 15 條第 2 項規定訂定之。

第 2 條
本辦法所稱**船舶運送業聯營組織**（以下簡稱聯營組織），係指從事國內固定航線之船舶運送業間就該航線之運費、票價、運量、座位及排班等事項訂立聯營組織章程或協議書成立之組織。

第 6 條
聯營組織應依核定之聯營計畫書、聯營組織章程或協議書，從事聯營行為。
聯營組織涉及結合行為者，應就具體個案事前向公平交易委員會申報。
參與聯營行為之船舶運送業，係屬同一特定市場具有水平競爭關係，且該聯營行為足以對市場供需功能發生影響者，應就具體個案，事前向公平交易委員會申請許可。

第 9 條
本法及本辦法有關聯營組織之監督及其處罰事項，主管機關得委任航政機關辦理。

　　船舶運送業的聯合經營方式，航政管理機關為保障民眾及託運人的權益，會
作出營運方式的督導規定，並扶持航商能安全及持續提供合理的公共客貨運輸服
務。

Unit 4-4 指定船舶運送業經營特定航線客貨運送補償及監督辦法

一、立法沿革

中華民國 103 年 4 月 14 日交通部交航字第 10350042291 號令訂定發布全文 9 條；並自發布日施行。中華民國 109 年 7 月 3 日交通部交航字第 10900174831 號令修正發布第 4 條條文；增訂第 3-1 條條文。

二、重要條文

第 1 條
本辦法依航業法第 16 條第 2 項規定訂定之。

第 2 條
臺灣與離島間、離島間之航空運送或臺灣各港口間之鐵公路運送，因天災或其他不可抗力因素，造成中斷，無法立即恢復，且無船舶運送業經營固定航線者，航政機關得視當地需求，報請主管機關**指定船舶運送業經營特定航線**。
船舶運送業經營特定航線所生營運損失之補償條件、範圍、方式及監督考核等事項，由航政機關辦理之。
第一項船舶運送業之指定，主管機關得委任航政機關辦理。

第 3-1 條
受指定之船舶運送業經營特定航線，所產生之試航費用，航政機關得予補償。

第 4 條
受指定之船舶運送業經營特定航線客貨運送，所受之營運損失補償範圍如下：
一、自接獲通知後調派所屬船舶，自船舶所在港口航行至指定航線端點港口，及完成特定航線最後一航次，自所在港口航行返回船舶原所在港口所產生之成本。
二、經營特定航線之補償金額，以每航次浬合理營運成本計算之。
三、完成運送旅客至目的港後，協助接駁至當地高鐵、機場及鐵公路轉運中心之費用。
四、經營特定航線客貨運送，致無法執行原本經營固定航線或不定期航線，所產生之合理利潤損失。
五、配合執行至指定航線港口演練，所產生之費用。
六、其他經營特定航線產生之費用。

考量受指定之船舶運送業者為配合疏運任務之備援高速船船舶，而額外產生特定航線之試航費用（補償範圍原則為移航、油料、港埠費用及船員薪資），爰訂 3-1 條。移航係指試航時需移航至指定備援航線，移航費用仍由航政機關負擔。

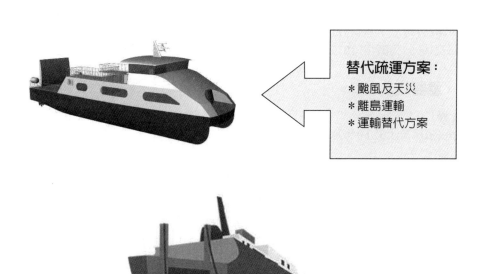

替代疏運方案：
＊颱風及天災
＊離島運輸
＊運輸替代方案

臺灣部分地區空中及陸上運輸常因異常氣候變化造成設施損毀或作業中斷，為解決人員及車輛通行的需要，由航政機關啟動緊急應變機制，租用民間船舶進行運輸支援以疏散陸上人車的壅塞問題。

Unit 4-5 政府機關及公營事業機構進口物資器材海運運送作業辦法

一、立法沿革

中華民國 94 年 1 月 11 日交通部交航發字第 093B000113 號令、經濟部經營字第 09302616910 號令會銜訂定發布全文 11 條；並自發布日施行。中華民國 103 年 8 月 22 日交通部交航字第 10350105601 號令修正發布全文 10 條；並自發布日施行。

二、重要條文

第 1 條

本辦法依航業法第 17 條第 2 項規定訂定之。

第 2 條

政府機關及公營事業機構〔以下簡稱機關（構）〕進口物資器材之海運勞務採購作業適用本辦法。但我國締結之條約或協定有特別規定者，從其規定。

第 3 條

本辦法所稱機關（構），指行政院所屬機關及其公營事業機構，並由主管機關徵得該機關同意後公告之。

本辦法所稱物資器材，分為大宗物資及一般雜貨。其品名由主管機關公告之。

機關（構）一次採購大宗物資達 5,000 公噸以上或一般雜貨金額達美金 20 萬元以上者，海運勞務之採購適用本辦法。

第 4 條

機關（構）採購大宗物資，除報經上級機關核准之特殊案件外，應以由買方洽船承運之條件招標；其海運勞務採購，並依下列規定辦理：

一、契約期間在 1 年以上者，扣除機關（構）自有船舶承運量後，由主管機關認可之專責機構規劃推薦國籍船舶運送業適載之國籍船舶優先承運。

二、契約期間未達 1 年者，扣除機關（構）自有船舶承運量後，依政府採購法第 43 條第 2 款規定辦理，並優先決標予主管機關認可之專責機構規劃推薦適載承運之國籍船舶運送業，不受政府採購法施行細則第 46 條規定之限制。

國貨國運政策緣起

　　民國 66 年政府頒布「貿易、航業及造船配合實施方案」，配合經濟邁入「後工業化」（post-industrial）對外貿易擴張衍生之需求，確定「國輪國造」、「國輪國修」、「國貨國運」的基本政策方針。「國貨國運」目標為國輪承運進出口之大宗物資要達 70%，雜貨要達到 40%。「國輪國造」實施 3 年造船計畫，分期付款資金由政府指定銀行辦理，利息均為 8.5%，超逾數由政府補貼，船舶建造完成後可得貨源之優先承配。後配合加入世界貿易組織（WTO）陸續修改運送資格條件，以符合公平採購資源則。

資料來源：賴威伸、李霞，「我國海運政策之研析－成效檢討與調查結果分析」，運輸計劃季刊，第47卷第1期，107年3月，交通部運輸研究所。

　為扶持國籍船舶運送業的營運發展及確保民生大宗物資的運送，政府訂定政府機關及公營事業的進口勞務採購規定。

Unit 4-6 船舶運送業管理規則

一、立法沿革

中華民國 51 年 5 月 25 日交通部（51）交航字第 03830 號令訂定發布。中華民國 108 年 12 月 24 日交通部交航字第 10800371021 號令修正發布第 9、12、14、19 條條文及第 8～10 條條文之附件八。

二、重要條文

第 1 條

本規則依航業法（以下簡稱本法）第 27 條及第 33 條之規定訂定之。

第 4 條

新設立之船舶運送業實收資本額，不得低於下列規定：

一、建造新船者，為足以支付建造新船總造價 10%。

二、購買現船者，為足以支付購買現成船總價 20%。

第 8 條

船舶運送業建造新船，應於建造前填具申請書（如附件八）並檢附建造及營運計畫、船舶規範（包括船舶佈置圖說）、資金來源及償還計畫、造船證明文件等報請航政機關備查。

第 9 條

船舶運送業自國外購買現成船，應填具申請書（如附件八）並附營運計畫、買賣協議書、船舶規範（包括船舶佈置圖說）、船舶國籍證書、資金來源及償還計畫申請航政機關核轉主管機關核定。

第 17-3 條

船舶運送業經營旅客運送，應採取適當措施，確保乘客無障礙搭乘。但縱採取適當措施，特定乘客仍有危害健康或航行安全之虞，船舶運送業者得限制其搭乘。

為維護航行安全及乘客安寧，乘客不得攜帶或放置武器及危險物品於行李中，違者船舶運送業者得拒絕其登船。但負有特殊任務必須攜帶武器之人員，應依規定由所屬單位主管出具證明文件，並由攜帶人自動請求查驗。

第 17-5 條

乘客得將行李隨身攜帶或託交船舶運送業者隨船運送。但違禁品不得隨身攜帶或託交運送。

乘客隨身攜帶及託交運送之行李，其件數、重量、體積限制、免費運送基準及超額行李收費費率或其他必要事項，由船舶運送業者擬訂送請航政機關備查。

乘客託交運送行李應憑客票，行李應與乘客同船運送。

第 18 條

船舶運送業經營固定航線船舶之客、貨運價表，應報請航政機關備查。

前項運價表應包括各種附加費、計費方式、運輸條件及運輸章則。參加運費同盟或聯營組織之船舶運送業，其運價表得由該運費同盟或聯營組織或其在中華民國境內之機構集體申報。

第 21 條

外國籍船舶運送業分公司在中華民國境內營運資金之金額不得低於新臺幣 1,200 萬元。

第 23 條

外國籍船舶運送業分公司**雇用之人員應為中華民國國民**。但主管機關得視其業務需要，核准其申請聘僱外國人。

第 26 條

外國籍船舶運送業非經申請**主管機關核准**，不得在中華民國境內指派代表監督船務代理業辦理該外國籍船舶運送業業務。

第 28 條

本法及本規則有關船舶運送業之籌設許可及廢止、許可證之核發、換發與註銷、公司變更登記、船舶購建與出售、營運、管理、證照費收取、處罰及外國籍船舶運送業之管理等相關事項，主管機關得委任航政機關辦理。

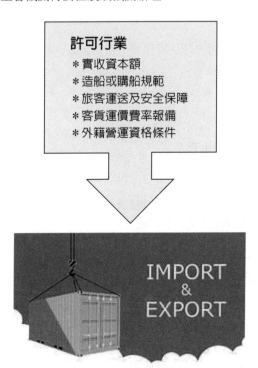

Unit 4-7 船務代理業管理規則

一、立法沿革

中華民國 65 年 3 月 27 日交通部（65）交航字第 02710 號令發布。中華民國 103 年 7 月 30 日交通部交航字第 10350092731 號令修正發布全文 29 條；並自發布日施行。

二、重要條文

第 1 條

本規則依航業法（以下簡稱本法）第 43 條第 1 項規定訂定之。

第 2 條

經營船務代理業之公司中英文名稱，專營者得標明船務代理字樣，其後兼營其他業務，得不變更名稱。但其兼營之其他業務，不得使用與船舶運送業及海運承攬運送業相同名稱。

第 5 條

船務代理業之**實收資本額**不得低於新臺幣 900 萬元。每增設一分公司應增資 150 萬元。

外國籍船務代理業分公司在中華民國境內**營運資**金不得低於新臺幣 900 萬元。每增設一分公司應增資新臺幣 150 萬元。

第 7 條

外國籍船務代理業非經公司認許及辦理分公司登記者，其指派在中華民國境內之代表，不得對外營業。

第 18 條

船務代理業經營業務如下：

一、簽發客票或載貨證券，並得代收票款或運費。

二、簽訂租船契約，並得代收租金。

三、攬載客貨。

四、辦理各項航政、商港手續。

五、照料船舶、船員、旅客或貨物，並辦理船舶檢修事項。

六、協助處理貨物理賠及受託有關法律或仲裁事項。

七、辦理船舶建造、買賣、租傭、交船、接船及協助處理各種海事案件。

八、處理其他經主管機關核定之有關委託船務代理事項。

船務代理業所經營之代理業務，應以**委託人名義**為之，並以約定之範圍為限。

第 24 條

船務代理業應於開業後 1 個月內申請加入當地船務代理業公會。

船務代理業得依第 8 條、第 9 條規定，於執行代理業務所在縣（市）成立分公司或辦事處，或委由當地船務公司執行代理業務。

第 28 條

　本法及本規則有關船務代理業及外國籍船務代理業分公司之籌設許可及廢止、許可證之核發、換發及註銷、公司變更登記、營運、管理、證照費收取與處罰等相關事項，主管機關得委任航政機關辦理。

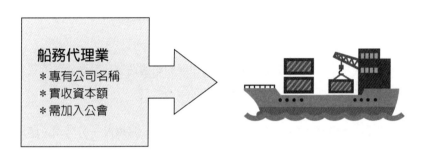

　　船務代理業負責船東及船公司所屬船舶在我國港口的船務代理服務，業務包括船舶進出港申請、港埠作業申請、航港各項費用代繳、船員入出境服務、船舶補給代辦等事項。

Unit 4-8 海運承攬運送業管理規則

一、立法沿革

中華民國 74 年 12 月 15 日交通部（74）交航發字第 7414 號令訂定發布全文 27
條；並自中華民國 75 年 1 月 1 日起施行。中華民國 103 年 4 月 29 日交通部交航字第
10350048811 號令修正發布全文 20 條；並自發布日施行。

二、重要條文

第 1 條

本規則依航業法（以下簡稱本法）第 43 條第 2 項規定訂定之。

第 2 條

經營海運承攬運送業之公司**中英文名稱**不得使用與船舶運送業、船務代理業及其他海
運承攬運送業相同名稱。

第 5 條

海運承攬運送業之**實收資本額**不得低於新臺幣 750 萬元。每增設一分公司，應增資新
臺幣 150 萬元。

外國籍海運承攬運送業分公司，在中華民國境內營運資金不得低於新臺幣 750 萬
元。每增設一分公司，應增資新臺幣 150 萬元。

第 11 條

海運承攬運送業者於申請核發許可證時，應繳納**保證金**新臺幣 300 萬元。

每增設一分公司應增繳保證金新臺幣 30 萬元。

海運承攬運送業已投保責任險者，或受外國籍海運承攬運送業委託辦理承攬運送業務
而其委託人亦已投保責任險者，得檢具保險單，申請航政機關核准前項規定之保證金
減為新臺幣 60 萬元，每一分公司之保證金減為新臺幣 6 萬元。該責任險，每一意外
事故保險金額不得低於新臺幣 200 萬元，保險期間內最高賠償金額之總額不得低於新
臺幣 500 萬元。

海運承攬運送業經營 3 年以上，並於最近 3 年未曾發生運務糾紛，且投保責任險者，
得申請無息退還前項規定之保證金，該責任險，每一意外事故保險金額不得低於新臺
幣 500 萬元，保險期間內最高賠償金額之總額不得低於新臺幣 1,000 萬元。

投保**海運承攬運送責任保險**者，其保險期間應在 1 年以上，且營業期間不得中斷投
保，並於保險單屆期前應即續保後，檢具新保險單報請航政機關備查。

第 12 條

船舶運送業兼營海運承攬運送業，其船舶船體保險金額之總額在新臺幣 4,500 萬元以上，得免繳保證金。

前項保險期間應在 1 年以上，且營業期間不得中斷投保，於保險單屆期前應即續保後，檢具新保險單報請航政機關備查。

第 16 條

海運承攬運送業應將所經營之集運費率及向託運人或受貨人所收之手續費、服務費報請航政機關備查，變更時亦同。

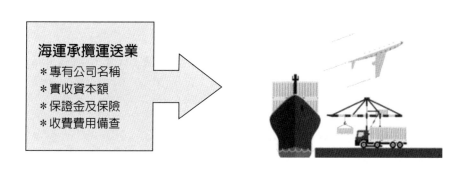

　　海運承攬運送業為船公司招攬其船舶所運送貨物，也提供託運人尋找合適的船舶並代訂艙位服務，屬國際物流作業的一環，也會涉及海運－陸上（鐵公路）及海運－空運等複合運送等業務。

Unit 4-9 貨櫃集散站經營業管理規則

一、立法沿革

　　中華民國 63 年 7 月 27 日交通部（63）交航字第 06753 號令訂定發布全文 21 條。中華民國 105 年 8 月 2 日交通部交航字第 10550096921 號令修正發布。

二、重要條文

第 1 條
本規則依航業法第 48 條規定訂定之。

第 2 條
貨櫃集散站經營業**經營業務**為貨櫃、櫃裝貨物之儲存、裝櫃、拆櫃、裝車、卸車及貨櫃貨物之集中、分散。

貨櫃集散站經營業得**兼營**下列業務：

一、進口、出口、轉口與保稅倉庫。

二、其他經主管機關核准與貨櫃集散站有關之業務。

第 3 條
貨櫃集散站經營業，依其場站所在位置分類如下：

一、**港口貨櫃集散站**：係設於港區範圍內之貨櫃集散站。

二、**內陸貨櫃集散站**：係設於港區以外內陸地區之貨櫃集散站。

第 4 條
經營貨櫃集散站業務者，應檢具下列文件，申請航政機關核轉主管機關許可籌設：

一、申請書（附件一）。

二、發起人或執行業務董事或董事監察人名冊及身分證明文件影本。

三、營業計畫書：包括場站設置地點、場地面積、基本設施及機具預計配置圖、資金運用、營業收支預估等事項。

四、公司章程草案或公司章程修正草案。

五、設置地點及該地區交通狀況。

六、土地所有權或使用權證明文件。

七、符合土地使用管制之證明文件。

申請經營港口貨櫃集散站業務者，除前項各款文件外，並應檢附商港經營事業機構簽訂之投資興建或租賃經營合約影本。

第 7 條

貨櫃集散站經營業之**實收資本額**，不得低於新臺幣 1 億元。

外國籍貨櫃集散站經營業分公司或領有主管機關核發之外國籍船舶運送業許可證申請兼營貨櫃集散站經營業者，在中華民國境內營運資金之金額不得低於新臺幣 1 億元。

第 8 條

貨櫃集散站經營業供貨櫃儲放、裝卸、停車使用之整塊土地總面積，不得低於 3 萬 3 千平方公尺。但內陸貨櫃集散站經營業停止原場站營運，並移至港區內營運者，土地總面積不得低於 4 千平方公尺。

前項設立於花蓮港、蘇澳港及安平港國際商港之港口貨櫃集散站，其整塊土地總面積不得低於 2 萬 2 千平方公尺。

貨櫃集散站經營業使用之土地應為商港區域用地、工業用地、交通用地、倉儲用地及貨櫃集散站經營用地，並應符合土地法、國土計畫法、都市計畫法及其他相關法令之規定。

規則增修條文說明（105 年 8 月 2 日）

　本規則於 63 年 7 月 27 日訂定施行，經 14 次之修正，最近一次於 103 年 11 月 28 日修正，爲因應海運產業作業型態與日俱增，避免對新興產業活動之不必要管控與限制，朝向產業活動自由化、降低行政干預及提升企業操作彈性方向之需，爰修正本規則，其修正重點如下：

一、依本法用語就經營內容酌作修正。（修正條文第 2 條）

二、爲利申請籌設貨櫃集散站經營業之營業計畫書內容具體明確，增訂營業計畫書內容。（修正條文第 4 條）

三、爲符合業者經營需求及鼓勵業者於花蓮、蘇澳及安平港設立港區貨櫃集散站經營業；另配合內政部國土計畫法經行政院訂自 105 年 5 月 1 日施行，區域計畫法將廢止，爰修正相關文字。（修正條文第 8 條）

四、因應實務運作與市場供給變化取得不易，就營運所需之部分機具數量、噸數酌作調整。（修正條文第 9 條）

五、爲利營業計畫書內容具體明確，於第 4 條申請書（附件一）塡表說明欄第一點增列機具預計配置圖。

第5章
船舶法

Unit 5-1 船舶法要點介紹

一、立法沿革

中華民國 19 年 12 月 4 日國民政府制定公布全文 43 條；並自 20 年 7 月 1 日施行。中華民國 107 年 11 月 28 日總統華總一經字第 10700129031 號令修正公布。

二、重要條文

第 1 條

為確保船舶航行及人命安全，落實船舶國籍證書、檢查、丈量、載重線及設備之管理，特制定本法。

第 2 條

本法之主管機關為交通部，其業務由航政機關辦理。

第 3 條

本法用詞，定義如下：

一、船舶（Ship）：指裝載人員或貨物在水面或水中且可移動之水上載具，包含客船、貨船、漁船、特種用途船、遊艇及小船。

二、客船（Passenger ship）：指非小船且乘客定額超過十二人，主要以運送乘客為目的之船舶。

三、貨船（Cargo ship）：指非客船或小船，以載運貨物為目的之船舶。

四、特種用途船（Vessel of special）：指從事特定任務之船舶。

五、遊艇（Yacht）：指專供娛樂，不以從事客、貨運送或漁業為目的，以機械為主動力或輔助動力之船舶。

六、自用遊艇（Private yacht）：指專供船舶所有人自用或無償借予他人從事娛樂活動之遊艇。

七、非自用遊艇（Non-private yacht）：指整船出租或以其他有償方式提供可得特定之人，從事娛樂活動之遊艇。

八、小船（Small ship）：指總噸位未滿 50 之非動力船舶，或總噸位未滿 20 之動力船舶。

九、載客小船（Passenger small ship）：指主要以運送乘客為目的之小船。

十、乘員（Member capacity）：指船上全部搭載之人員。

十一、乘客（Passenger）：指下列以外在船上之人員：

(一) 船長、駕駛、引水人及其他受僱用由船長或駕駛指揮服務於船上之人員。

(二) 船長或駕駛有義務救助之遇難人員。

(三) 非法上船之人員。

(四) 在船上執行公權力或公務之人員。

(五) 非以載客營利為目的，經航政機關核准上船之船東代表、船舶維修、檢驗、押貨

等人員或離島地區非提供載客用途船舶之附搭人員。

(六) 特種人員。

十二、**特種人員**（Special personnel）：指在特種用途船上執行與該船舶有關特種人員，不包括乘客、船員及執行公權力之海岸巡防機關人員。

十三、**豁免**（Exemption）：指船舶因特殊情況，主管機關或航政機關於符合安全條件或措施下，得免除適用本法之規定。

十四、**等效**（Equivalent）：指主管機關或航政機關得准許船舶採用經試驗或其他方法確定性能之材料、裝具、設備或零組件等，其功效應與相關規定要求程度同等有效。

船舶法相關修正條文說明

第 3 條　修正條文（107 年 11 月 6 日）

一、為因應船舶管理實務之需要，明確船舶分類，爰增訂第 1 款船舶定義，包含客船、貨船、漁船、特種用途、遊艇及小船，並按船舶種類分別明定其定義。並於第 9 款至第 14 款新增載客小船、乘員、乘客、特種人員、豁免及等效之定義，俾利實務執行。

二、原第 1 款款次調整為第 8 款，第 2 款並酌作文字修正。

三、原條文第 3 款動力船舶係指船舶推動方式，第 4 款至第 6 款所定水翼船、氣墊船及高速船，係因其構造及推動方式異於一般船舶，依其使用目的仍可分為客船或非客船，惟為避免誤解為船舶分類，並考量水翼船管理規則、氣墊船管理規則及高速船管理規則業訂有其船舶定義，第 3 款動力船舶移至小船管理規則規範，爰刪除前述四款規定。

四、修正條文第 4 款所稱**特種用途船**，包括研究船、訓練船、水產加工船、拖船、救難船、起重船、佈纜船、勘測船、潛水支援船及佈管船等。

五、修正條文第 7 款非自用遊艇為非供船舶所有人專用之遊艇，一般包含整船出租或俱樂部型態兩種經營模式，整船出租係由法人所擁有，提供承租人進行遊艇娛樂活動，至俱樂部型態指採招收會員制之經營方式，考量現行條文所稱俱樂部型態未臻明確，故修正為以其他有償方式提供可得特定之人，俾與客船及載客小船主要以運送不特定第三人之乘客有所區別。

六、修正條文第 12 款增訂**特種人員定義**，主要係配合第四款之特種用途船。特種人員係指該等船舶因特殊作業任務所需要之特別人員，不包括船舶正常航行、操縱和維護，或提供乘客服務需求之人員及乘客。另因特種用途船之船舶構造及設備應依特種人員人數分級規劃，超過 60 人部分需符合客船規定。查行政院海岸巡防署海巡艦艇屬該類船舶，考量海巡艦艇因勤務特性有特殊設計，且其執行公權力之人員均已接受相當船上佈置知識，並接受安全程序及操作船上安全設備訓練，等同船員之相關訓練，爰海岸巡防機關人員不屬特種人員。

第 4 條

下列船舶，不適用本法規定：

一、軍事建制之艦艇。

二、龍舟、獨木舟及非動力帆船。

三、消防及救災機構岸置之公務小船。

四、推進動力未滿 12 瓩之非漁業用小船。

五、原住民族基於傳統文化、祭儀或非營利自用，出海所使用經原住民族主管機關認
　　定之小船或浮具。

第 8 條

非中華民國船舶，除經中華民國政府特許或為避難者外，不得在中華民國政府公告為
國際商港以外之其他港灣口岸停泊。

第 12 條

船名，由船舶所有人自定，**不得與他船船名相同**。但小船船名在本法中華民國 99 年
11 月 12 日修正之條文施行前經核准者，不在此限。

第 13 條

船舶所有人應自行認定船籍港或註冊地。

船舶法規範項目

　　船舶國籍證書、船舶檢查、船舶丈量、船舶載重線、客船、遊艇、小船、驗船
機構及驗船師。

第 15 條

船舶所有人於領得船舶檢查證書及船舶噸位證書後，應於 3 個月內依船舶登記法規
定，向船籍港航政機關為所有權之登記。

前項船舶檢查證書，得依第 31 條規定，以有效之國際公約證書，及經主管機關委託
之驗船機構所發船級證書代之。

第 16 條

船舶依第 15 條規定登記後，航政機關除依船舶登記法之規定核發登記證書外，並核
發船舶國籍證書；必要時，得先行核發臨時船舶國籍證書。

第 20 條

經登記之船舶，遇滅失、報廢、喪失中華民國國籍、失蹤滿 6 個月或沉沒不能打撈修
復者，船舶所有人應自發覺或事實發生之日起 4 個月內，依船舶登記法規定，向船籍
港航政機關辦理船舶所有權註銷登記；其原領證書，除已遺失者外，並應繳銷。

船舶改裝為遊艇或小船者，船舶所有人應自改裝完成之日起 3 個月內，依規定辦理登

記或註冊，其原領證書除已遺失者外，應予繳銷。

第 22 條

船舶國籍證書與臨時船舶國籍證書之核發、換（補）發、廢止、撤銷或繳銷、證書費收取、證書有效期間、管理及其他應遵行事項之規則，由主管機關定之。

第 23 條

船舶檢查分**特別檢查**、**定期檢查**及**臨時檢查**。

船舶檢查之範圍，包括下列各項：

一、船舶各部結構強度。

二、船舶推進所需之主輔機或工具。

三、船舶穩度。

四、船舶載重線。但依第 51 條所定規則規定，在技術上無
　　勘劃載重線必要者，不在此限。

五、船舶艙區劃分。但依第 36 條所定規則規定，免艙區劃
　　分者，不在此限。

六、船舶防火構造。但依第 35 條所定規則規定，免防火構造者，不在此限。

七、船舶標誌。

八、船舶設備。

船舶應依規定檢查合格，並將設備整理完妥，始得航行。

船舶因分類、噸位、載運貨物型態、適航水域不同，其檢查之項目、內容、豁免及等效、檢查機關、有效期間、申請程序與文件、檢查證書之核發、換（補）發、註銷、撤銷或繳銷、檢查費、證書費之收取及其他應遵行事項之規則，由主管機關定之。

第 24 條

船舶因分類、噸位、載運貨物型態、適航水域不同，其船舶設備之項目、規範、豁免及等效、證書及其他應遵行事項之規則，由主管機關定之。

第 25 條

船舶有下列情形之一者，其所有人應向船舶所在地航政機關申請施行**特別檢查**：

一、新船建造。

二、自國外輸入。

三、船身經修改或換裝推進機器。

四、變更使用目的或型式。

五、特別檢查有效期間屆滿。

船舶經特別檢查合格後，航政機關應核發或換發船舶檢查證書，其有效期間以 5 年為限。但客船、貨船船齡超過 20 年者，核發、換發船舶檢查證書之有效期間不得超過 2 年。

SHIPBUILDING

> 📌 參考我國於港口國管制東京備忘錄（Tokyo MOU）列入「高風險船舶」之平均船齡約為 20.29 年，另日韓等亞洲鄰近國家加強船舶檢查之船齡規定為 20 年，爰擇定以 20 年作為加強管理之門檻。為強化船齡屆滿 20 年之船舶安全管理，爰於第 2 項增訂船舶船齡超過 20 年者，核發、換發船舶檢查證書頻率之但書規定，以增進客船、貨船航行安全。

第 26 條

船舶經特別檢查後，於每屆滿 1 年之前後 3 個月內，其所有人應向船舶所在地航政機關申請施行**定期檢查**。

船舶經定期檢查合格後，航政機關應於船舶檢查證書上簽署。

第 27 條

船舶有下列情形之一者，其所有人應向所在地航政機關申請施行船舶**臨時檢查**：

一、遭遇海難。

二、船身、機器或設備有影響船舶航行、人命安全或環境污染之虞。

三、適航性發生疑義。

船舶經臨時檢查合格後，航政機關應於船舶檢查證書上註明。

第 28-3 條

航政機關對中華民國船舶及非中華民國船舶經特許於中華民國各港口間運送客貨或從事非自用遊艇業務之航行安全事項得施行抽查。

船舶除緊急救難外，不得載運超過航政機關核定之乘員人數。

第 30-1 條

下列船舶之所有人或承擔其安全營運與防止污染管理責任之機構，應於生效日起建立安全營運與防止污染管理制度，並取得航政機關核發之評鑑合格證書：

一、總噸位 100 以上或乘客定額超過 150 人以上之客船。

二、總噸位 500 以上之貨船。

三、其他經主管機關公告適用之船舶。

前項規定所稱生效日，於第 1 款及第 2 款規定之船舶，為本法中華民國 107 年 11 月 6 日修正之條文施行日起 1 年；第 3 款規定之船舶，為主管機關公告後 1 年。

安全營運與防止污染管理制度之內容、評鑑、豁免及等效、證書之申請、核發、補發、換發、註銷、撤銷或繳銷、評鑑費、證書費之收取、證書有效期間及其他應遵行事項之規則，由主管機關定之。

船舶具備主管機關委託之驗船機構核發國際船舶安全管理章程評鑑合格證明文件，視為已依前項所定規則之評鑑合格，免再發相關證書。

第 30-1 條文增訂說明（107 年 11 月 6 日）

一、本條新增。

二、依據海上人命安全國際公約安全管理章程（ISM Code），並參酌鄰近國家對於國內航線船舶安全管理制度、國內航商之特性，建立船舶安全營運與防止污染管理制度，以符合國際海事組織法律文件履行章程（III Code）之精神，爰增訂第一項規定。

三、考量部分特種用途船（如研究船及訓練船）有建立安全管理制度之必要性，屆時將就其船舶適航條件，由主管機關檢討納入本條適用船舶之範圍另行公告之，爰增訂第 1 項第 3 款規定。

四、配合第 1 項規定船舶所有人或承擔其安全營運與防止污染管理責任之機構，應於「生效日」起建立安全營運與防止污染管理制度，爰於第 2 項明定生效日之涵義，以資明確。

五、國際海事組織（IMO）資料顯示人為因素占海難原因超過80% 之比例，因此，國際海事組織在 1993 年 11 月通過 ISM Code，強制會員國遵行，以降低人為因素造成之海難事故。

六、參考過去大型海事故（如世越號、歌詩達協和號等）船難主因係船員人為疏失，本條「安全營運與防止污染管理制度」與前述 ISM Code 接軌，可防範不適用國際公約船舶之人為失誤，加強船舶航行安全，減少海難發生。

七、為使安全營運與防止污染管理制度之推動順利，航政機關已擬定「船舶安全營運與防止污染管理（NSM）制度規劃與推動方案」，就本案之推動時程、權責分工、教育訓練、輔導業整等事項提出具體規劃方案，先推出輔導計畫，逐步推行，並於第三項授權主管機關訂定安全營運與防止污染管理制度應遵行事項之規則。

八、第 4 項明定船舶具備主管機關委託之驗船機構核發之國際船舶安全管理章程評鑑合格證明文件，視為取得評鑑合格之規定。

第 32 條

非中華民國船舶自中華民國國際港口發航者，應由船長向該港之航政機關送驗船舶檢查或檢驗合格證明文件。

未依前項規定送驗船舶檢查、檢驗合格之證明文件或證明文件有效期間屆滿之非中華民國船舶，該港航政機關得命其限期改善，未改善完成前，不得離港。

船長不服前項命其限期改善或不得離港之處分者，得於 5 日內向該港航政機關提出申復。

第 34 條

載運危險品之船舶，應符合下列條件：

一、本法中華民國 107 年 11 月 6 日修正之條文施行前建造或自國外輸入者，自修正施行日起 1 年後之第 1 次特別檢查起，應具備主管機構委託之驗船機構核發之適載文件，經航政機關檢查合格並於船舶檢查證書註記。

二、本法中華民國 107 年 11 月 6 日修正之條文施行後建造或自國外輸入者，自修正施行日起 1 年後之第 1 次特別檢查起，應具備國際公約證書，且經主管機關委託之驗船機構檢驗入級。

三、總噸位未滿 500 者，自本法中華民國 107 年 11 月 6 日修正之條文施行日起 1 年後之第 1 次特別檢查起，應具備造船技師核發之適載文件，經航政機關檢查合格並於船舶檢查證書註記者，免依前二款規定辦理。

船舶載運危險品之分類、識別、包裝、標記與標示、運輸文件、裝卸作業、豁免及等效、適載文件、文件費之收取及其他應遵行事項之規則，由主管機關定之。

第 34-1 條

除依前條或第 56 條所定規定外，危險品不得攜帶或託運進入有載運乘客之客船。

危險品名稱，由航政機關公告之。

第 37 條

水翼船、氣墊船、高速船及其他經主管機關認可及公告採用國際章程船舶，應由船舶所有人或船長向船舶所在地航政機關申請檢查合格，取得證書後，始得航行；其檢查、構造、裝置、設備、乘客艙室、乘客定額、證書之核發、換（補）發、註銷、撤銷或繳銷、檢查費、證書費之收取及其他應遵行事項之規則，由主管機關定之。

第 39 條

船舶所有人應於請領船舶國籍證書前，向船舶所在地航政機關申請**船舶丈量及核發船舶噸位證書**。

第 40 條

船舶在國外建造或取得者，船舶所有人應請經主管機關委託之船舶所在地驗船機構丈量。

依前項規定丈量後之船舶，應由所有人向航政機關申請核發船舶噸位證書。

第 43 條

非中華民國船舶自中華民國港口發航者，應由船長向該港之航政機關，送驗該船舶之噸位證書。

未依前項規定送驗船舶噸位證書之非中華民國船舶，該港航政機關得命其限期改善，未改善完成前，不得離港。

船長不服前項命其限期改善或不得離港之處分者，得於 5 日內向該港航政機關提出申復。

第 44 條

船舶丈量之申請、丈量、總噸位與淨噸位之計算、船舶噸位證書之核發、換（補）發、廢止、撤銷或繳銷、丈量費與證書費之收取及其他應遵行事項之規則，由主管機關定之。

第 45 條

船舶載重線為最高吃水線，船舶航行時，其載重不得超過該線。

第 47 條

船舶所有人應向船舶所在地航政機關申請勘劃載重線後，由該機關核發船舶載重線證書。

船舶載重線證書有效期間，以 5 年為限；船舶所有人應於期滿前重行申請**特別檢查**，並換領證書。

第 48 條

船舶載重線經勘劃或特別檢查後，船舶所有人應於每屆滿 1 年之前後 3 個月內申請施行定期檢查；船舶所在地航政機關應於定期檢查合格後，在船舶載重線證書上簽署。

第 50 條

依國際載重線公約或船籍國法律之規定應勘劃載重線之非中華民國船舶，自中華民國港口發航，該船船長應向該港航政機關，送驗該船舶之載重線證書或豁免證書。有下列各款情形之一者，該港航政機關得命其限期改善，未改善完成前，不得離港：

一、未能送驗船舶載重線證書或載重線豁免證書，或證書失效。

二、船舶載重超過船舶載重線證書所規定之最高吃水線。

三、載重線之位置與船舶載重線證書所載不符。

四、應重行勘劃載重線而未勘劃。

船長不服前項命其限期改善或不得離港之處分者，得於 5 日內向該港航政機關提出申復。

第 51 條

船舶載重線之檢查、勘劃、船舶載重線證書之核發、換（補）發、廢止、撤銷或繳銷、航行國際間船舶勘劃載重線之條件、航行國際間船舶之乾舷、航行國際間裝載木材甲板貨物船舶之載重線、客船艙區劃分載重線、航行國內航線船舶載重線、地帶、區域與季節期間、勘劃費、證書費之收取及其他應遵行事項之規則，由主管機關定之。

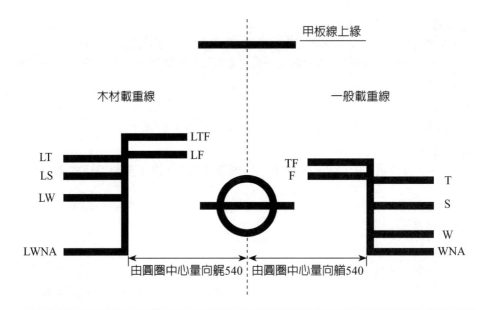

 載重線標誌（Load line mark）

　　載重線標誌，由英國國會議員普林索（Samuel Plimsoll）於 1873 年所創製。載重線為船舶在特定情形下的最高吃水線，換句話說即船舶的最小乾舷。該標誌依季節與航行地區／區帶作為限制船舶載重之條件，並以各載重線上緣為最高吃水來保持船舶浮力。而木材船除了標示一般載重線標誌外，應增劃木材載重線（Timber Load Line）。一般載重線之標示意義分述如下：TF（the tropical fresh water load line）：熱帶淡水載重線。F（the fresh water load line）：夏季淡水載重線。T（the tropical load line）：熱帶載重線。S（the summer load line）：夏季載重線。W（the winter load line）：冬季載重線。WNA（the winter north Atlantic load line）：冬季北大西洋載重線。木材載重線與一般載重線定義相同，唯有各標示名稱前均加一字母 L 表示。

資料來源：海洋數位典藏，國立臺灣海洋大學。
http://meda.ntou.edu.tw/martran/?t=2&i=0009

第 52 條

客船所有人應向船舶所在地航政機關，申請核發客船安全證書。非領有客船安全證書，不得搭載乘客。

航政機關依船舶設備、水密艙區及防火構造，核定乘客定額及適航水域，並載明於客船安全證書。

客船搭載乘客不得超過依前項核定之乘客定額，並不得在依前項核定適航水域以外之水域搭載乘客。

第 53 條

客船安全證書之有效期間以 **1 年**為限，由航政機關視其適航性核定。

客船安全證書記載事項變更或證書之有效期間屆滿前一個月內，客船所有人應申請換發。

客船安全證書有效期間屆滿，於換發證書前，不得搭載乘客。

第 55 條

非中華民國船舶在中華民國港口搭載乘客時，該船船長應向船舶所在地航政機關送驗客船安全證書，非經查明適航性，不得搭載乘客。

未依前項規定送驗客船安全證書之非中華民國船舶，該港航政機關得命其限期改善，未改善完成前，不得離港。

船長不服前項命其限期改善或不得離港之處分者，得於 5 日內向該港航政機關提出申復。

第 57 條

貨船應由船舶所有人或船長向航政機關申請檢查合格，取得**貨船搭客證書**後，始得兼搭載乘客；其乘客定額、乘客房艙、貨船搭客證書核發、換（補）發、註銷、撤銷或繳銷、檢查、收費與管理及其他應遵行事項之規則，由主管機關定之。

> 依據海上人命安全國際公約規定，「**客船**」指載運乘客超過 12 人之船舶，而「**貨船**」指不屬於客船之任何船舶，「貨船」載運乘客未超過 12 人無須額外申請檢查，惟我國因部分離島地區交通不便，為規範緊急醫療或家人陪同運送大體等情形時，爰明定貨船應經檢查合格，取得證書後，始得兼載乘客。

第 58 條

遊艇之檢查、丈量經主管機關認可之國內外機構驗證後，由遊艇所在地之航政機關辦理；其登記或註冊、發證，由遊艇船籍港或註冊地航政機關辦理。

第 59 條

遊艇檢查分**特別檢查、定期檢查、臨時檢查**及自主檢查。

遊艇符合下列規定者，始得航行：

一、檢查合格。

二、全船乘員人數未逾航政機關核定之定額。

三、依規定將設備整理完妥。

第 61 條

遊艇有下列情形之一者，其所有人應申請施行**特別檢查**：

一、新船建造完成後。

二、自國外輸入。

三、船身經修改或換裝推進機器。

四、變更使用目的或型式。

五、特別檢查有效期間屆滿。

遊艇經特別檢查合格後，航政機關應核發或換發遊艇證書，其有效期間，以 5 年為限。但全長未滿 24 公尺之自用遊艇，其遊艇證書無期間限制。

於本法中華民國 107 年 11 月 6 日修正之條文施行後建造或自國外輸入全長 24 公尺以上之非自用遊艇，應施行建造中特別檢查並經主管機關委託之驗船機構檢驗入級，或應具備建造中檢驗文件與輸入前之船級證書。

未施行建造中檢查之遊艇，不得變更為其他船舶種類。

第 65 條

下列遊艇之所有人，應自特別檢查合格之日起，每屆滿 2 年 6 個月之前後 3 個月內，向遊艇所在地航政機關申請施行**定期檢查**：

一、非自用遊艇。

二、全長 24 公尺以上之自用遊艇。

三、全長未滿 24 公尺，且乘員人數超過 12 人之自用遊艇。

遊艇船齡在 12 年以上者，應於船齡每屆滿一年前後 3 個月內，申請實施定期檢查。

遊艇經定期檢查合格後，航政機關應於遊艇證書上簽署。

第 70 條

遊艇不得經營客、貨運送、漁業，或供娛樂以外之用途。但得從事非漁業目的之釣魚活動。

自用或非中華民國遊艇，不得作為非自用遊艇使用。但非中華民國遊艇符合下列條件，並經主管機關核准者，不在此限：

一、第 5 條第 2 項第 3 款所定公司，承租全長 18 公尺以上非中華民國遊艇。

二、依主管機關所定保險金額，投保責任保險。

三、檢附行政規費繳納收據及外國政府出具之適航證明文件。

遊艇活動未涉及入出境者，於出海前填具相關船舶、航行及人員等資訊，向出海港之海岸巡防機關以電子郵件、傳真或現場等方式報備，其相關表格、程序由海岸巡防機關定之。

遊艇入出國境涉及關務、入出境、檢疫、安全檢查程序及特許之辦法，由主管機關定之。

第 71 條

遊艇所有人應依主管機關所定保險金額，**投保責任保險，未投保者，不得出港。**

遊艇之檢查、丈量、設備、限載乘員人數、投保金額、適航水域、遊艇證書、註冊、相關規費之收取及其他應遵行事項之規則，由主管機關定之。

各級商港、漁港、海岸、河川轄管機關，應於轄區適當地點設置遊艇停泊及遊艇拖吊升降區域，並依相關法令規劃建設及管理。

SHIP INSURANCE

第 70 條（107 年 11 月 6 日修正）

　為保障國籍遊艇及合法業者之權益，非自用遊艇於我國境內營運應以「原則禁止，例外許可」方式審議，爰增訂第二項，明確規範自用遊艇及非中華民國遊艇不得作為非自用遊艇使用，並訂定非中華民國遊艇營運特許條件。

　為推廣遊艇發展，經統計國內遊艇 98% 為全長 18 公尺以下遊艇，爰增列第二項第一款，開放承租全長 18 公尺以上之非中華民國遊艇，該遊艇於我國營運類似於郵輪靠港，有助於吸引國外觀光客及促進遊艇活動健全發展，提升遊艇的服務檔次。

　有關遊艇入出國境涉及關務、入出境、檢疫、安全檢查程序係一體適用本國籍及非中華民國遊艇，已依本項授權訂有「遊艇入出境關務檢疫安全檢查程序辦法」，惟非中華民國遊艇入境停泊國內遊艇基地應先取得特許爰酌作文字修正。

第 73 條

小船之檢查、丈量，由小船所在地航政機關辦理；其註冊、給照，由小船註冊地航政機關辦理；非經領有航政機關核發之小船執照，不得航行。

主管機關因業務需要，得將小船檢查、丈量業務，委託驗船機構或領有執照之合格造船技師辦理。

造船技師為小船之設計者，應迴避檢查、丈量同一艘小船；未迴避委託檢查、丈量者，除應終止委託外，其檢查、丈量結果無效。

第一項由航政機關辦理之規定，其施行日期，由行政院定之。

第 74 條

小船之檢查，分**特別檢查、定期檢查**及**臨時檢查。**

小船符合下列規定者，**始得航行：**

一、檢查合格。

二、載客人數未逾航政機關依第 81 條規定核定之定額。

三、依規定將設備整理完妥。

第 75 條

小船有下列情形之一者，其所有人應申請施行**特別檢查**：

一、新船建造。

二、自國外輸入。

三、船身經修改或換裝推進機器。

四、變更使用目的或型式。

五、特別檢查有效期間屆滿。

小船經特別檢查合格後，航政機關應核發或換發小船執照。

第 78 條

小船自特別檢查合格之日起，其所有人應依下列時限，申請施行**定期檢查**：

一、載客動力小船：應於每屆滿 1 年之前後 3 個月內。

二、非載客動力小船：應於每屆滿 2 年之前後 3 個月內。

三、非動力小船：應於每屆滿 3 年之前後 3 個月內。

四、載運引水人、提供研究或訓練使用之小船：每屆滿 1 年之前後 3 個月內。

小船經定期檢查合格後，航政機關應於小船執照簽署。

小船經依第 27 條第 1 項規定臨時檢查合格後，航政機關應於小船執照註明。

第 79 條

小船所有人申請檢查、丈量，航政機關應派員前往就地實施或通知至指定港口辦理。

第 81 條

小船所有人應申請航政機關檢查核定乘客定額及適航水域，並註記於小船執照後，始得載運乘客。

載客小船船齡超過 20 年者，自本法中華民國 107 年 11 月 6 日修正之條文施行日起 1 年後之第 1 次特別檢查起，應具備造船技師簽證有效期限不超過 2 年之船況評估方案報告。

第 83 條

小船之乘客定額、應急準備、註冊、小船執照之核發、換（補）發、註銷或繳銷、規費之收取及其他應遵行事項之規則，由主管機關定之。

小船船體、主機、副機與舵軸系、電機設備、排水設備、舵機、錨機與繫泊設備、救生設備、消防設備與防火措施、起居與逃生設備、航海用具與其他附屬用具之檢查、丈量、檢查費與丈量費之收取及其他應遵行事項之規則，由主管機關定之。

第 84 條

主管機關因業務需要，得委託驗船機構辦理下列事項：

一、船舶檢查、丈量及證書之發給。
二、各項國際公約規定之船舶檢驗及證書之發給。
三、船舶載重線之勘劃、查驗及證書之發給。
驗船機構受委託執行前項業務時，應僱用驗船師主持並簽證。

第 85 條

中華民國國民經驗船師（Ship surveyor）考試及格，向航政機關
申請發給執業證書，始得執業。

驗船師執業期間，不得同時從事公民營船舶運送業、船務代理
業或造船廠等與驗船師職責有關之工作。

第 86 條

驗船師執業證書有效期間 **5** 年；領有該執業證書之驗船師，應執
業執照有效期間屆滿 1 個月前，檢具原領執業證書及服務經歷證
明文件，申請換發執業證書。

財團法人中國驗船中心
CR CLASSIFICATION SOCIETY

CR

https://www.crclass.org/

第 101 條

其他有關船舶技術與管理規則或辦法，主管機關得參照有關國際公約或協定及其附約
所訂標準、建議、辦法或程式，予以採用，並發布施行。

第 101-1 條

海難事故行政調查由航政機關辦理，並得依職權或當事人之申請辦理海事評議。
前項調查人員，於出示證件後，得登臨船舶進行調查或鑑定、訪談相關人員或要求提
供調查所需之文書或物品，受訪者應據實陳述，無正當理由不得規避、妨礙或拒絕。
第一項調查未完成前，航政機關得管制船舶出港或函請內政部移民署限制船上人員出
境。航政機關應同時以書面敘明理由並附記救濟程序通知當事人，依法送達。
經管制出港船舶及限制出境之船上人員，航政機關應於完成調查後，即解除出港管制
或函請內政部移民署解除其出境限制。
航政機關為辦理海事評議，得設置海事評議小組，其任務包括船舶沉沒、碰撞、觸礁
或其他意外事故等重大海事案件之評議。
前項海事評議小組之組成、調查程序、評議方式、收費及其他應遵行事項之規則由主
管機關定之。

第 101-1 條

一、本條新增。（107 年 11 月 6 日）

二、現行海難事故調查與海事評議由航政機關辦理。為航政機關調查需要，參據「海事安全調查章程」第 8 點 1 條、第 12 點 2 條及飛航事故調查法第 18 條規定，增訂第 1 項及第 2 項規定。

三、第三項增訂關於未完成調查前，航政機關得限制船舶及船上人員離境之規定。

四、考量限制人民自由，除應以法律規定外，其解除管制條件亦應載明於條文內，爰增訂第 4 項。

五、增訂第 5 項規定係航政機關為辦理海事評議，聘任具專業之人士組成海事評議小組，以釐清屬船舶或屬船員之責任等事項；本項所謂「重大海事案件」係參據「海事安全調查章程」第 2 點 22 條有關「非常嚴重海難」之定義。

六、增訂第 6 項規定就本條海事評議小組之組成及相關事項，授權主管機關另訂辦法，俾資遵守。

 船舶法（The Law of Ships）的子法

1. 船舶標誌設置規則
本規則依船舶法第 10 條第 4 項規定訂定。

2. 船舶國籍證書核發規則
本規則依船舶法第 22 條規定訂定。

3. 船舶檢查規則
本規則依船舶法第 23 條第 4 項及第 33 條第 3 項規定訂定之。

4. 船舶設備規則
本規則依船舶法第 24 條規定訂定之。

船舶屬有價財產，性質雖爲動產卻有不動產相關的登記規定，基於海上安全識別及管理需要，對船舶的國籍、船名、編號及載重線標誌等，會規定其位置與圖樣大小。

Unit 5-3 船舶國籍證書核發規則

一、立法沿革

中華民國 51 年 10 月 2 日交通部交航字第 07358 號令訂定發布。中華民國 108 年 10 月 15 日交通部交航字第 10850132211 號令修正發布第 16 條條文及第 2 條條文之附件二。

二、重要條文

第 1 條
本規則依船舶法第 22 條規定訂定。

第 2 條
中華民國船舶應由船舶所有人向航政機關爲所有權之登記，並申請核發船舶國籍證書（Certificate of vessel's nationality）。

第 7 條
船舶所有人在國外取得船舶者，得檢附取得船舶或原船籍國之相關證明文件，向航政機關申請核發臨時船舶國籍證書，並應自領得該證書之日起三個月內申請發給船舶國籍證書。

 新條文修訂

一、配合船舶法用詞，將「廢止」一詞修正爲「註銷」。（修正條文第 16 條）。

二、因應實務作業需要，調整附件 2 船舶國籍證書申請書樣式及附送文件之說明分爲申請船舶國籍證書事項、申請臨時船舶國籍證書及規費等三類。（修正條文第條附件 2）。

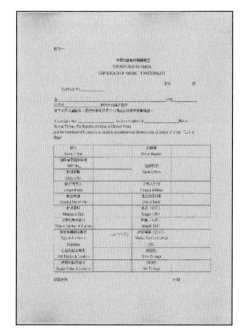
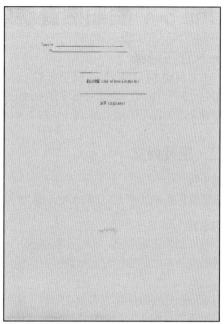

船舶國籍證書是船舶的身分證，也是船舶所有人向航政機關登記所有權後的證明文件。

資料來源：交通部航港局為民服務－下載專區
https://www.motcmpb.gov.tw/DownloadFile/SwitchPage?SiteId=1&NodeId=83&BaseCategoryId=61&page=2&istop=False

Unit 5-4 船舶檢查規則

一、立法沿革

中華民國 55 年 3 月 16 日交通部（55）交航字第 02387 號令訂定發布。中華民國 109 年 3 月 10 日交通部交航字第 10950025181 號令修正發布第 1、16 條條文及第 52 條條文之附件三；增訂第 11-1、13-1、16-1~16-4 條條文；刪除第 23 條條文。

二、重要條文

第 1 條

本規則依船舶法第 23 條第 4 項及第 33 條第 3 項規定訂定之。

第 2 條

中華民國船舶除遊艇、小船、高速船外，依本規則規定施行檢查。

客船除依本規則施行特別檢查、定期檢查、臨時檢查外，應另依客船管理規則規定施行檢查。

附表所列從事**離岸風電工程**之船舶，除依本規則施行特別檢查、定期檢查、臨時檢查外，應另具備主管機關委託驗船機構核發之**船級證書**。

 第 2 條增修說明（108 年 6 月 11 日）

考量目前離岸風電工程之施工規範及相關規定尚無要求工作船應取得國際公約證書或主管機關委託之驗船機構核發之船級證書，難以確保從事離岸風電工程船舶之作業安全及環境維護，為提升我國從事離岸風電工程船舶工作期間之航安、工安與海洋維護，並訂定更嚴謹之檢查程序，爰擬具本規則第二條修正條文，增訂施工船舶應持有主管機關委託之驗船機構核發之船級證書相關規範。

第 3 條

船舶應分別施行**特別檢查、定期檢查、臨時檢查**。

航行國際航線適用國際公約規定之船舶應依海上人命安全國際公約、防止船舶污染國際公約、船舶有害防污系統管制國際公約、海上避碰規則國際公約、海事勞工公約、特種用途船舶安全章程及其議定書、修正案規定施行檢查。

第 4 條

船舶經特別檢查後，應以其特別檢查完成日為準，於每屆滿 1 年之前後 3 個月內施行定期檢查。

第 5 條

船舶施行檢查及審核圖樣之機關規定如下：

一、在國內：

(一) 航行國內航線暨航行國際航線不適用國際公約規定之船舶，爲航政機關。

(二) 航行國際航線適用國際公約規定之船舶，未入級者，除有關國際公約部分爲主管機關委託之驗船機構（以下簡稱驗船機構）外，其餘爲航政機關。

(三) 船舶之無線電信設備，爲電信主管機關。

二、在國外：

(一) 航行國內航線及航行國際航線不適用國際公約規定之船舶，爲本國驗船機構。

(二) 各種船舶之無線電信設備，其圖樣之審核爲電信主管機關，其檢查爲本國驗船機構。

(三) 航行國際航線適用國際公約規定之船舶，爲本國驗船機構。

前項第二款規定在國外未設本國驗船機構時，得由主管機關認可之國際驗船機構檢查。

第 7 條

船舶非經檢查合格不得航行。船舶檢查時效屆滿非重經檢查合格或時效雖未屆滿而檢查不合格者，亦同。

第 11-1 條

船舶復航前申請檢查種類如下：

一、申請復航時間未逾航行期限者，其所有人應申請臨時檢查。

二、申請復航時間已逾航行期限者，其所有人應申請定期檢查。但該船特別檢查有效期間屆滿，所有人應申請特別檢查。

第 18 條

建造中船舶之特別檢查，自施工開始以迄試航爲止，其材料、工藝、工作情況與佈置等，均應經航政機關或驗船機構檢查核可，經發現未能符合有關法令之規定，或與業經審核之圖說有出入時，應予改正。

第 21 條

現成船之特別檢查，應於船舶完成建造中檢查之日起或完成前一次特別檢查之日起，不超過 5 年之期限內施行之。

第 30-1 條

載重噸 600 噸以上之國外輸入油輪，其初次特別檢查應確認船體爲雙殼結構。

第 51 條

船舶遭受損害，經檢查人員檢查後認爲在預定航程內適航性無顧慮時，得允施以臨時性之檢修。但應限期完成復原性之修理及檢查。

Unit 5-5 船舶設備規則

一、立法沿革

　中華民國 66 年 2 月 10 日交通部（66）交航字第 01229 號令訂定發布第一、二編；並自發布日起施行。中華民國 108 年 8 月 14 日交通部交航字第 10800225591 號令修正發布第 1、4 條條文。

二、重要條文

第 1 條
本規則依船舶法第 24 條規定訂定之。

第 2 船
船舶之設備及其屬具，除高速船、遊艇及小船外，依本規則規定。

第 4 條
本規則所稱名詞之定義如下：
一、**易燃液體船**：指供載運大量散裝原油與石油產品之貨船，其原油與石油產品之閉杯法試驗閃點，以核定之閃點試驗設備試驗結果未超過攝氏 60 度，其瑞德揮發氣壓低於大氣壓者。或供裝載其他液體產品具有同等火災危險之貨船。
二、**瑞德揮發氣壓**：指於密閉之容器內儲置體積比為一比四之液體樣品及空氣，當溫度準確保持於攝氏 37.8 度或華氏 100 度時之氣壓即為該液體之一個瑞德揮發氣壓。
三、**渡船**：指在國內一定口岸間以銜接陸上交通，逐日或隔日按班次作定期往返航行之客船。
四、**漁船**：指經營漁業、漁業巡護、漁業試驗、漁業訓練之船舶。但娛樂漁業漁船，不在此限。
五、**水產加工船**：指設有水產生物加工設備之船舶。
六、**核子船舶**：指裝有核子動力裝置之船舶。
七、**全船人數**：指航政機關核定全部在船人數。

第 5 條
本規則所稱各種航線之定義如左：
一、**國際航線**：指船舶航行於我國港口與外國港口間，或外國各港口間之航線，而不屬於短程國際航線者。
二、**短程國際航線**：指船舶航行於某一國際航線上，其距離可供乘客與船員安全著陸之港口或地點不逾 200 浬；自離開本國發航港至外國目的港或自外國發航港至本國目的港，或兩外國目的港間，其距離不逾 600 浬者。
三、**外海航線**：指船舶航行於本國外海、沿海或附屬島嶼間之航線，而不屬於沿海航

線者。

四、**沿海航線**：指船舶航行於本國沿海或附屬島嶼間之航線，其距離海岸不逾 30 浬者。

五、**內水航線**：指船舶航行於本國江河湖泊以及其他內陸水道或港區內之航線，而不屬於短程內水航線者。

六、**短程內水航線**：指船舶航行於某一核定之內水航線上，其航程自最初發航港至最後目的港不逾 100 浬者。

第 18 條

船舶為執行救助遭遇海難船舶、搭救遇難人員或因不可抗力之原因而變更其航程，致該船無法符合本規則規定應備之設備時，航政機關得寬免之。

第 19 條

非從事客貨運送之專業船舶，其因作業所需之設備，應依其特別法令之規定配備。不適用本規則之規定。

第 29-1 條

本編所用名詞定義如下：

一、**救生艇（筏）**：係指自棄船之時起，能維護遇險人員生命之艇（筏）。

二、**救難艇**：係指艇之設計係以救助遇險人員及集結其他無動力救生艇筏。

三、**輕艇**：係指提供救援用並具船型之露天式之小艇。

四、**下水設備或佈置**：係指將救生艇筏或救難艇自其安裝位置安全移至水面之設施。

五、**浸水衣**：係指可減低穿著人員在冷水中體溫損失之防護衣。

六、**保溫衣袋**：係指以低熱傳導率防水材料製成之袋或衣。

七、**最輕航行狀況**：係指船上無載貨並僅存 10% 供應品及燃油之吃水情況，如為客船則加上旅客及船員所有人數及行李。

八、**自由降落下水式**：係指載足全部乘員和屬具之救生艇筏於船上脫離並在無任何抑制裝置之情況下，使其下降到海面之降落方法。

第 44 條

本規則規定之**救生筏**，分為左列兩種：

一、充氣救生筏。

二、硬式救生筏。

第 53 條

救生浮具指救生艇、輕艇、救生筏、救生圈、救生衣以外能支持溺水之人員，而不失其效能之浮具。

第 172 條

本編所稱防止污染設備，指下列設備及其屬具：

（略）

八、壓艙水管理系統。

第 174 條

本編所用名詞，定義如下：

（略）

十九、**壓艙水管理**：指單獨或聯合使用機械、物理、化學或生物之處理方法，以達到
　　　清除、無害處置避免自壓載艙吸入或排放壓艙水和沉積物中有害水生物和病原
　　　體之目的。

 因應船舶壓艙水及沉積物管理國際公約條文修正

　　國際海事組織關切船舶壓艙水造成的環境生態污染，於西元 2004 年通過「船
舶壓艙水及沉積物管理國際公約」，期能有效及系統化管理全球船舶壓艙水之運
送，為使我國船舶設備規範與國際接軌，確保海洋及港區生態維護，爰配合修正
本規則條文，104 年 10 月 5 日其修正要點如下：

一、本規則第五編所稱防止污染設備新增「壓艙水管理系統」。（修正條文第 172
　　條）

二、本規則第五編防止污染設備所用名詞，修正「排洩」並新增「壓艙水」及「壓
　　艙水管理」之定義。（修正條文第 174 條）

三、參照國際海事組織所訂「船舶壓艙水及沉積物管理國際公約」，新增船舶壓
　　艙水管理系統之設置規定，並配合國際公約生效日期，另訂定本規定之施行
　　日期。（新增第三章第七節第 224-1 條，修正條文第 325 條）。

爲了維護海洋生態環境，聯合國的國際海事組織（IMO）制訂了「國際船舶壓艙水和沉積物的控制及管理公約（BWM 公約）」，並於 2016 年 9 月 8 日達到簽署國 30 國、船隊總噸位逾 35% 的生效門檻；今年以來，簽署國更增加到 54 國，其中包括巴拿馬及賴比瑞亞等權宜船大國，也讓同意遵守的船隊總噸位一舉超過 53%，於 2017 年 9 月 8 日正式在全球實施。我國交通部自 2017 年 9 月 8 日起實施此公約，所有國際航線船舶，都不得在我領海交換或排放未經處理的壓艙水；進港後須申報壓艙水的交換或排放紀錄。未來台灣也將比照 IMO 後續強制作爲，要求所有國際航線船舶都須加裝壓艙水的過濾設備，否則最高可處新台幣 150 萬元罰鍰。

長榮海運船舶壓艙水處理系統

https://csr.evergreen-marine.com/csr/tw/jsp/CSR_PreservationBiodiversity.jsp

Unit 5-6 船舶安全營運與防止污染管理規則

一、立法沿革

　　中華民國108年10月31日交通部交航字第10850135451號令訂定發布全文36條；並自發布日施行。

二、重要條文

第1條

本規則依船舶法第30-1條第3項規定訂定之。

第2條

本規則用詞，定義如下：

一、**安全營運及防止污染管理**（以下簡稱安全管理）制度：指安全管理機構為確保船舶航行、人命安全及防止船舶污染所施行之組織化及文件化制度。

二、**安全管理機構**：指船舶所有人或承擔其安全營運與防止污染管理責任之法人組織。

三、**符合證書**：指安全管理機構依安全管理制度運作，經航政機關評鑑合格後，所核發之證書。

四、**船舶安全管理證書**：指安全管理機構及船舶依安全管理制度運作，經航政機關評鑑合格後，所核發予船舶之證書。

五、**週年日**：指符合證書及船舶安全管理證書屆滿期限相當期日。

第4條

安全管理機構進行安全管理應符合下列目的：

一、提供船舶營運之安全操作體制及安全工作環境。

二、評估對船舶航行、人命安全及防止船舶污染之危害，建立適當預防措施。

三、提升安全管理機構與船舶人員之安全管理技能，包括船舶航行、人命安全及防止船舶污染應急事件之準備。

第5條

安全管理機構之職責如下：

一、建立安全管理制度。

二、訂定安全管理手冊。

三、執行安全管理制度。

四、承擔安全管理之責任及義務。

第6條

安全管理制度應符合下列原則：

一、當安全及保護環境之管理措施與生產、經營、效益牴觸時，以安全及保護環境優

　　先。

二、不妨礙船長履行其職責。

第 10 條

安全管理機構應指派管理階層及具航運經驗之岸上指定人員，其權責如下：

一、對船岸施行安全管理制度之監控。

二、確保船上取得適當之財力、物力及人力等岸上支援。

三、與最高管理階層直接協調溝通。

前項所稱航運經驗，指符合下列各款資歷之一者：

一、二等船副以上之海勤資歷至少 3 年。

二、二等管輪以上之海勤資歷至少 3 年。

三、船舶、船舶輪機、船舶電機之修造工作或驗船工作資歷至少 3 年。

四、航運公司工作資歷至少 3 年。

第 11 條

船長在安全管理制度上之職責如下：

一、執行並要求海員遵守安全管理制度，並予以查證。

二、以簡明方式發布命令及指示。

三、定期檢討安全管理制度執行情形，並作成紀錄，提交安全管理機構。

四、緊急應變及處置。

第 19 條

安全管理機構評鑑分為臨時評鑑及正式評鑑。

正式評鑑分為初次評鑑、年度評鑑、換證評鑑及額外評鑑。

安全管理機構評鑑之範圍為第 2 章至前章應遵循事項，正式評鑑並應包括執行安全管理制度之具體證據及紀錄。

第 20 條

船舶評鑑分為臨時評鑑及正式評鑑。

正式評鑑分為初次評鑑、期中評鑑、換證評鑑及額外評鑑。

船舶評鑑之範圍如下：

一、符合證書或臨時符合證書之管理船型與申請評鑑之船舶相符。

二、船上備有安全管理手冊，且船員熟悉安全管理制度。

三、正式評鑑之範圍包括執行安全管理制度之具體證據及紀錄。

本規則立法總說明（108 年 10 月 31 日）

　　船舶法（以下簡稱本法）業經總統於 107 年 11 月 28 日公布修正實施，依據該法第 30-1 條規定，下列船舶之所有人或承擔其安全營運與防止污染管理責任之機構，應於生效日起建立安全營運與防止污染管理制度，並取得航政機關核發之評鑑合格證書：

一、總噸位 100 以上或乘客定額超過 150 人以上之客船。

二、總噸位 500 以上之貨船。

三、其他經主管機關公告適用之船舶。前揭適用客船及貨船之生效日，為本法 107 年 11 月 6 日修正之條文施行日起 1 年；其他經主管機關公告適用之船舶之生效日為主管機關公告後 1 年。

　　為促使航運公司建立安全管理標準程序，爰**參照**海上人命安全國際公約安全管理章程（International Safety Management Code，以下簡稱 ISM Code），並參考國內航線航商實務施行船舶安全管理制度之特性，擬具「船舶安全營運與防止污染管理規則」草案。

　　船舶安全營運與防止污染管理規則條文計 36 條，共分為「總則」、「安全管理機構」、「安全管理制度及安全管理手冊」、「岸上指定人員及船長」、「語言及文件」、「安全管理機構之內部安全稽核、管理審查及評估」、「評鑑及發證」、「證書格式」、「文件審查、評鑑及證書費」及「附則」等十章。茲分述如下：

一、第一章「總則」，規範本規則之用詞定義及適用之船舶範圍。（第 1 條至第 3 條）

二、第二章「安全管理機構」，規範其職責及目的等規定。（第 4 條及第 5 條）

三、第三章「安全管理制度及安全管理手冊」，規範安全管理之基本原則與內容等規定。（第 6 條至第 9 條）

四、第四章「岸上指定人員及船長」，規範指定人員提供安全管理機構及船舶間之聯繫與權責，以及船長之職責權限，包含執行、發布及要求海員執行安全管理制度等規定。（第 10 及第 11 條）

五、第五章「語言及文件」，規範有關安全管理制度語言、溝通與文件等規定。（第 12 條至第 14 條）

六、第六章「安全管理機構之內部安全稽核、管理審查及評估」，規範內部安全稽核實施週期、稽核人員條件及發現缺點處理等規定。（第 15 條至第 18 條）

七、第七章「評鑑及發證」，規範各項評鑑實施範圍、時機及缺失處理方式，並規範證書核發期限等規定。（第 19 條至第 29 條）

八、第八章「證書格式」，規範評鑑合格證書之格式、註記與證書遺失、破損或記載事項變更所辦理補（換）發及繳銷等規定。（第 30 條至第 32 二條）

九、第九章「文件審查、評鑑及證書費」，規範收取費用及申請書之格式等規定。
（第33條及第34條）

十、第十章「附則」，訂定本規則施行日，以及本規則發布前航政機關所核發證
書持續有效至該證書有效期限規定。（第35條及第36條）

Unit 5-7 船舶散裝固體貨物裝載規則

一、立法沿革

中華民國 65 年 9 月 15 日交通部（65）交航字第 8388 號令訂定發布。中華民國 108 年 11 月 1 日交通部交航字第 10850142351 號令修正發布名稱及條文（原名稱：船舶散裝貨物裝載規則；新名稱：船舶散裝固體貨物裝載規則）。

二、重要條文

第 1 條
本規則依船舶法第 33 條第 3 項規定訂定之。

第 2 條
本規則適用於裝載大量散裝固體貨物在海上航行之貨船。

第 4 條
船長應於船舶裝載散裝貨物前，向貨主取得貨物相關書面運送文件，以便執行適當積載和安全裝運之預防措施。貨主未提供時，船長應拒絕裝運。
前項文件應包括下列各項：
一、積載因數。
二、平艙方法。
三、移動之可能性，包括靜止角。
四、為濃縮物或可液化之貨物時，應包括貨物含水量及
　　其可被運送之含水量極限值。
五、任何有關之特性資料。

第 9 條
適用本規則之船舶，在中華民國港口裝載大量散裝固體或穀類貨物者，應備有裝載資料及適載文件方得裝載。

第 40 條
船長和棧埠作業主管人員應在散裝貨物裝卸前共同擬定裝卸計畫送航政機關。有修正時亦同。
船長和棧埠作業主管人員應確保裝卸作業依計畫執行。
裝卸計畫應確保裝卸貨期間不超過船舶之容許應力和力矩，並應考慮裝卸貨之速度、作業機具之數量及船上抽排壓載水之能力，決定裝卸貨物之順序、數量及速率。

第 41 條
船長應監督貨物裝卸作業，並於裝卸期間定期查核吃水以確認貨物之噸數。每次量得之吃水和噸數應記入貨物日誌。

貨物裝卸作業與計畫有顯著偏差時，應立即調整裝卸或壓載作業。

第 48 條

為防止固體散裝貨物移動，應儘可能裝滿並將貨物平均分布到貨物處所邊界。

為減少貨物移動與空氣進入貨物，貨物應進行平艙。

船長應考量船舶特性及預定之航程，對船舶穩度有所疑慮時應要求平艙。

第 53 條

裝載、運送和卸載固體散裝貨物期間，應採取安全預防措施。

載運固體散裝危險貨物之船舶應配有事故應變和醫療急救程序。

 本規規則部分條文修正總說明（108 年 11 月 1 日）

　　船舶散裝貨物裝載規則為配合 107 年 11 月 28 日公布施行船舶法，裝載大量散裝固體、液體、氣體貨物或散裝貨油之船舶應符合船舶法第 33 條規定，其中裝載液體、氣體貨物及散裝貨油船舶相關規範係訂於化學液體船構造與設備規則、液化氣體船構造與設備規則及船舶檢查規則，爰將名稱修正為「船舶散裝固體貨物裝載規則」，並因應實務作業之需要，擬具「船舶散裝貨物裝載規則」部分條文修正，其修正重點如下：

一、配合船舶法修正授權依據。（修正條文第 1 條）

二、依據船舶法第 33 三條規定，載運大量散裝固體貨物船舶均應具備主管機關委託之驗船機構或造船技師核發之適載文件，爰修正本規則適用範圍。（修正條文第 2 條）

三、依據船舶法第 33 三條規定，船舶裝載散裝貨物前應取得主管機關委託之驗船機構核發之適載文件，總噸位未滿 500 者得由造船技師核發，爰配合修正核發適載文件相關規定及其文件格式。（修正條文第 5 條、第 7 條、第 8 條、第 9 條、第 10 條及第 14 條並新增第 8-1 條）

四、考量本規則係參考海上人命安全國際公約第六章訂定，爰參照該公約內容，酌作文字修正。（修正條文第 6 條及第 39 條）

五、依據船舶法第 33 三條規定，船舶之適載文件係由主管機關委託之驗船機構核發，總噸位 500 以下者得由造船技師核發，爰修正原由航政機關核發許可文件相關規定。（修正條文第 12 條、第 15 條、第 19 條、第 30 條、第 31 條、第 35 條、第 36 條、第 38 條及第 39 條）

Unit 5-8 船舶危險品裝載規則

一、立法沿革

中華民國 66 年 5 月 9 日交通部（66）交航字第 4069 號令訂定發布。中華民國 109 年 6 月 4 日交通部交航字第 10950064601 號令修正發布。

二、重要條文

第 1 條

本規則依船舶法第 34 條第 2 項規定訂定之。

第 2 條

船舶除遊艇及小船外，其危險品之裝卸及載運應依本規則規定。航行國際航線船舶之分類、識別、聯合國規格包裝物、包裝規則、標記、標示、標牌、運輸文件、儲存隔離、裝卸處理、緊急應變、運具設施、人員訓練管理、通報及保安，應符合**國際海運危險品章程**及其修正案、防止船舶污染國際公約附錄三**防止海上載運包裝型式有害物質污染規則**及其修正案規定。

第 3 條

本規則不適用於船舶自用之物料及設備、油輪所載之油或其他載運特殊貨物而建造或全部改裝之船舶上所載運之貨物。

第 6 條

本規則所稱危險品，分為 **9 類**，如附表一。

第 36 條

船長應儘可能查明船上所載危險品之標記、標籤、確已標註清楚，其包裝情況確屬良好。

第 37 條

危險品之託運人應向船舶所有人、運送人或船長提出危險品託運書，其格式及應記載事項依附表二規定。

前項託運書應由託運人或其代理人簽名蓋章，並置於船上供有關機關查核

第 37-1 條

託運人或其代理人應對託運之危險品予以正確及完整之分類、識別、包裝、標記、標示、製作標牌。

第 41 條

危險品須爲特別處理者，託運時應在託運書上註明之。

第 42 條

託運危險品須經有關機關核准者，應交付其核准文件。

第 46 條

國內航線客船除有特別安全措施，並經航政機關核准外，不得裝運危險品。

第 48 條

危險品裝船或卸船，或爲其他裝卸時，船長或其職務代理人，必須在場。

第 49 條

危險品裝船時，船長應確認其容器、包裝及標籤符合本規則之規定，並與託運危險品申請書所記載之事項相符。船長認爲其容器、包裝或標籤不符規定時，得會同證人將包裝拆解，予以檢查。

第 51 條

船長應注意裝載於船舶之危險品不致發生災害。

船長爲避免危險品對人命、船舶或其他貨物之危害，於必要時得廢棄裝載於船舶之危險品。

第 77 條

裝運危險品屬放射性物質者，應符合放射性物質安全運送規則，如裝運照射過之核子燃料、鈽與高放射性廢棄物時，並應符合船舶安全載運包裝形式之照射過核子燃料、鈽與高放射性廢棄物國際章程。

第 86 條

船舶裝載裝置有危險品之貨櫃時，船長除應確認貨櫃之標示與貨櫃裝置危險品明細表之記載事項相符外，應檢查貨櫃有無損傷或危險品有無洩漏等不正常現象。

船長爲前項檢查時，對於危險品容器、包裝、標籤、標示、裝置方法與貨櫃之標示，認爲有違反本規則之疑義時，得會同證人將貨櫃打開檢查之。

第 111 條

航行或停泊於內河、湖泊及港口之船舶裝載危險品時，應在桅頂或其他顯明易見之處，日間懸紅旗，夜間懸紅燈。

第 113 條

危險品與其他貨物同船裝載者，其裝卸順序應採較其他貨物先卸後裝之原則。

第 114 條

危險品運送途中或停泊港口碼頭時，均應派員看守，嚴加戒備，以防止危險之發生。

 國際海運危險品章程（International Maritime Dangerous Goods Code, IMDG）
國際海事組織（IMO）將危險品共分九大類：

1. **第一類爆炸品（Explosives）：**
1.1 有同時爆炸危險、
1.2 有拋射危險但無同時爆炸危險、
1.3 有燃燒危險及較小爆炸或拋射危險……。

2. **第二類氣體**（壓縮、液化、加壓溶解）：
2.1 易燃氣體、
2.2 非易燃無毒氣體、
2.3 有毒氣體。

3. **第三類易燃液體：**
3.1 低閃點（<−18℃）、
3.2 中閃點、
3.3 高閃點（23℃≦閉杯閃點≦61℃）。

4. **第四類固體**（及部分液體）：
4.1 易燃固體、
4.2 易自燃物質、
4.3 遇水釋出易燃氣體之物質。

5. **第五類：**
5.1 氧化物（Oxidizing Sub.）、
5.2 有機過氧化物（Organic Peroxides）。

6. **第六類**
6.1 毒性物質、
6.2 傳染性物質（Infectious Sub.）。

7. **第七類放射性物質**（Radioactive Sub.）。

8. **第八類腐蝕性物質**（Corrosive Sub.），是類物質若與生命組織接觸，其化學作
   用將導致生命組織嚴重受損。

9. **第九類其他**（Miscellaneous Dangerous Sub.）。

　　「國際海運危險品章程」（IMDG Code）是國際海事組織對於從事國際海上運送之船舶其安全運輸或所裝載之危險貨物或有害物質所通過的國際準則。是為了保護船舶人員和對於從事危險品安全運輸的船舶防止其對於海洋之污染；它並建議各國政府通過或以此為基礎作為法規。

　　「國際海運危險品章程」[註1]依據 1974 年國際海上人命安全公約及 1973/1978 國際防止船舶污染公約制定，「國際海運危險品章程」依貨物主要特性和運送要求分為九大類，每一類又細分若干小類，規則的總論是對各類危險貨物作業提供原則性的要求和建議。而每一類危險貨物的引言，則是針對該類貨物的特性提供具體的要求和建議，而各類物質的明細表則是對單一貨品的詳細說明。

圖片來源：
https://www.youtube.com/watch?v=9k0LrU0Z1HU

本規則部分條文修正說明（109 年 6 月 4 日）

　　船舶危險品裝載規則茲因國際海事組織海事安全委員會每兩年修正國際海運危險品章程（IMDG Code），並配合船舶法（以下簡稱本法）於 107 年 11 月 28 日公布修正，為使我國船舶之規範與國際接軌，確保海上人命安全，爰修正部分條文，其修正要點如下：

一、依本法第 34 條規定修正授權依據。（修正條文第 1 條）

二、為與國際接軌，明定航行國際航線船舶之分類、辨識、聯合國規格包裝物、包裝規則、標記、標示、標牌、運輸文件、儲存隔離、裝卸處理、緊急應變、運具設施、人員訓練管理、通報及保安應依國際公約辦理。（修正條文第 2 條）

三、參考國際海運危險品章程修正危險品託運書格式及應載明事項，並增訂託運人責任。（修正條文第 37-1 條、第 40 條及第 43 條）

四、參考國際海運危險品章程修正危險品事故通報規定。（修正條文第 44 條）

五、依據本法第 34-1 條規定，危險品不得攜帶或託運進入有載運乘客之客船，爰刪除載客限額超過一定數量始避免裝載特別危險性質危險品之規定。（修正條文第 45 條）

六、依據本法規定，驗船機構係指主管機關委託之驗船機構，爰配合酌作文字修正。（修正條文第 93 條）

七、依據本法第 34 條規定，船舶載運危險品應取得驗船機構核發之適載文件，總噸位未滿 500 者得由造船技師核發，爰配合增訂適載文件核發規範、格式、收費依據、少量管制豁免數量及航政機關強化安全管理措施等相關規定。（修正條文第 115 條至第 118 條）

YANG MING 陽明海運危險品申報相關規定通知：
YANG MING MARINE TRANSPORT CORP

a. 訂艙時：貨主有詳實告知危險品內容之義務。

b. 結關前：

(a) 請提供正確及完整的危險品申報書〈Dangerous Goods Declaration〉，並載明 24 小時緊急聯絡人資料。危險品申報書上須聲明：『所託運的貨物已提供正確且完整的說明與描述，並已根據所適用的國際和國家政府的規定進行了分類、包裝、標記和標示（標牌），且在各方面都處於良好的運送狀態』。同時，申報書上須有發貨人的簽名與日期。

(b) 若危險貨物已完成裝櫃，依規定須提供貨櫃裝載證明〈Container Packing Certificate〉，貨櫃裝載證明上須聲明：『該危險貨物已經按照相關條款規定裝入貨櫃中』。同時，貨櫃裝載證明上須有裝櫃負責人的簽名與日期。

(c) 危險品申報書〈Dangerous Goods Declaration〉須按照《國際海運危險品運送規則；IMDG Code》第 5.4 章文件（Chapter 5.4 Documentation）填寫規定內容，若進、出口國有要求該項危險品有特別加註說明規定時，必須按其規定說明。

c. 結關後：如修改提單草稿品名（與原危險品申報書內容不同）需先經海關同意後再繳交切結書更改；如已領取提單，需持有海關同意文件，並繳交全套正本提單及切結書。

資料來源：

https://www.yangming.com/LocalSite/Tw/e-service/notice/ymlservice_tw_export_make_doc.aspx?LocalSite=&funcDTL_Key=87&localver=TW

萬海航運股份有限公司
WAN HAI LINES LTD. 萬海航運危險品申報相關規定通知：

貴公司須持續恪遵危險品申報、包裝、標示、運送、或處置等的各項相關規定，並應於任何貨物交付至本公司指定地點前，依據前述規定及運送人或本公司、或其代理行要求之危險品承運手續誠實與詳實申報。

自 2019 年 9 月 1 日起，若 貴公司未遵守危險品相關規定及要求、未申報危險品、或未善盡危險品誠實與詳實申報的責任，無論於運送途中之任何時點，本公司除了保留片面停止或終止提單載記之貨物運送之權利外，同時對 貴公司（無論是托運人、通知方以及收貨人）將處以每櫃三萬元美金懲罰性違約金，並追索任何費用、損害與損失。

資料來源：

https://tw.wanhai.com/views/news/dg_201908_001.xhtml;jsessionid=C7F350D83080B5AB6A3C5AB470A20E57

Unit 5-9 船舶防火構造規則

一、立法沿革

中華民國 75 年 3 月 15 日交通部交航發字第 7515 號令訂定發布全文 130 條。中華民國 107 年 1 月 9 日交通部交航字第 10650177181 號令修正發布。

二、重要條文

第 1 條
本規則依船舶法第 35 條規定訂定之。

第 2 條
本規則之目的在要求船舶之防火達到最完善可行之程度，其基本原則為：
一、以隔熱及構造界限將船舶分為若干主垂直區。
二、以隔熱及構造界限將起居艙空間與船舶之其他部分隔離。
三、限制可燃材料之使用。
四、火源空間各種火災之探測與隔絕。
五、逃生設施或滅火出入口之保護。
六、將易燃貨物揮發氣體點燃之可能性減至最低。

第 3 條
船舶之防火構造除遊艇、小船及高速船外，依本規則規定。國際水域之船舶並應依海上人命安全國際公約、2008 年特種用途船舶安全章程、耐火試驗程序國際章程、消防安全系統國際章程及其修正案、相關條約或協定之規定。

第 5 條
本規則所稱各種水域之定義如下：
一、**國際水域**：指我國港口與外國港口間，或外國各港口間之水域。但不包括外海水域、沿海水域。
二、**外海水域**：指本國外海，沿海或附屬島嶼間之水域，而不屬於沿海水域者。
三、**沿海水域**：指本國沿海或附屬島嶼間之水域，其距離海岸不超過 30 浬者。
四、**內水水域**：指本國江河湖泊及其他內陸水道或港區內之水域。

第 6 條
本規則**防火構造分為 7 等級**，各等級防火構造適用之船舶規定如下：
一、第 1 等級：
(一)航行國際水域乘客人數超過 36 人之客船。
(二)除內水水域外，乘載特種人員超過 12 人，且全船人數超過 240 人之特種用途船。
二、第 2 等級：
(一)航行國際水域乘客人數未超過 36 人之客船。

(二) 航行外海水域之客船。

(三) 航行沿海水域及內水水域，總噸位在 100 以上或乘客超過 150 人之客船。

(四) 除內水水域外，乘載特種人員超過 12 人，且全船人數超過 60 人、240 人以下之特種用途船。

三、第 3 等級：航行沿海水域及內水水域，總噸位未滿 100，且乘客 150 人以下之客船。

四、第 4 等級：

(一) 航行國際水域總噸位 500 以上之貨船。但不包括易燃液體船。

(二) 除內水水域外，乘載特種人員超過 12 人，且全船人數 60 人以下之特種用途船。

五、第 5 等級：易燃液體船。

六、第 6 等級：

(一) 航行國際水域總噸位未滿 500，或航行外海水域、沿海水域及內水水域總噸位 100 以上之貨船。

(二) 除內水水域外，總噸位 100 以上，且乘載特種人員 12 人以下之特種用途船。

七、第 7 等級：

(一) 漁船。

(二) 航行外海水域、沿海水域及內水水域，且總噸位未滿 100 之貨船。

(三) 總噸位未滿 100，且承載特種人員 12 人以下或航行內水水域之特種用途船。

娛樂漁業漁船依總噸位及乘客人數不同準用第 2 或第 3 等級規定。

航行臺灣地區與大陸地區水域之船舶準用第 1 等級、第 4 等級及第 6 等級規定；航行金門、馬祖與大陸福建地區水域之船舶準用第 2 等級、第 3 等級及第 6 等級規定；航行澎湖與大陸福建地區水域之船舶準用第 2 等級及第 6 等級規定。

載運以核定閉杯試驗閃點試驗設備試驗結果超過攝氏 60 度之原油與石油產品，其瑞德揮發氣壓低於大氣壓者，應符合第 4 等級規定並應符合第 108 條第 10 款隔離閥裝置位置規定。

本規則中華民國 107 年 1 月 9 日修正發布後，新申請建造、變更使用目的或型式、或自國外輸入之船舶應依本條規定辦理。

第 10 條

載運危險貨物船舶，其防火構造應另符合船舶危險品裝載規則之規定。

Unit 5-10 船舶艙區劃分規則

一、立法沿革

中華民國 69 年 12 月 4 日交通部（69）交航字第 24336 號令訂定發布。中華民國 101 年 1 月 16 日交通部交航字第 10150004751 號令修正發布名稱及全文 71 條；並自發布日施行（原名稱：客船艙區劃分規則；新名稱：船舶艙區劃分規則）。

二、重要條文

第 1 條

本規則依船舶法第 36 條規定訂定。

第 2 條

本規則所用名詞定義如下：

一、**艙區劃分長度**：指船舶處於最深艙區劃分吃水時，船舶在一層或數層限定垂向浸水範圍之甲板處或其以下部分之最大投影型長。

二、**長度中點**：指船舶艙區劃分長度之中點。

三、**前端點**：指艙區劃分長度之前部界限。

四、**後端點**：指艙區劃分長度之後部界限。

五、**船長**：指於距龍骨上緣為最小模深百分之八十五處量得水線長度之百分之九十六；或為該水線自船艏柱前端至舵軸中心線之長度，兩者相較，以長者為準，當艏柱在該水線以上之外形為向內凹時，該水線長度及艏柱之前端，均應自該水線以上之艏柱外形最後端點向該水線垂直投影位置量起。

六、**乾舷甲板**：指船舶最上層全通之露天甲板，其露天部分之所有開口，均設有永久關閉設施，其下方兩舷各開口亦均設有永久水密關閉設施者。若船舶之乾舷甲板並非連續，其自露天甲板較低部位延伸與較高部位甲板平行之一假設線，得視為乾舷甲板；較低之甲板為階式者，其自甲板之最低線延伸與較高部位甲板之平行線，得視為乾舷甲板。

七、**艏垂線**：指船艏處與水線垂直之線。

八、**船寬**：指船舶處於或低於最深艙區劃分吃水時之最大型寬。

九、**吃水**：指從長度中點處龍骨線至相關水線之垂直距離。

十、**最深艙區劃分吃水**：指對應於船舶夏季載重線吃水之水線。

十一、**輕載航行吃水**：指對應於最輕預計裝載和相關液艙容量之航行吃水，但包括為了穩度及浸水所可能需要之壓載。客船應包括船上之所有旅客和船員。

十二、**部分艙區劃分吃水**：指輕載航行吃水加上輕載航行吃水與最深艙區劃分吃水之間差異之 60%。

十三、**俯仰**：指艏吃水和艉吃水之間的差異。艏、艉吃水分別係從前端點和後端點量得，不考慮龍骨之任何傾斜。

十四、**浸水率**：指船舶任何空間浸水部分能被水佔有之比例。

十五、**機艙空間**：指介於兩主要橫置水密艙壁之間，設置有主、副推進機械，包括主要供給推進所需之鍋爐、發電機及電動機。有特殊佈置之情事時，其機艙空間之限制得由航政機關核定。

十六、**風雨密**：指在任何海象下，水無法滲入船內。

十七、**水密**：指其構造和佈置能夠在完整和破損狀況下防止在可能產生之水頭壓力下任何方向之進水。在破損的狀況下，水頭壓力應考慮在平衡時，包括浸水之中間階段中最差的狀況。

十八、**設計壓力**：指於計算完整穩度和破損穩度時，假設各水密結構或設備應承受之靜水壓力。

十九、**艙壁甲板**：客船係指主艙壁及船殼水密艙壁艙區劃分長度範圍內任何一點所達到之最高一層甲板，以及在本規則中規定之破損狀況下泛水之任何階段，乘客和船員撤離時將不被水阻礙之最低一層甲板。艙壁甲板可為階梯形甲板。貨船係指乾舷甲板。

二十、**邊際線**：指在舷邊低於艙壁甲板上表面最少76毫米之線。

二十一、**載重量**：指船舶在比重為1.025之海水中，吃水相應於所勘劃之夏季乾舷排水量與該船空船排水量之差異，以噸計算。

二十二、**空載量**：指船舶在無貨物，艙櫃內無燃油、潤滑油、壓載水、淡水及鍋爐給水，且無消耗物料、乘客、船員及其行李物品時之排水量，以公噸計算。

二十三、**龍骨線**：指在船舯穿過以下部位與龍骨斜面平行之線：

(一) 金屬船殼船舶中心線或船殼外板內側與龍骨交線（有方型龍骨時延伸至該線之下）處之龍骨頂端。

(二) 木質和合構船舶，為龍骨崁槽下緣線，船舯剖面底部為凹形，或設有較厚之龍骨翼板時，則為船底平面向內延伸線與船舯中心線之交點。

二十四、**船舯**：指船長之中間點。

第5條

船舶所有人應於船舶建造前將該船與艙區劃分有關圖說及計算書檢送航政機關審核。

Unit 5-11 水翼船管理規則、氣墊船管理規則、高速船管理規則

壹、水翼船管理規則

一、立法沿革

中華民國 67 年 6 月 13 日交通部（67）交航字第 10998 號令訂定發布。中華民國 101 年 10 月 30 日交通部交航字第 10150154761 號令修正發布條文。

二、重要條文

第 1 條
本規則依船舶法第 37 條規定訂定。

第 2 條
本規則用詞，釋義如左：
一、水翼船：指裝設有水翼，航行時可賴水翼所產生之提升力，使船身自水面升起而 行駛之特種船舶。
二、水翼客船：指搭載乘客超過 12 人之水翼船。
三、水翼非客船：指不屬於水翼客船之其他水翼船。
四、靠泊站：指水翼船在正常航行情況下所停靠之任一港口碼頭。
五、避難站：指在緊急情況下，水翼船得以靠泊供乘客船員安全登陸，並可將其疏運 至安全地點之處所。

第 5 條
水翼船除經航政機關特准者外，僅准航行於內水或經航政機關認定之沿海區域或航 線。但在沿海區域或航線航行者，航政機關應依其船型核定其二相鄰靠泊站間之航 程，航程超過 25 浬者，應設置避難站，二相鄰避難站或靠泊站與其相鄰避難站間之 航程均不得超過 25 浬。
水翼船登記長度在 30 公尺以上者得免設避難站。

第 7 條
水翼船不得於夜晚或能見度不及 2000 公尺情況下翼航。
在港內及港口航道航運交通頻繁水域，除經航政機關核准外，不得翼航。

第 10 條
水翼小船，不適用小船管理規則之規定。

第 11 條

爲策水翼船之航行安全，水翼船檢查分**特別檢查**、**定期查驗**及**臨時檢查**。

第 12 條

水翼船有左列情事之一時，應申請**特別檢查**：

一、新船建造時。

二、船舶購自國外時。

三、變更使用目的或改建時。

四、特別檢查時效屆滿申請換發證書時。

第 77 條

水翼客船非領有水翼客船或水翼非客船證書，不得航行。各該證書有效期限屆滿時亦同。

水翼船非領有有效之水翼客船證書，不得搭載超過 12 人之乘客。

貳、氣墊船管理規則

一、立法沿革

中華民國 67 年 7 月 17 日交通部（67）交航字第 12585 號令訂定發布。中華民國 101 年 9 月 19 日交通部交航字第 10150130331 號令修正發布；並自發布日施行。

二、重要條文

第 1 條

本規則依船舶法第 37 條規定訂定。

第 2 條

本規則用詞釋義如下：

一、**氣墊船**：指利用船艇內連續不斷鼓風所形成之空氣墊，對其下方水面所產生有效反作用力，使船身自水面昇起，藉噴氣、空氣螺槳、水下螺槳或其他經航政機關認可之推進方式在水面航行之特種船舶。該船舶以一個或數個空氣墊自水面昇起航行或駐停時，應至少能支持其本身滿載負荷 75% 之重量。

二、**氣墊客船**：指搭載乘客超過 12 人之氣墊船。

三、**氣墊非客船**：指不屬於氣墊客船之其他氣墊船。

四、**靠泊站**：指氣墊船在正常營運情況下所停靠之任一港口、碼頭、海灘、登陸斜道或其他地點。但不包括緊急情況下所停泊之處所。

第 6 條

氣墊船除因緊急情況外，**不得利用靠泊站以外之海灘裝卸貨物及上下乘客**。

第 10 條

氣墊船非用於水面航行者,不適用本規則規定。

第 10 條

為策氣墊船之航行安全,氣墊船檢查分**特別檢查**、**定期查驗**及**臨時檢查**。

第 11 條

氣墊船有左列情事之一時,應申請**特別檢查**:

一、新船建造時。

二、船舶購自國外時。

三、變更使用目的或改建時。

四、特別檢查時效屆滿申請換發證書時。

五、適航性有嚴重損害時。

第 75 條

氣墊客船兼載貨物、應急準備等適用客船管理規則規定。

參、高速船管理規則

一、立法沿革

中華民國 105 年 1 月 18 日交通部交航字第 10550001431 號令訂定發布全文 43 條;並自發布日施行。

二、重要條文

第 1 條

本規則依船舶法第 37 條規定訂定。

第 2 條

高速船指依高速船安全國際章程及其修正案設計、建造,且船舶航行時最大船速在 3.7 乘以設計水線時排水體積(立方公尺)之 0.1667 以上,以每秒公尺計(公尺 / 秒)之船舶。

第 3 條

本規則不適用於下列船舶：

一、地面效應船。

二、小船。

三、漁船。

四、遊艇。

第 4 條

高速船之檢查及發證，由航政機關辦理。

下列高速船安全證書之發證，主管機關得委託驗船機構辦理：

一、國際航線高速船安全證書。

二、已向驗船機構申請入級之國內航線高速船安全證書。

第 10 條

高速船之檢查分為**特別檢查**、**定期檢查**及**臨時檢查**。

高速船有下列情形之一者，應施行**特別檢查**：

一、高速船建造完成或取得。

二、高速船安全證書有效期間屆滿。

高速船經特別檢查合格後，於每屆滿 1 年之前後 3 個月內，應施行定期檢查。

高速船有本法第 27 條所定情形者，應施行臨時檢查。

第 25 條

高速船不得配置房艙、床位、地舖或可平躺之坐臥兩用椅。

乘客座椅應固定，不隨船舶搖擺而移動；座位前方無保護結構時，應設有安全帶。

第 27 條

乘客定額由航政機關依船舶之設備、穩度、艙區劃分及撤離時間等因素核定。

乘客艙室內乘客座椅數量，以 1 人 1 椅計算，不得申請臨時增加。

第 35 條

高速船應具有安全證書及航行許可證書，始得航行。

高速船自建造船廠航行至基地港交船，得免航行許可證書；基地港或航路變更時，亦同。

前項高速船航行前應符合下列規定：

一、取得有效高速船安全證書。

二、船舶所有人、營運人或船長已依第 36 條第 1 項及第 2 項規定擬訂安全措施，報請航政機關核定。

三、船長及船員已取得操作高速船之訓練證照。

Unit 5-12 船舶丈量規則

一、立法沿革

中華民國 55 年 9 月 1 日交通部交航字第 08489 號令發布。中華民國 100 年 8 月 26 日交通部交航字第 1000008040 號令修正發布。

二、重要條文

第 1 條

本規則依船舶法第 44 條規定訂定。

第 3 條

中華民國船舶，**除遊艇及小船外**，應依本規則丈量噸位。但本規則發布施行前之現成船不在此限。

現成船經船舶所有人之申請，或因船身型式、佈置、容量變更致其噸位變更者，應依本規則重行丈量。

依前項規定重行丈量之船舶，其總噸位增大對船舶設備規則或國際公約規定之適用，應即符合其規定。總噸位減小其原有之設備除換新外不得移除。

第 7 條

船舶所有人於**請領船舶國籍證書**前，應申請航政機關或驗船機構，依本規則規定丈量。

第 41 條

船舶所有人依第 7 條規定申請噸位丈量者，航政機關或驗船機構依本規則規定丈量後，應由航政機關依下列規定核發船舶噸位證書：

一、航行國際航線船長在 24 公尺以上者：國際噸位證書。

二、航行國際航線船長未滿 24 公尺及航行國內航線者：船舶噸位證書。

SHIP DIMENSIONS

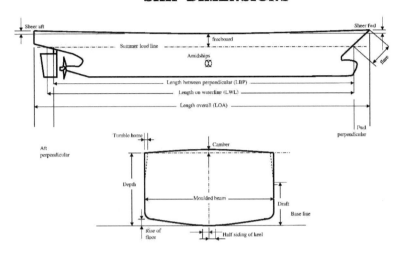

　　船舶所有人於船舶登記後，遇有船身型式、佈置或容量變更，或察覺丈量及噸位計算有錯誤時，應申請重行丈量並換發船舶噸位證書；其由航政機關發覺者，應由該機關重行丈量並換發船舶噸位證書。

圖片來源：https://marinestudy.net/coc-oral-exam-preparation-part-10-ship-construction/

Unit 5-13 船舶載重線勘劃規則

一、立法沿革

中華民國 54 年 8 月 26 日交通部交航字第 07743 號令訂定發布。中華民國 108 年 8 月 21 日交通部交航字第 10800228751 號令修正發布第 2 條條文；刪除第 8 條條文。

二、重要條文

第 1 條
本規則依船舶法第 51 條規定訂定之。

第 2 條
中華民國船舶，除下列船舶外，應依本規則規定勘劃載重線：
一、軍事建制之艦艇。
二、小船。
三、自用遊艇及船長未滿 24 公尺之非自用遊艇。
四、從事潛水航行之船舶。
五、專供漁撈作業之漁船。
六、其他經航政機關核定無勘劃載重線必要之船舶。

第 3 條
船舶載重線爲船舶最高吃水線，船舶航行時，其載重不得超過該線。

第 4 條
船舶載重線之勘劃與載重線證書之發給，航行國際航線之船舶，應依國際載重線公約、議定書及其修正案規定，並由主管機關委託之驗船機構（以下簡稱驗船機構）爲之；航行國內航線之船舶，由航政機關爲之。但載重線勘劃之技術事項，必要時得商請驗船機構予以協助。

第 10 條
業經勘劃載重線之船舶，於離港發航前，該船船長應將**吃水情形**，詳細記載於航海記事簿上。

第 14 條
本規則所稱**航行國際間之船舶**，指在本國港口與外國港口間或在兩外國港口間航行之船舶。

第 15 條
本規則所稱**航行國內航線之船舶**，指在本國外海、沿海及離島各港口間，或在本國江河與沿海口岸間，或在本國內陸水道中航行之船舶。

第 22 條

本規則所稱之**氣候密**，指船舶於任何海象情況下，不滲水入船內者。

第 23 條

本規則所稱**載重線**，為船舶最高平均吃水線。亦即依據本規則各種情況及季節情形所核定在船舯部乾舷之最低值。

第 35 條

船舶載重線經勘劃後，船舶所有人應於載重線證書有效期間屆滿前重行申請**特別檢查**，以確保船舶之結構、設備、佈置、材料及船材尺寸均符合本規則規定。

第 39 條

船舶載重線之勘劃，依左列情況定之：

一、船舶貨載及壓載等之情況應使該船具有足夠之穩度，並應避免該船結構產生超額之應力。

二、船舶穩度或艙區劃分之要求應能符合有關之規定。

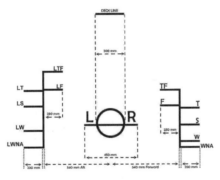

 船舶載重線（Load line marks）

是指船舶滿載時最大吃水線（吃水線是指由龍骨最低部至滿載水平線間的距離）。它是繪製在船舷左右兩側船舶中央的標誌，表明不同情況下船舶入水的限度。

資料來源：https://www.marineinsight.com/marine-navigation/introduction-ship-load-lines/

Unit 5-14 貨船搭客管理規則

一、立法沿革

中華民國 54 年 8 月 26 日交通部（54）交航字第 07743 號令訂定發布。中華民國 109 年 1 月 31 日交通部交航字第 10950008241 號令修正發布第 2～4 條條文

二、重要條文

第 1 條
本規則依船舶法第 57 條規定訂定。

第 2 條
本規則所稱**航程**，指貨船自最初發航港至最後目的港之航程。

第 3 條
總噸位 150 以上貨船始得兼搭載乘客；貨船兼搭載乘客不得超過 12 人；全船人數不得超過貨船搭客證書記載之安全設備可容載人數。

第 4 條
貨船兼搭載乘客者，船舶所有人或船長應於船舶發航前及到達時，造具乘客名冊，其格式如附表一，送請航政機關備查。

第 5 條
貨船之乘客房艙、救生設備不符合規定，或其貨物有爆炸性、自燃性、有毒性、傳染性、放射性等，有危及乘客安全之虞或爲乘客安全之其他理由者，航政機關得禁止搭載乘客。

第 21 條
禁運或違法偷運之物品，不得隨身攜帶或交託運送。
物品之性質有毀損船舶或危害船舶上人員健康之虞者，
船舶所有人或船長得拒絕乘客作爲行李隨身攜帶或交託
運送。

第 29 條
船長應於開航後向乘客宣達安全須知。
國際航線貨船兼搭載乘客者，船長應於開航後，領導各級船員指導乘客演練救生、消防 1 次，並應將演練時間、地點及情形，記載於航行記事簿。
第一項安全須知應包括應急必要措施、集合位置及救生衣用法等事項。

第 34 條
未滿 1 歲之兒童，不計入乘客定額。

貨船搭客管理規則修正總說明（109 年 1 月 31 日）

配合 107 年 11 月 28 日修正公布之船舶法第 3 條，爲使船舶法相關用詞定義一致並順利發展離岸風電工程，爰修正貨船搭客管理規則第 2 條、第 3 條、第 4 條，其修正重點如下：

一、依據船舶法第 3 條第 3 款及第 11 款已明定貨船及乘客之名詞定義，爲使用詞定義一致，爰予以刪除貨船及乘客之定義。（修正條文第 2 條）

二、爲使現行第 2 條第 1 款從事貨船搭客之貨船爲總噸位 150 以上之條件不變，爰修正移列。（修正條文第 3 條）

三、爲順利發展離岸風電工程，簡化本國籍從事離岸風電船舶上搭載人員之核准程序，爰將乘客名冊由現行送航政機關核准修正爲備查。（修正條文第 4 條）

 離岸風電人員運輸船

是一種運送維修人員至海上進行風力發電機組維修的貨船，並提供海上住宿及休息的功能。臺灣有些偏遠地區離島居民的對外交通也會運用貨船搭客進行。

離岸風電人員運輸船（Crew transfer vessel, CTV）
圖片來源：臺灣港務股份有限公司
【離岸風電系列專題】船舶種類及其功能簡述
http://eip.iner.gov.tw/msn.aspx?datatype=YW5hbHlzaXM%3D&id=MTg2

Unit 5-15 遊艇管理規則

一、立法沿革

中華民國 101 年 8 月 20 日交通部交航字第 10100303031 號令訂定發布全文 49 條；並自發布日施行。中華民國 108 年 10 月 22 日交通部交航字第 10850135201 號令修正發布第 2、5、6、9、40、44、45 條條文；刪除第 7、10、34～38、41 條條文及第六章章名。

二、重要條文

第 1 條

本規則依船舶法第 71 條第 2 項規定訂定。

第 2 條

本規則用詞，定義如下：

一、**動力帆船**：指船底具有壓艙龍骨，以風力為主要推進動力，並以機械為輔助動力之遊艇。

二、**整船出租之遊艇**：指遊艇業者所擁有，提供具備遊艇駕駛資格之承租人進行遊艇娛樂活動之遊艇。

三、**驗證機構**：指財團法人中國驗船中心及其他具備遊艇適航性認證能力且經主管機關認可並公告之國內外機構。

第 13 條

遊艇有下列情形之一者，其所有人應向航政機關申請辦理**臨時檢查**：

一、遭遇海難。

二、船身、機器或設備有影響遊艇航行、人命安全或環境污染之虞。

三、適航性發生疑義。

前項臨時檢查，應就其發生變更之部分為之。

第 19 條

遊艇應具備乘員定額數量之救生衣（Life jacket）。

每一件救生衣均應附繫救生衣燈及鳴笛。

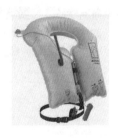

第 30 條

遊艇之設備種類、數量及其規格，不得低於遊艇設備基準表規定。但遊艇依本規則規定設置設備確有困難時，得由船舶所有人列舉事實及理由，經驗證機構審核後，報請航政機關同意豁免部分設備，或以具有同等效能者替代。

第 32 條

乘員定額於新船建造完成後、自國外輸入、現成船變更使用目的爲遊艇或船身經修改而施行驗證時，依據驗證機構核定之乘員限載人數，由航政機關登載於遊艇證書。

前項乘員定額以第 33 條之計算結果爲上限。但未滿 1 歲之兒童不計。

第 39 條

遊艇所有人應自行認定船籍港或註冊地。

遊艇不得與註冊或登記在先之船舶同名。

第 47 條

遊艇所有人應**投保責任保險**，遊艇乘員每一個人身體傷亡最低保險金額不得低於新臺幣 200 萬元。未投保者，不得出港。

遊艇管理規則規範：
檢查（特別檢查、定期檢查、臨時檢查） 丈量（噸位、噸位量） 設備（救生、滅火、燈號、無線電設備） 乘員定額

 遊艇休閒活動

　是近年臺灣新興海洋活動交通工具，依遊艇擁有者及使用用途不同，爲維護船舶航行安全，由航政機關對船舶檢查方式及船舶安全設備訂定管理規則。

Unit 5-16 遊艇入出境關務檢疫安全檢查程序辦法

一、立法沿革

中華民國 100 年 10 月 6 日交通部交航字第 1000009313 號令訂定發布全文 8 條；並自發布日施行。

二、重要條文

第 1 條
本辦法依船舶法第 70 條第 3 項規定訂定。

第 2 條
遊艇入出國境涉及關務、入出境、檢疫及安全檢查之程序由航政機關受理通報，航政機關於受理後，應轉通報關務、入出境、檢疫、安全檢查相關機關及港灣口岸管理機關（構）。
有關關務、入出境、檢疫、安全檢查及港灣口岸之管理、申報及檢查事項，應依港灣口岸管理機關（構）及關務、入出境、檢疫、安全檢查主管機關之法令規定辦理。
非中華民國遊艇，除經中華民國政府特許或為避難者外，不得在中華民國政府公告為國際商港以外之其他港灣口岸停泊。

第 5 條
遊艇完成入境之關務、入出境、檢疫及安全檢查相關手續後，繼續航行靠泊我國其他經許可之港灣口岸者，除涉及出境者外，得不再辦理關務、入出境及檢疫作業。

遊艇入出國境都要24小時前，由駕駛人、遊艇所有人或其代理人向航政機關通報。並申報關務、入出境、檢疫及安全檢查相關入境手續。

　　爲協力政府開放海洋及鼓勵親海活動，使民眾從事遊艇活動之報備程序有所依循，於 100 年 3 月 25 日訂定「海岸巡防機關受理遊艇出海報備表格及程序」。鑒於機關組織改造，海洋委員會海巡署爲符實務運作需要，並因應 107 年 11 月 28 日船舶法修正，且爲利民眾聯繫或報備，爰修正「海岸巡防機關受理遊艇出海報備表格及程序」。依據船舶法第 70 條第 3 項規定，遊艇活動未涉及入出境者，於出海前填具相關船舶、航行及人員等資訊，向出海港之海岸巡防機關以電子郵件、傳眞或現場等方式報備。

資料來源：https://www.cga.gov.tw/GipOpen/wSite/mp?mp=999

Unit 5-17 小船管理規則、小船檢查丈量規則

壹、小船管理規則

一、立法沿革

中華民國 52 年 10 月 16 日交通部（52）交航字第 07145 號令訂定發布。中華民國 109 年 2 月 7 日交通部交航字第 10950011151 號令修正發布第 9、23 條條文。為提升海運無障礙環境，參考大眾運輸工具無障礙設施設置辦法第 6 章水運及客船管理規則之規範，增訂小船相關無障礙設施設置規定；另參考客船管理規則第 4 條，明定未滿 1 歲之兒童，不計入乘客定額。（修正條文第 9 條）

二、重要條文

第 1 條
本規則依船舶法第 83 條第 1 項規定訂定。

第 2 條
本規則所稱小船，指總噸位未滿 50 之非動力船舶，或總噸位未滿 20 之動力船舶。非動力船舶裝有可移動之推進機械者，視同動力船舶。

第 3 條
小船適航水域，限於距岸 30 海浬以內之沿海水域、離島之島嶼間、港內、河川及湖泊，並由航政機關視小船性能核定之。但經主管機關委託之驗船機構依小船之設計、強度、穩度及相關安全設備，另行核定適航水域者，不在此限。
小船被拖曳航行，超過前項適航水域以外者，除緊急救難外，須經航政機關核准之。

第 5 條
小船未經檢查、丈量、註冊、發給執照，不得航行。

第 8 條
載客小船不得兼載爆炸性、易燃性、有毒性、傳染性、放射性、壓縮性或有腐蝕性之危險物品。

第 12 條
載客小船應在駕駛臺旁船艛外及乘客入口處之板壁或明顯處所，以顯明油漆載明限載人數。

第 14 條
客貨小船之艙頂及頂棚均不得載貨，並應有設施阻止乘客攀登。兩旁或中間通道、機器間、駕駛室及其他重要處所，均不得搭載客貨。

第 15 條

載客小船應將救生設備使用方法圖解，顯示於乘客易見之處，救生衣應配合逃生路線置放於明顯、可迅速取用之處所，且有明顯之標示。

第 16 條

載客小船開航前，駕駛應自行或指定專人辦理下列事項：

一、向乘客說明緊急應變措施，示範救生設備、救生衣使用方法。

二、施行航前自主檢查，檢視船身及輪機各部是否正常、將設備及屬具準備妥善。

三、於船艙明顯處公告應急部署表。

載客小船駕駛應每個月指導助手演習救生救火 1 次。但航行內水之載客小船，應 3 個月辦理一次。

第 25 條

本法中華民國 99 年 12 月 8 日修正後，地方政府制定載客小船管理自治條例前，載客小船業者應投保營運人責任保險，每一乘客投保金額不得低於新臺幣 200 萬元。

前項保險期間屆滿時，載客小船業者應予以續保。

 小船管理規則修正總說明（109 年 2 月 7 日）

為改善海運無障礙環境，並依據 107 年 11 月 28 日公布修正之船舶法規定，爰修正「小船管理規則」第 9 條、第 23 條，其修正重點如下：

一、為提升海運無障礙環境，參考大眾運輸工具無障礙設施設置辦法第六章水運及客船管理規則之規範，增訂小船相關無障礙設施設置規定；另參考客船管理規則第 4 條，明定未滿一歲之兒童，不計入乘客定額。（修正條文第 9 條）

二、配合船舶法用詞，將「廢止」一詞修正為「註銷」。（修正條文第 23 條及附件三）

貳、小船檢查丈量規則

一、立法沿革

中華民國 83 年 5 月 10 日交通部交航發字第 8310 號令訂定發布全文 42 條。中華民國 109 年 3 月 11 日交通部交航字第 10950025941 號令修正發布。

二、重要條文

第 1 條

本規則依船舶法第 83 條第 2 項規定訂定。

第 2 條

本規則所稱小船,為總噸位未滿 50 之非動力船舶,或總噸位未滿 20 之動力船舶。
非動力船舶裝有可移動之推進機械者,視同動力船舶。

第 5 條

小船之檢查,分**特別檢查**、**定期檢查**、**臨時檢查**,檢查時效屆滿,非重經檢查合格,
不得航行;時效未屆滿經依規定申請檢查而不合格者,亦同。
航政機關受理前項申請案件,除建造中特別檢查外,應於 3 個月內完成。但有不可抗
力因素,或可歸責於小船所有人之理由者,不在此限。

第 6 條

小船特別檢查,分建造中特別檢查及現成船特別檢查二種。
建造中特別檢查,於新船建造中施行之。
現成船特別檢查,於自國外輸入、船身經修改或換裝推進機器、變更使用目的或型
式、特別檢查有效期限屆滿時施行之。
小船經特別檢查合格後,航政機關應核發或換發小船執照,其有效期限以 10 年為限。
前項期限規定,新船自中華民國 100 年 8 月 9 日修正發布日施行;中華民國 100 年 8
月 9 日修正發布日前已施行特別檢查現成船所有人,應自前次特別檢查日期起算 11
年內向航政機關申請換發小船執照。

第 7 條

小船有下列情形之一者,應施行**臨時檢查**:
一、遭遇海難。
二、船身、機器或設備有影響船舶航行、人命安全或環境污染之虞。
三、適航性發生疑義。
小船經臨時檢查合格後,航政機關應於小船執照註明。

第 10 條

新建造之小船及變更設計之小船,申請特別檢查時,應將其設計說明書及設計圖一併
送請航政機關核定後,始得動工。
載客動力小船之設計圖應經合格造船技師簽證,始得辦理。

第 58 條

新建造之小船,應於申請建造中特別檢查時同時申請丈量。

第 59 條

小船在外國建造或取得者,小船所有人應請經主管機關委託之船舶所在地驗船機構丈
量,未經丈量時,應以到達國境內註冊之港口,申請丈量。

小船檢查丈量規則條文修正總說明

　小船檢查丈量規則（109 年 3 月 11 日）爰修正「小船檢查丈量規則」部分條文，其修正重點如下：

一、為統一用詞，配合船舶法用語，將船舶所有人修正為小船所有人、主管機關認可之本國驗船機構修正為主管機關委託之驗船機構，並配合船員法第 2 條第 19 款定義動力小船駕駛指駕駛動力小船之人員，爰將船長一詞修正為駕駛。（修正條文第 4 條）

二、為簡政便民及法規一致性，對於總噸位未滿 5，船殼採玻璃纖維強化塑膠材料構造，並以船外機為主要推進動力之自用小船，其入塢、上架、上坡或吊岸等檢查前準備，比照同類型之漁船規定辦理，另參考船舶檢查規則第 41 條規定，增訂船齡未滿 15 年之非載客小船得由驗船機構出具漂浮狀態下之水下檢查核可報告替代。（修正條文第 12 條）

三、考量非載客小船之穩度及其乘員人數，除以全船乘員集中於一舷之方式計算外，亦可參照現行載客小船之規定，由造船技師施行傾側試驗提供穩度計算，爰增訂小船傾側試驗相關規定。（修正條文第 14 條）

四、配合 107 年 11 月 28 日公布修正之船舶法第 28-2 條，明定停航小船復航前應申請之檢查種類，以維航行安全。（修正條文第 17-1 條）

五、配合檢查實務需要，參考財團法人中國驗船中心鋼船建造與入級規範，修正發電機絕緣電阻試驗規定。（修正條文第 34 條）

六、考量實務上救生圈及救生衣數量之確認係以實際清點為主，已無透過序號確認其數量之需求，爰刪除救生圈及救生衣應標示序號之規定。（修正條文第 50 條）

Unit 5-18 海事評議規則、海事報告規則

壹、海事評議規則

一、立法沿革

　中華民國 108 年 8 月 21 日交通部交航字第 10850106001 號令訂定發布全文 17 條；並自發布日施行。

二、重要條文

第 1 條

本規則依船舶法第 101-1 條第 6 項規定訂定之。

第 2 條

本規則用詞，定義如下：

一、海事（Maritime accident）：指船舶沉沒、碰撞、觸礁或其他意外事故。

二、當事人（Party of concern）：指經航政機關依海事行政調查卷證資料及海事檢查報告書，初步研判與海事評議標的事件具有下列關聯性之一者：

(一) 對海事評議標的事件之發生應負其責任。

(二) 因海事評議標的事件之發生而死亡，其配偶或二等親內血親。

(三) 因海事評議標的事件之發生，致身體或健康經公立或教學醫院判定受有傷害。

(四) 因海事評議標的事件之發生，致財產或其他權益受有實質損害。

三、利害關係人（Interested parties）：指除前項各款以外，其他經航政機關依海事行政調查卷證資料及海事檢查報告書初步研判，與海事評議標的事件具有關聯性。

第 3 條

海事案件發生後，應由航政機關辦理海事行政調查，作成海事檢查報告書，連同相關卷證送海事評議小組。

前項海事行政調查應包括下列事項：

一、現場實地調查。

二、詢問有關船員及相關人員。

三、蒐集查證資料。

四、案情分析研判。

海事行政調查不得單人進行，調查人員並應配戴證件。

詢問船員或相關人員時，應核對被詢問人身分，並全程錄音。詢問女性船員或相關人員時，應有女性海事行政調查人員陪同。

第 5 條

航政機關辦理海事行政調查之卷證資料及海事檢查報告書，非依法令不得對外提供。
前項海事行政調查卷證資料或海事檢查報告書，應以密件送達。

> 🔖　航政機關辦理海事行政調查，旨在查明原因、辨明責任、矯正錯誤及防範未
> 然，依調查所得之卷證資料，據以作成海事檢查報告書，及爲使部分案情複雜之
> 海事案能進一步深入檢視，明定由航政機關設置海事評議小組召集學者專家辦理
> 海事評議之機制。

第 6 條

航政機關爲辦理海事評議，應設**海事評議小組**（The Committee for Investigation of
Marine Casualties），辦理海事案件有關船員、引水人及船舶所有人之海事責任評議
事項。

海事評議：
釐清海事責任，
供當事人責任評
議與船舶保險理
賠參考。

圖片來源：日本船主相互保險責任組合（Japan P&I Club）
https://www.piclub.or.jp/service/information

第 7 條

海事評議小組置委員 **11** 人至 **15** 人，由航政機關首長擔任召集委員，航安組組長、船
舶組組長及船員組組長爲當然委員，其餘委員由召集委員就具下列資格之學者專家遴
聘之：
一、具有一等船長資格，並有 3 年以上實務經驗者。
二、具有引水人資格，並有 3 年以上實務經驗者。
三、具有一等輪機長資格，並有 3 年以上實務經驗者。
四、具備漁船公共行政領域實務 5 年以上經驗者。
五、具有驗船師資格，並有 3 年以上實務經驗者。
六、具有 3 年以上航海或輪機教學經驗者。
七、具有從事海事保險 3 年以上經驗者。

八、具有法官、檢察官或律師資格，並有 3 年以上實務經驗者。

九、具有從事海事公證 3 年以上經驗者。

十、其他對海事案件之處理特具經驗者。

海事評議小組之遴聘委員任期爲一年，期滿得續聘之。

遴聘委員在任期內因職務調動或其他原因不能繼續執行職務時，得改聘之，其任期至原任期屆滿爲止。

第 11 條

海事評議小組會議之召開，應以通知書送達委員，依所載開會時間及地點出席，並送達有關機關（構）、申請人、當事人及利害關係人列席備詢。

前項列席人員非中華民國國籍、於中華民國無居所或於船上工作者，航政機關得將通知書送達事故船舶之所有人或船務代理業者轉知。

第一項會議應有過半數委員出席，並由召集委員主持；召集委員不克主持時，由其指定委員代理。

第 15 條

海事案件涉及軍事建制之艦艇、海岸巡防機關之艦艇、專用於公務用船舶或漁船時，應將海事評議書分送該管主管機關。

貳、海事報告規則

一、立法沿革

中華民國 25 年 10 月 15 日交通部訂定發布。中華民國 80 年 12 月 18 日交通部交航發字第 8038 號令修正發布第 3 條及第 9 條條文。

二、重要條文

第 1 條

本規則所稱海事，指船舶沉沒、擱淺、碰撞、強制停泊或其他意外事故及有關於船舶、貨載、船員或旅客之非常事變。

第 2 條

本規則所稱**船舶**,依海商法之規定。但不適用海商法之船舶,除軍事建制之艦艇外,得比照本規則之規定辦理之。

第 3 條

船長遇船舶發生海事時,應依海商法第 49 條之規定,作成海事報告(Sea Protest)。

前項海事報告之作成,於船長遭難死亡或失蹤時,由生還船員中職務最高者為之,全船遭難死亡或失蹤時,由船舶所有人或船舶代理人為之。

海事報告應有海員或旅客之證明。但其報告係船長於遭難後,獨身脫險之處作成者,不在此限。

第 5 條

海事報告之送請**簽證**,依左列規定:

一、船舶在港內發生海事者:

(一) 在國內送該港口之航政機關。

(二) 在國外送駐在該港口或其附近之中華民國使領館或具同等權責機構,當地航政機關或法院認可之公證人。

二、船舶在航行中發生海事者:

(一) 在國內送該船舶或船長最先到達港口之航政機關。

(二) 在國外送該船舶或船長最先到達港之駐在該港口或其附近之中華民國使領館或具同等權責機構,當地航政機關或法院認可之公證人。

船舶或船長到達前項第 2 款規定之最先港口,如因實際困難,不克簽證時,得說明理由,於到達其次港口時,送請簽證之。

第 8 條

海事報告在國內港口之航政機關簽證者。該航政機關應針對該海事案件之實際情形予以調查評議，爲適當之處理。

海事報告在國外港口之機關簽證者，其海事案件之調查評議由該船舶船籍港之航政機關辦理，但爲船舶所有人或其代理人及船長、海員之便利，得由其住、居所最近之航政機關辦理之。

第 9 條

海事報告送請簽證時，航政機關或有關權責機關除當時確知所報告之海事並未發生者外，應即予以簽證。

海事報告之簽證，僅係證明船長已作成海事報告及將海事報告送請簽證之時間。但海事報告之內容及海事責任之認定，均不在簽證所證明範圍內。

航政機關或有關權責機關簽證海事報告，應俟船長親自到場當面簽字。但經核對海事報告、航海日誌及護照上之船長簽字，認爲得予簽證者，不在此限。

第 10 條

海事報告之送請簽證，應於海事發生之後，或該船舶或船長到達第 5 條規定之港口後7 日內爲之。

船舶發生海事時：
船長應製作海事報告及送請航政機關簽證。

交通部航港局航安組業務執掌範圍

　　交通部航港局航安組為民國 102 年元月 1 日改制成立之新單位，業務包括航路標識設置與監理、燈塔管理補給、海事安全管理與評議召開、海難防範救護與統計、引水業務監督與管理。

　　航安組編制內共有 4 科，即燈塔管理及補給科、燈塔工程及維護科、海事調查科和海難救護科，並轄管 36 座燈塔、運星燈塔補給艦與七堵修護工廠。

　　海上航行安全資訊之提供與維護基於策劃航安體系、接軌國際，落實公約體制、健全海上救助體系等工作。目前臺澎金馬地區之燈塔及其他航標，計有燈塔 36 座、燈杆 44 座及雷達標杆 14 座，合計 94 座。

資料來源：交通部航港局
https://www.motcmpb.gov.tw/Article?SiteId=1&NodeId=355

第6章
船舶登記法

Unit 6-1 船舶登記法要點介紹

一、立法沿革

中華民國 19 年 12 月 5 日國民政府制定公布全文 68 條；並自中華民國 20 年 7 月 1 日施行。中華民國 64 年 6 月 5 日總統（64）台統 (一) 義字第 2498 號令修正公布全文 66 條。

二、重要條文

第 2 條
船舶登記，以船**籍港航政機關**為主管機關。但建造中船舶之抵押權登記，以**建造地航政機關**為主管機關。

第 3 條
船舶關於左列權利之保存、設定、移轉、變更、限制、處分或消滅，均應登記：
一、所有權（Proprietorship）。
二、抵押權（Mortgage）。
三、租賃權（Leasehold）。

第 4 條
船舶應行登記之事項，非經登記，不得對抗第三人。

第 5 條
小船不適用本法之規定。

第 6 條
登記應由登記權利人及登記義務人或其代理人，共同向主管機關申請之。
由代理人申請登記時，應提出本人簽名之授權書。

第 14 條
登記權利人不止一人時，申請書內應載明各人應有部分。

第 25 條
權利變更之登記，與第三人有利害關係時，應添具第三人之承諾字據，連同申請書，申請附記登記。

第 27 條
主管機關受理設定抵押權、租賃權或權利變更之申請時，除分別登記外，應於所有權登記證書上註明之。

第 34 條
初次申請登記所有權者，應依船舶法第 14 條規定，取具船舶噸位證書、船舶檢查證書或有效之國際公約證書，及經交通部認可之驗船機構所發船級證書，連同申請書一

併附送；其在本國建造之船舶，如設有抵押權者，應取具船舶建造地航政機關所給登記抵押權證明文件，連同申請書一併附送。

第 38 條

初次申請登記所有權時，如其船舶為 2 人以上共有者，申請書內應載明各人之應有部分及船舶經理人姓名、住、居所。

登記後船舶所有人，如將其所有權之一部分移轉於他人時，準用前項之規定。

第 44 條

因抵押權之設定而申請登記者，申請書內應記明債權數額；其訂有清償時期及利息或附帶條件或其他特約者，均應一併記明。

第 45 條

因租賃權之設定而申請登記時，申請書內應記明租金數額，其定有存續期間、付租時期、許可轉租或其他之特約者，均應記明。

因轉租而申請登記者，如其轉租之許可未經登記時，申請書內除前項所列事項外，並應檢具原出租人承諾字據。

第 49 條

因抵押權之移轉而申請登記者，如其移轉係因一部債權之讓與或代為清償時，申請書內應記明其讓與或代為清償之債額。

第 52 條

為登記所有權之船舶，如在建造中已有抵押權之登記者，其船籍港不屬於登記抵押權之主管機關管轄時，申請書內應附具登記抵押權之影本及登記抵押權權利人之承諾字據。

第 54 條

有左列情事之一時，所有權之登記人，應聲明事由，檢具證明文件，申請註銷登記：

一、船舶滅失或報廢時。

二、船舶喪失中華民國國籍時。

三、船舶失蹤歷六個月或沉沒不能打撈修復時。

第 55 條

遇有前條第一款或第三款情形而登記義務人死亡時，應由登記權利人檢具登記義務人之死亡證明書申請註銷登記。

船舶權利以登記為要件：
1.所有權
2.抵押權
3.租賃權

Unit 6-2 船舶登記法施行細則

一、立法沿革

中華民國 20 年 6 月 5 日交通部訂定發布並自中華民國 20 年 7 月 1 日施行。中華民國 105 年 9 月 20 日交通部交航字第 10550122351 號令修正發布第 33、44 條條文；刪除第 43 條條文；並自發布日施行。

二、重要條文

第 1 條

本施行細則依船舶登記法第 65 條之規定訂定之。

第 2 條

船舶登記案件，以一船一案辦理之。

第 3 條

船舶由 2 人以上合夥經營者，其辦理登記時，得比照船舶共有人之規定。

第 4 條

航政主管機關應設置**船舶登記簿**，以船籍港區別之。

第 10 條

申請書有數頁時，申請人應於其騎縫處蓋章，申請人不止 1 人時，由首列人為之。

第 12 條

船舶所有人應於申請登記時，將其印鑑送航政主管機關備查。印鑑更換時亦同。

船舶所有人係法人時，應將法人登記所用之印鑑送航政主管機關備查。

前 2 項之規定，不適用於政府機關。

第 18 條

登記權利人不止 1 人時，事項欄之登記應將共有人姓名列記。登記義務人不止一人時亦同。

第 27 條

滅失船舶，在滅失前曾與他船舶共同為租賃或抵押者，應於他船舶登記簿相當事項欄內，記明滅失原因及年月日。

前項情形，他船舶船籍港屬於他航政機關管轄時，應即通知該航政機關為前項之登記。

第 28 條

建造中船舶為抵押權登記時，應記載於特別登記簿。

前項抵押權，設定登記，如不在船籍港辦理時，則辦理此項登記之建造地航政機關，

應於辦理後將特別登記簿謄本抄送船籍港航政主管機關。

第 33 條

因共有人間部分產權移轉變更而為登記時，除依船舶登記法第 38 條規定辦理外，應附送產權轉讓書、原登記共有人同意書、變更登記後共有人名冊，訂有契約者其契約、印鑑證明書。

因共有人將部分產權轉讓於新共有人而為登記時，除依前項辦理外，應加附身分證明文件。

前二項登記費就轉讓部分按船舶登記法第 60 條第 1 項第 2 款規定繳納。

並於登記簿所有權欄內記載登記目的之新事由，申請書收件年、月、日、收件號數、權利先後欄，由主辦人員加蓋職名章。

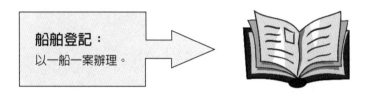

船舶登記：
以一船一案辦理。

 船舶登記（Ship Registry / Registration of Ships）
　是賦予船舶以國籍和權利義務的行為，即對船舶享有某種權利的人，向國家授權的船舶登記機關提出申請並提交相應的文件，經船舶登記機關審查，對符合法定條件的船舶予以註冊，並以國家的名義簽發相應證書的法律規定。

資料來源：wiki.mbalib.com/zh-tw/船舶登記

第7章
船員法

Unit 7-1 船員法要點介紹

一、立法沿革

中華民國 88 年 6 月 23 日總統（88）華總 (一) 義字第 8800142720 號令制定公布全文 93 條；並自公布日起施行。中華民國 103 年 12 月 24 日總統華總一義字第 10300194151 號令修正公布。

二、重要條文

第 1 條

爲保障船員權益，維護船員身心健康，加強船員培訓及調和勞雇關係，促進航業發展；並加強遊艇駕駛與動力小船駕駛之培訓及管理，以推動遊艇活動發展，特制定本法。

第 2 條

本法用詞，定義如下：

一、船舶（Ship）：指在水面或水中供航行之船舶。

二、遊艇（Yacht）：指專供娛樂，不以從事客、貨運送或漁業爲目的，以機械爲主動力或輔助動力之船舶。

三、動力小船（Power-driven small ship）：指裝有機械用以航行，且總噸位未滿 20 之動力船舶。

四、雇用人（Employer）：指船舶所有權人及其他有權僱用船員之人。

五、船員（Seafarer）：指船長及海員。

六、船長（Master）：指受雇用人僱用，主管船舶一切事務之人員。

七、海員（Seaman）：指受雇用人僱用，由船長指揮服務於船舶上之人員。

八、甲級船員（Officer）：指持有主管機關核發適任證書之航行員、輪機員、船舶電信人員及其他經主管機關認可之船員。

九、乙級船員（Rating）：指甲級船員以外經主管機關認可之船員。

十、實習生（Cadet）：指上船實習甲級船員職務之人員。

十一、見習生（Trainee）：指上船見習乙級船員職務之人員。

十二、薪資（Wage）：指船員於正常工作時間內所獲得之報酬。

十三、津貼（Allowance）：指船員薪資以外之航行補貼、固定加班費及其他名義之經常性給付。

十四、薪津（Wages and allowances）：包括薪資及津貼，薪資應占薪津總數額 50% 以上。

十五、特別獎金（Special bonuses）：包括特別工作而獲得之報酬、非固定加班費、年終獎金及因雇用人營運上獲利而發給之獎金。

十六、平均薪資（Average Wage）：指船員在船最後 3 個月薪資總額除以 3 所得之數

額；工作未滿 3 個月者，以工作期間所得薪資總額除以工作期間總日數，乘以30 所得之數額。

十七、**平均薪津**（Average Wage and Allowance）：指船員在船最後 3 個月薪資及津貼總額除以 3 所得之數額；工作未滿 3 個月者，以工作期間所得薪資及津貼總額除以工作期間總日數，乘以 30 所得之數額。

十八、**遊艇駕駛**（Yacht master）：指駕駛遊艇之人員。

十九、**動力小船駕駛**（Power-driven small ship master）：指駕駛動力小船之人員。

二十、**助手**（Assistant）：指隨船協助遊艇或動力小船駕駛處理相關事務之人員。

第 3 條
下列船舶之船員，除有關航行安全及海難處理外，不適用本法之規定：
一、軍事建制之艦艇。
二、海岸巡防機關之艦艇。
三、漁船。
前項各款外專用於公務用船舶之船員，除有關船員之資格、執業與培訓、航行安全及海難處理外，不適用本法之規定。

第 5 條
船員應年滿 **16 歲**。
船長應為**中華民國國民**。

第 6 條
船員資格應符合**航海人員訓練、發證及當值標準國際公約**與其他各項國際公約規定，並經航海人員考試及格或船員訓練檢覈合格。外國人申請在中華民國籍船舶擔任船員之資格，亦同。
前項船員訓練、檢覈、證書核發之申請、廢止、外國人之受訓人數比率與其他相關事項辦法，由主管機關定之。
違反槍砲彈藥刀械管制條例、懲治走私條例或毒品危害防制條例之罪，經判決有期徒刑六個月以上確定者，不得擔任船員。

第 8 條
船員應經**體格檢查合格**，並依規定領有船員服務手冊，始得在船上服務。
已在船上服務之船員，應接受定期健康檢查；經檢查不合格或拒不接受檢查者，不得在船上服務。
前項船員健康檢查費用，由雇用人負擔。
船員體格檢查及健康檢查，應由符合規定條件之醫療機構或本事業單位所設置醫療單位為之；其檢查紀錄應予保存。
船員體格檢查、健康檢查及醫療機構應符合之條件等相關事項之辦法，由主管機關會同中央勞動及衛生福利主管機關定之。

第 10 條

航政機關為培養海運技術人才,提高船員工作技能,促進國民就業,應設立船員職業訓練中心或輔導設立相關專業機構,並得自行或委託相關專業機構,辦理船員之職前及在職進修之訓練。

前項訓練所需經費,除由航政機關編列預算支應外,得由船員或雇用人支付。

第 12 條

雇用人僱用船員,應簽訂**書面僱傭契約**,送請航政機關備查後,受僱船員始得在船上服務。僱傭契約終止時,亦同。

第 13 條

雇用人僱用船員僱傭契約範本,由航政機關定之。

第 17 條

雇用人應訂定**船員工作守則**,報請航政機關備查。

船員應遵守雇用人在其業務監督範圍內所為之指示。

第 18 條

上級船員就其監督範圍內所發命令,下級船員有服從之義務。但有意見時,得陳述之。

船員非經許可,不得**擅自離船**。

第 23 條

定期僱傭契約,其期限於航行中屆滿者,以船舶到達第一港後經過 48 小時為終止。

第 26 條

船員之報酬包含薪津及特別獎金。

雇用人不得預扣船員報酬作為賠償費用。

第 27 條

船員之薪資、岸薪及加班費之**最低標準**,由主管機關定之。

前項最低薪資不得低於勞動基準法所定之基本工資。

第 28 條

船員在午後 8 時至翌晨 6 時之時間內工作,雇用人應提供必要之夜間安全防護措施。

雇用人不得使未滿 18 歲之船員於前項時間內工作。

第 28 條條文修正說明（103 年 1 月 29 日）
一、原條文係規範未滿 18 歲及女性船員不得工作時段，並考量海運業實務特例性，訂有例外情況；惟上開例外情形第 2 款至第 7 款規定，原屬船員須於夜間工作內容，爰修正原條文第一項，並參照勞動基準法第 49 條規定，增訂雇用人應提供必要之夜間安全防護措施，如提供必要之夜間照明、緊急呼叫鈴等。
二、原條文第 1 款配合 2006 年海事勞工公約規則 1.1 之標準 A1.1.2 規定，定明雇用人不得使未滿 18 歲之船員於夜間工作，爰予修正後移列至第 2 項。

第 29 條
雇用人僱用懷孕中或分娩後未滿 8 週之女性船員在船工作，應參採醫師綜合評估其體格檢查結果之建議，並提供必要母性健康保護措施。
女性船員在船舶航行中判明懷孕，應由雇用人提供必要之母性健康保護措施後，從事較輕便及對航行安全有必要之工作；雇用人不得減少其原本得領受之各項報酬。

第 29 條條文修正說明（103 年 1 月 29 日）
一、基於聯合國 1979 年消除對婦女一切形式歧視公約（以下簡稱 CEDAW 公約）第 11 條第 1 點 f 款有關婦女「在工作條件方面享有健康和安全保障，包括保障生育機能的權利」，並考量海運業實務特殊性及潛在危險性，修正原條文第 1 項規定雇用人僱用懷孕中或分娩後未滿 8 週之女性船員，除依本法第 8 條規定應經體格檢查合格外，尚須參採醫師綜合評估其體格檢查結果之建議及提供適當之保護措施，始得在船工作，以落實母性保護精神及兼顧女性工作權。
二、女性船員倘於航行中懷孕，參照勞動基準法第 51 條及船員法施行細則第 7 條規定，修正原條文第 2 項規定，規範雇用人提供必要之母性健康防護措施後，改調懷孕女性船員從事較輕便及對航行安全有必要之工作，且雇用人不得減少其原本得領受之各項報酬。

第 31 條
雇用人不得使未滿 18 歲之船員從事有危險性或有害性之工作。
雇用人使有下列情形之一之女性船員，從事有危險性或有害性工作，應經醫師適性評估建議，並提供必要之健康及安全防護措施：
一、懷孕中。

二、分娩後一年以內。

前項危險性或有害性工作之認定標準，由主管機關定之。

雇用人應將女性船員因懷孕、分娩或其他因素自行離開職場之人數及比率等相關統計資料，按月報請航政機關備查。

第 31 條條文修正說明（103 年 1 月 29 日）

一、為符合性別平等原則，及依相關國際公約規定，女性之「生理期間」身體機能條件，非屬保障女性工作條件理由，爰刪除原條文第一項有關在生理期間之女性船員工作條件規定。

二、原條文第一項有關懷孕中或分娩後 1 年以內之女性船員從事有危險性或有害性之工作條件部分之規定，移列第 2 項，並配合 CEDAW 公約第 11 條第 1 點 f 款有關婦女「在工作條件方面享有健康和安全保障，包括保障生育機能的權利」規定及參照職業安全衛生法第 30 條、第 31 條規定，除依本法第 8 條規定應經體格檢查合格外，尚須經醫師適性評估建議並提供必要之健康及安全防護措施，如危險或有害物防免之設備、機具，以落實母性保護精神。

三、原條文第 2 項移列至第 3 項，並配合第四條之修正，將「交通部」修正為「主管機關」。

四、為保障女性船員於海運職場工作權益，適時掌握女性船員自行退出船員職場原因，增訂第 4 項，規定雇用人應按月報請航政機關備查之統計資料。

第 38 條

船員於簽訂僱傭契約後，在岸上等候派船期間，雇用人應發給相當於薪資之報酬。

雇用人選派船員參加訓練或考試期間，應支給相當於薪資之報酬。

第 40 條

船員於受僱地以外，其僱傭契約終止時，不論任何原因，雇用人及船長有**護送回僱傭地之義務**；其因受傷或患病而上岸者，亦同。

前項護送回僱傭地之義務，包括運送、居住、食物及其他必要費用之負擔。

船員因個人事由被護送回僱傭地時，雇用人得要求其負擔前項之費用。

第 52 條

為保障船員生活之安定與安全，雇用人應為所僱用之船員及儲備船員**投保勞工保險及全民健康保險**。

第 55 條

雇用人依本法應支付之醫療費用、殘廢補償、死亡補償及喪葬費，應投保**責任保險**。

第 58 條

船舶之指揮，由船長負責；船長爲執行職務，有命令與管理在船海員及在船上其他人員之權。

船長爲維護船舶安全，保障他人生命或身體，對於船上可能發生之危害，得爲必要處置。

第 59 條

船長在航行中，爲維持船上治安及保障國家法益，**得爲緊急處分**。

第 60 條

船長在船舶上應置備**船舶文書**及有關載客載貨之各項文件。

航政機關依法查閱前項船舶文書及文件時，船長應即送驗。

第 62 條

船長非因事變或不可抗力，不得變更船舶預定航程。

第 64 條

船長在航行中，其僱用期限已屆滿，不得自行解除或中止其職務。

第 66 條

船長遇船舶沉沒、擱淺、碰撞、強迫停泊或其他意外事故及有關船舶貨載、海員或旅客之非常事變時，應作成海事報告，載明實在情況，檢送航政機關。

前項海事報告，**應有海員或旅客之證明**，始生效力。但其報告係船長於遭難獨身脫險後作成者，不在此限。

第 68 條

船舶在航行中，船長死亡或因故不能執行職務而未有繼任人時，
應由從事駕駛之海員中職位最高之一人代理執行其職務。

第 70-1 條

爲維護船舶及航行安全，雇用人應依規定配置足夠之合格船員，
始得開航。

前項各航線、種類、大小之航行船舶船員最低安全配置標準，由主管機關定之。

第 73 條

船舶有急迫危險時，**船長應盡力採取必要之措施**，救助人命、船舶及貨載。

船長在航行中不論遇何危險，非經諮詢各重要海員之意見，不得放棄船舶。但船長有最後決定權。

放棄船舶時，船長應盡力將旅客、海員、船舶文書、郵件、金錢及貴重物救出。

船長違反第 1 項、第 2 項規定者，就自己所採措施負其責任。

第 75-1 條

遊艇及動力小船駕駛須年滿 **18 歲**，其最高年齡，除本法另有規定者外，不受限制。

營業用動力小船駕駛之最高年齡不得超過 65 歲。但合於體格檢查標準且於最近 1 年內未有違反航行安全而受處分紀錄者，得延長至年滿 68 歲止。

助手須年滿 **16 歲**，最高年齡不受限制。但營業用動力小船駕駛之年齡超過 65 歲者，其助手年齡不得超過 65 歲。

第 75-2 條

遊艇及動力小船駕駛應經體格檢查合格，並依規定領有駕駛執照，始得駕駛。

違反槍砲彈藥刀械管制條例、懲治走私條例或毒品危害防制條例之罪，經判決有期徒刑 6 個月以上確定者，不得擔任遊艇及動力小船駕駛。

第 75-3 條

遊艇及動力小船應配置合格**駕駛**及**助手**，始得航行。但船舶總噸位未滿五或總噸位 5 以上之乘客定額未滿 12 人者，得不設助手。

第 87 條

船員隨船前往戰區，應依船員之意願，並簽同意書；其危險津貼、保險及傷殘死亡給付，由勞雇有關組織協議，報經航政機關核定後實施。

船員法（The Seafarer Act）的子法

1. 船員法施行細則
本細則依船員法第 92 條規定訂定之。
2. 船員訓練檢覈及申請核發證書辦法
本辦法依船員法第 6 條第 2 項規定訂定之。
3. 船員體格健康檢查及醫療機構指定辦法
本辦法依船員法第 8 條第 5 項規定訂定之。
4. 船員訓練專業機構管理規則
本規則依船員法第 10-1 條第 1 項規定訂定。
5. 外國雇用人僱用中華民國船員許可辦法
本辦法依船員法第 25 條規定訂定之。
6. 外國籍船員僱用許可及管理規則
本規則依船員法第 25-1 條規定訂定之。
7. 船員服務規則
本規則依船員法第 25-2 條規定訂定之。
8. 船員薪資岸薪及加班費最低標準
本標準依船員法第 27 條第 1 項規定訂定之。
9. 航行船舶船員最低安全配置標準
本標準依船員法第 70-1 條第 2 項規定訂定之。
10. 遊艇與動力小船駕駛管理規則
本規則依船員法第 75-6 條規定訂定之。

Unit 7-2 船員法施行細則

一、立法沿革

中華民國 93 年 5 月 26 日交通部交航發字第 093B000045 號令訂定發布全文 14 條；並自發布日施行。中華民國 107 年 3 月 9 日交通部交航 (一) 字第 10798000341 號令修正發布第 7-1 條條文。

二、重要條文

第 1 條
本細則依船員法第 92 條規定訂定之。

第 2 條
本法第 2 條第 4 款所稱其他有權僱用船員之人，指下列人員：
一、受船舶所有權人委託經營、操作船舶之人。
二、以光船出租等方式取得船舶使用權之人。
三、代理船舶所有權人與船員簽訂僱傭契約之人。

第 4 條
本法第 6 條第 1 項所稱航海人員訓練、發證及當值標準國際公約與其他各項國際公約，指經國際海事組織公布生效之 **1978 年航海人員訓練、發證及當值標準國際公約**、**2006 年海事勞工公約**、**1974 年海上人命安全國際公約**、**防止船舶污染國際公約**及其相關附則、附錄、修正案、決議案、議定書等文件。

第 10 條
本法第 41 條、第 45 條及第 48 條所定服務期間，指下列期間：
一、船員簽訂僱傭契約後在岸上等候派船期間。
二、船員在船服務期間。
三、船員於離開僱傭地上船及下船返回僱傭地期間。
四、船員於僱傭契約期滿之有給休假期間。
五、船員留職停薪期間。
本法第 49 條所稱**服務期間**，指船長在船服務期間。

第 13 條
本法第 73 條第 2 項所稱**各重要海員**，指在船艙面部門及輪機部門最高職級船員。

2006 **年海事勞工公約**（MLC）

　106 個國際勞工組織（International Labor Organization, ILO）成員國參加在日內瓦舉行的第 94 屆大會暨第 10 屆海事大會，於 2006 年 2 月 23 日通過一項旨在全面保障海員工作和生活條件的綜合性「2006 年海事勞工公約（Maritime Labour Convention, MLC）」。公約對海員的工作條件、健康、安全、最低工作年齡、招聘錄用、工作時間、船上居住條件等制定了國際統一標準，該公約於 2013 年 8 月 20 日生效。

https://www.ilo.org/global/standards/maritime-labour-convention/lang--en/index.htm

 船員專業訓練及海上執行業務相關的國際海事組織制定公約

https://gmdsstesters.com/radio-survey/general/solas-convention.html

Unit 7-3 船員訓練檢覈及申請核發證書辦法

一、立法沿革
中華民國 93 年 1 月 27 日交通部交航發字第 093B000005 號令訂定發布全文 53 條；中華民國 108 年 6 月 24 日交通部交航字第 10800167931 號令修正發布。

二、重要條文

第 1 條
本辦法依船員法第 6 條第 2 項規定訂定之。

第 2 條
本辦法適用於受僱在船舶上服務之航行員、輪機員、電技員、甲板助理員、輪機助理員、擔任助理級航行與輪機當值之乙級船員暨全球海上遇險及安全系統無線電操作員之船員。
下列船舶上船員不適用本辦法規定：
一、船舶法所稱之小船。
二、軍事建制之艦艇。
三、海岸巡防機關之艦艇。
四、漁船。
五、遊艇。

第 13 條
船員訓練分為**養成訓練**、**補強訓練**、**專業訓練**及**岸上晉升訓練**。

第 14 條
養成訓練指培養甲級船員及乙級船員之訓練。（以下略）

第 15 條
補強訓練指申請一等船副、二等船副、一等管輪或二等管輪適任證書者。（以下略）

第 16 條
依航海人員訓練國際公約 2010 年修正案規定，各職級船員應接受之專業訓練項目。（以下略）

第 17 條
岸上晉升訓練指為取得職務晉升資格，於岸上完成之實務訓練。（以下略）

第 18 條
船員訓練由航政機關委託或核准國內船員訓練機構辦理，其訓練計畫、課程由船員訓練機構依航海人員訓練國際公約要求擬訂並報航政機關核可後實施。

第 23 條

初任一等或二等甲級船員職務前,應經航政機關辦理之航海人員測驗及格。但中華民國 104 年 7 月 31 日前領有考試院航海人員考試及格證書者,不在此限。

前項航海人員測驗之類別分為一等船副、二等船副、一等管輪、二等管輪、電技員。

第 30 條

航海人員測驗及格方式,採**科別及格制**。

前項科別及格制,指各應測科目之成績,以各滿 60 分為及格,部分科目及格者准予保留 3 年;其未及格之科目,得於連續 3 年內繼續補測之,期限屆滿尚有部分科目未及格者,全部科目應重新應測;部分科目及格者,保留期間報名重新應測全部科目,前已及格科目之成績不予採計。

前項保留期間之計算,以參測人員第一次報名測驗,並至少有一科目及格,於該次測驗榜示之日起算至 3 年內之測驗為限。

部分科目及格者,參加補測期間,除報名重新應測全部科目者外,其已及格科目不得再行應測。

第 35 條

船員檢覈指航政機關委託國內船員訓練機構辦理適任性評估之成績審查。

前項審查之項目包含實作成績及筆試測驗成績。

航政機關委託國內船員訓練機構辦理之適任性評估,航政機關得派員監督。

第 41 條

本辦法所稱**換證測驗**,係指由航政機關或委託國內船員訓練機構所辦理之船員適任證書重新生效測驗。

前項測驗得採書面、口頭、使用模擬設施或其他適當之措施等方式。

訓練機構辦理前項作業,其作業計畫經報請航政機關核可後實施。

第一項測驗以各科成績均滿 60 分為合格,並由辦理機關或機構核發測驗合格證明,其有效期限為 1 年,自簽發日起算。

第 52 條

船員適任證書之有效期間為 **5 年**,自簽發日起算。

Unit 7-4 船員體格健康檢查及醫療機構指定辦法

一、立法沿革

華民國 92 年 6 月 6 日交通部交航發字第 092B000031 號令、行政院勞工委員會勞安三字第 0920019332 號令、行政院衛生署署授國字第 0920007540 號令會銜訂定發布全文 9 條；中華民國 109 年 4 月 22 二日交通部交航字第 10950010352 號令、衛生福利部衛授國字第 1090200306 號令、勞動部勞職授字第 1090200919 號令會銜修正發布。

二、重要條文

第 1 條
本辦法依船員法第 8 條第 5 項規定訂定之。

第 2 條
船員應依本辦法在上船服務前接受**體格檢查**，在上船服務後接受**定期健康檢查**。

雇用人不得僱用未檢具依本辦法所定體格（健康）檢查證明書（如附表）證明其體格適於船上工作之船員。
船員體格檢查發現其體格不適於從事船上工作時，不得僱用。
船員經健康檢查發現其健康非因執行職務而致傷病，不能適應原有工作者，雇用人得予資遣。

第 7 條
醫療機構實施船員健康檢查時，發現船員罹患疑似職業病者，應於 30 日內依規定函報航政機關與事業單位所在地之勞工及衛生主管機關。

船員體格健康檢查及醫療機構指定辦法修正總說明（109.04.2 **修正**）

　　船員體格健康檢查及醫療機構指定辦法於 92 年 6 月 6 日發布全文 9 條，歷經五次修正。本次為保障身心障礙船員不受基於任何原因之歧視，獲得平等與有效之法律保護，配合 2006 年身心障礙者權利公約（The Convention on the Rights of Persons with Disabilities, 2006）及我國於 103 年 8 月 20 日制定公布之身心障礙者權利公約施行法（自同年 12 月 3 日起施行）之實施，有必要將船員體格或健康檢查之不合格態樣予以調整。

　　另本辦法有關當值工作之輪機員及乙級船員體格健康檢查之視力標準，與 1978 年航海人員訓練、發證及當值標準國際公約（International Convention on Standards of Training, Certification and Watchkeeping for Seafarers, 1978）表 A-I／9 航海人員在職視力最低標準之要求未符，亦有修正之需。為與國際接軌，落實前述各該公約之精神及維護身心障礙船員權益，爰修正本辦法，其修正要點如下：

一、體格健康檢查不合格態樣之「精神疾病」、「言語障礙」、「聽力不良」及「身體障礙」合併修正為「有客觀事實足認適應工作環境困難」。（修正條文第 4 條）

二、當值工作之輪機員及乙級船員體格健康檢查之視力標準調整為任一單眼矯正視力至少應為 0.4 以上。（修正條文第 2 條附表）

https://law.moj.gov.tw/LawClass/LawHistory.aspx?pcode=K0070058

依本辦法第 3 條辦理之體格檢查及健康檢查，應由下列醫療機構為之：

一、公立醫院。

二、教學醫院。

交通部航港局為民服務＞下載專區＞船員體檢證明書

https://www.motcmpb.gov.tw/DownloadFile?SiteId=1&NodeId=83&BaseCategoryId=59

Unit 7-5 船員訓練專業機構管理規則

一、立法沿革

　中華民國 101 年 6 月 7 日交通部交航字第 10150077561 號令訂定發布全文 12 條；
中華民國 107 年 5 月 14 日交通部交航字第 10700129391 號令修正發布。

二、重要條文

第 1 條
本規則依船員法第 10-1 條第 1 項規定訂定。

第 2 條
本規則所稱**專業機構**，指經航政機關委託辦理船員各項訓練之國內船員訓練機構。
前項專業機構應具備以下**資格**：
一、符合航海人員訓練發證及當值標準國際公約之認證資格。
二、通過國際標準組織品質管理標準系統 ISO9001 品質標準之認證資格。

第 5 條
專業機構應為參訓學員至少投保新臺幣 100 萬元之意外險及 10 萬元之意外醫療險。

交通部航港局船員組訓練管理科業務職掌範圍：
1. 配合公約規定持續更新訓練教材設備。
2. 船員培訓計畫研議。
3. 推動國人上郵輪工作。
4. 船員職能訓練。
5. 遊艇活動。
6. 遊艇與動力小船駕駛訓練及船員訓練機構管理。
https://www.motcmpb.gov.tw/Article?siteId=1&nodeId=348

 中華航業人員訓練中心於 1972 年 11 月 24 日正式成立，為加強船員各項專業訓練能力及提昇訓練品質，該中心於 2001 年即通過「ISO 國際認證」及「海事訓練機構」兩項認證，並於 2018 年更換為 ISO9001：2015 證書，每年並接受該兩項認證之定期稽核。
http://www.cmstc.com.tw/

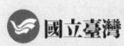 **國立臺灣海洋大學海事發展與訓練中心**為協助交通部因應「1978 年船員訓練、發證及當值標準國際公約（STCW）」之生效，乃於民國 70 年在航海學系（後更名商船學系）之下，成立海事發展與訓練中心，承辦交通部委託之各項船員專業訓練，包括：求生、滅火、救生艇筏操縱、急救及雷達觀測等 STCW 所要求之強制性訓練。國際海事組織於 1995 年修正 STCW 國際公約，加強船員訓練與發證之規定。交通部乃於民國 90 年重新定位中心專責北部地區甲級船員之訓練，基本四項訓練則交由萬里中華海員訓練中心負責。
http://www.stc.ntou.edu.tw/

 國立高雄科技大學海事人員訓練處因應 1974 年國際海事組織（IMO）簽訂海上人命安全國際公約（SOLAS）及 1978 年國際海事組織（IMO）簽訂航海人員訓練發證及當值標準國際公約（STCW78）辦理船員訓練；為配合國家海事政策及船員培訓之規劃，於 1980 年 9 月成立商船船員訓練中心，並於 2004 年 8 月改制成為一級行政單位。配合國立高雄科技大學新校成立，於 2018 年 2 月更名為船員訓練中心。為建立國際化之航海人員訓練單位、強化海事訓練國際形象，使未來在國內外海事專業訓練領域上有更積極發展之機會，單位於 2019 年 2 月 1 日正式更名為海事人員訓練處。
https://mtc.nkust.edu.tw/

Unit 7-6 外國雇用人僱用中華民國船員許可辦法

一、立法沿革

中華民國 58 年 5 月 15 日交通部（58）交航字第 5805-0664 號令訂定發布。中華民國 106 年 12 月 19 日交通部交航 (一) 字第 10698003061 號令修正發布全文 12 條。

二、重要條文

第 1 條
本辦法依船員法第 25 條規定訂定之。

第 2 條
外國雇用人申請僱用中華民國船員，依本辦法規定辦理。

第 4 條
外國雇用人僱用中華民國船員，應委託中華民國船舶運送業、中華民國船務代理業、公私立專科或高級職業學校以上學校或海事相關公（工）協會為代理人辦理僱用船員事宜，並應填具申請書（如附件一）及委託書（如附件二），檢附下列文件向航政機關登記許可後，始得僱用：

一、船舶國籍證書影本。
二、與中華海員總工會簽訂外僱船員特別協約或中華海員總工會採認之相當證明文件或檢附船旗國主管機關依據海事勞工公約簽署之海事勞工證書。

外國雇用人僱用中華民國船員許可辦法修正總說明（106.12.19 修正）

「外國雇用人僱用中華民國船員許可辦法」於民國 58 年 5 月 15 日訂定發布，爲擴大我國船員國際就業市場，配合郵輪產業發展，簡化外國雇用人僱用我國船員程序，並放寬專科及高級職業學校以上或海事相關公（工）協會得受委託辦理外僱船員，爰擬具本辦法修正草案，本次計刪除 11 條，修正 11 條，其修正要點如下：

一、配合外僱船員程序簡化，刪除船員外僱輔導會收費規定。（修正條文第 3 條）

二、配合郵輪產業發展，放寬專科及高級職業學校以上或海事相關公（工）協會得受委託辦理外僱船員業務。（修正條文第 4 條）

三、執業船員須加入工會，不符國際勞工組織第 87 號、第 98 八號公約之精神及國際潮流亦與當前多元化發展趨勢背離，刪除外僱船員需檢附會員證規定。（修正條文第 5 條）

四、放寬外國雇用人調用船員免附責任轉移報告書。（修正條文第 6 條）

五、爲提高服務效能，配合線上申報功能，修正填報在船服務及在岸儲備人數月報表之方式。（修正條文第 7 條）

六、配合刪除外國雇用人在我國境內派駐代表人相關規定，並依序修正相關附件。（修正條文第 8 條至第 9 條、第 11 條）

七、船員外僱輔導會委員應由航運相關團體及航政機關等推派代表組成之人數比例規定，已屆期生效，爰刪除但書。（修正條文第 12 條）

資料來源：https://law.moj.gov.tw/LawClass/LawHistory.aspx?pcode=K0070024

Unit 7-7 外國籍船員僱用許可及管理規則

一、立法沿革

中華民國 83 年 7 月 7 日交通部（83）交航發字第 8324 號令、行政院勞工委員會（83）台勞職業字第 43241 號令會銜訂定發布全文 23 條。中華民國 107 年 11 月 20 日交通部交航字第 10750153421 號令修正發布。

二、重要條文

第 1 條
本規則依船員法第 25-1 條規定訂定之。

第 3 條
本規則稱**外國籍船員**，指受船舶所有人或船舶營運人僱用之非中華民國籍海員。

外國籍船員之資格、職責、管理及獎懲，本規則未規定者，比照本國籍船員依有關法令辦理。

第 4 條
本規則所稱之船舶營運人如左：

一、中華民國籍船舶以光船出租或委託營運方式租予或委託中華民國船舶運送業、打撈業或海事工程業營運者，其營運人。

二、非中華民國籍船舶以光船出租方式租予中華民國船舶運送業、打撈業或海事工程業營運者，其營運人。

第 13 條
經航政機關核准僱用之外國籍船員，不論於國內或國外上船，均應依規定辦妥下列手續後始得上船服務：

一、中華民國船員服務手冊，並辦妥任職簽證。

二、中華海員總工會會員證，並繳交會費。

三、加入勞工保險。

外國籍船員於國外續僱或變更服務船舶或變更僱用人於國外上船時，船舶所有人或船舶營運人應於 7 日內將其任職動態報送船籍港或國內其他港口航政機關核備，於船舶返國或卸職時補辦任職簽證。

受僱用之外國籍船員若有入境中華民國之必要，應檢具航政機關核發之許可文件向外交部、中華民國駐外使領館或外交部授權機構申辦適當之入境簽證。

第 14 條

船舶所有人或船舶營運人僱用外國籍船員，於期滿或中途解僱時，應於七日內報請船籍港或國內其他港口航政機關辦妥卸職簽證。

前項外國籍船員卸職時，船舶所有人或船舶營運人應協助其辦理有關手續送回僱傭地。

 中華海員總工會

　二次大戰後成立於上海，且於 38 年 12 月再遷至臺灣，40 年 8 月宣告組織重整復會，目前國籍會員人數，約為 21000 多人，外國籍船員服務於國輪或簽訂該會集體協約之外輪，亦是該會臨時會員。

http://www.ncsu.org.tw/news_1.php?id=912

 中華海員總工會
National Chinese Seamen's Union

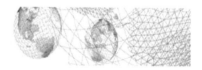

Unit 7-8 船員服務規則

一、立法沿革

中華民國 73 年 1 月 31 日交通部（73）交航字第 0248 號令修正發布全文 94 條（本規則係原船員管理規則、海員服務規則合併修正）。中華民國 107 年 6 月 8 日交通部交航字第 10700159091 號令增訂發布第 83-4 條條文。

二、重要條文

第 1 條
本規則依船員法第 25-2 條規定訂定之。

第 2 條
本規則所稱國外**擅自離船船員**，指船員在國外無故棄職離船或逾假不返者。

第 3 條
船員應持有航政機關核發之船員服務手冊。

第 6 條
實習生應年滿 16 歲。
航海、輪機及電技實習生在船實習期間不得超過 2 年。
實習生在實習期間視同海員。

第 9 條
見習生應年滿 16 歲，其在船見習期間不得超過 2 年。
見習生在見習期間視同海員。

第 11 條
海員請假應以書面報告主管轉請船長批准或派員接替後，方得離船，因傷病必需離船留岸醫治，由船長核准後報告雇用人。

第 12 條
船舶在航行時或錨泊中船員均應依規定按時輪值，各當值船員，非經主管許可，不得擅離職守。交值時，在接替者未接替前，仍應繼續工作，並即報告主管處理，如情形嚴重者，則報請船長議處。

第 13 條
船舶停泊港內時船員均應依規定輪值，其**留船人數**應足以應付緊急狀況，以防意外。各部門海員未得其主管及船長之許可，不得離船。船長准假人數，除法令另有規定外，得依船舶之需要決定之，已准許離船之海員應於規定時間前回船。

第 21 條

船長依法指揮全體海員、旅客及在船任何人,並管理全船一切事務,及負維護全船生命財產安全之責任。

第 22 條

船長對全體海員負考核及訓練之責,經發現其工作或行為足以妨礙航行安全與紀律時,得先行停止其職務,必要時得在適當地區遣返,並即報告僱用人。

第 25 條

船長於航行曲折之港灣或對水道情形不熟悉時,得視實際需要僱用引水人,但船長仍須時刻注意該船航行情形,以策安全。

第 28 條

船舶於入出港前,應向**港口管理機構指定之電臺報告**船舶位置、航向、航速、出發港及目的港口名稱。

第 29 條

船舶所停泊之**港埠發生傳染病**時,船長應通告全船,限制海員、旅客上岸,並採取各項必要防制措施,以防傳染。

第 31 條

船長遇有特殊事故不能執行職務時,應即報請僱用人派員代理,船舶在航行中,應由**艙面部門**之海員中職位最高之一人代理其職務。

第 76 條

船員在船服務,船長由僱用人考核,海員由船長考核並報告僱用人。

第 83-4 條

僱用人對受僱或從事工作於航行船舶之人員,應於指派職務前依**航海人員訓練國際公約**規定進行人員求生技能之熟悉訓練,或使其獲得充足資訊及指導,並作成紀錄備查。

僱用人對受僱或從事工作於符合**國際船舶與港口設施保全章程**航行船舶之人員,應於指派職務前依航海人員訓練國際公約規定由船舶保全人員施行保全熟悉訓練,並作成紀錄備查。

第 83-4 條修正總說明（107 年 6 月 8 日）

　　船員服務規則本次修正係參考 1978 年航海人員訓練、發證及當值標準國際公約（以下簡稱 STCW 公約）及其修正案與相關國際公約規範，並依據 STCW 公約第 A-VI/1 節及 A-VI/6 節，增訂受僱或從事工作於航行船舶之人員（不包括旅客），應接受人員求生技能相關之熟悉訓練或獲得充足資訊及指導，及從事工作於符合國際船舶與港口設施保全章程船舶之人員，於指派職務前依 STCW 公約規定由船舶保全人員進行保全之熟悉訓練。

第 96 條

船員之獎懲由航政機關辦理。

　　STCW 公約 2010 年修正案船員專業訓練項目「保全意識」及「保全職責」自 2014 年 1 月 1 日實施。

資料來源：SCTW公約的相關船舶保全人員訓練課程項目
https://www.stcwdirect.com/stcw-courses/security-awareness/

船員「保全意識」及「保全職責」訓練證書

一、依據 STCW 公約第 A–VI／6 節規定、船員法第 89 條、船員訓練檢覈及申請核發證書辦法第 15–1 條及航港局 101 年 12 月 25 日航員字第 1011910295 號函辦理。

二、取得「保全意識」及「保全職責」訓練證書方式如下：

(一)參加訓練機構開辦之「保全意識」或「保全職責」訓練課程，結訓合格即得取證。另參加「船舶保全人員」訓練結訓合格者，如未具一、二等甲級船員海勤資歷 1 年以上之領證資格，得先予核發「保全意識」及「保全職責」證書。

(二)領有「船舶保全人員」訓練證書者，得逕向訓練機構申請核發「保全意識」及「保全職責」證書；領有「保全職責」訓練證書者，得逕向訓練機構申請核發「保全意識」證書。

(三)持有中國驗船中心核發「船舶保全人員訓練結業證書」，且具一、二等甲級船員海勤資歷 1 年以上者，得逕向訓練機構申請核發「船舶保全人員」、「保全意識」及「保全職責」訓練證書；無前述海勤資歷者，得申請核發「保全意識」及「保全職責」訓練證書。

(四)具備在 101 年 1 月 1 日前 3 年內合計至少有 6 個月認可之海勤資歷，且該資歷期間在符合 ISPS 章程規定之船舶完成相關訓練和演習，由公司保全人員出具資歷證明，即得向訓練機構申請核發「保全意識（依海勤資歷核發）」或「保全意識及保全職責（依海勤資歷核發）」證書。

資料來源：http://motclaw.motc.gov.tw/s.aspx?soid=6064
STCW VI/6 - Security Related Training and Instruction for All Seafarers
https://www.edumaritime.net/stcw-code/stcw-vi-6-seafarers-security-training

Unit 7-9 船員薪資岸薪及加班費最低標準

一、立法沿革

中華民國 91 年 10 月 1 日交通部交航發字第 091B000117 號令訂定發布全文 6 條；並自發布日施行。中華民國 109 年 2 月 26 日交通部交航字第 10900043171 號令修正發布。

二、重要條文

第 1 條
本標準依船員法第 27 條第 1 項規定訂定之。

第 2 條
本標準所用名詞定義如下：
一、薪資：指船員於正常工作時間內所獲得之報酬。
二、岸薪：指船員於簽訂僱傭契約後，在岸上等候派船及雇用人選派船員參加訓練或考試期間，雇用人應發給之薪資。
三、加班費：指船員每週工作總時數超過 44 小時，雇用人應依超過之時數加發給該船員相對之報酬。

第 5 條
船員每小時加班費最低標準，以船員實際月薪資整除船員每月正常工作時間總時數計算之。

船員法

是為保障船員權益，維護船員身心健康，加強船員培訓及調和勞雇關係，促進航業發展。

第 52 條

為保障船員生活之安定與安全，雇用人應為所雇用之船員及儲備船員投保勞工保險及全民健康保險。

第 53 條

為保障船員退休權益，本國籍船員之退休金事項，適用勞工退休金條例之退休金制度。但依勞工退休金條例第 9 條規定，未選擇適用勞工退休金條例之退休金制度者，不在此限。

前項但書人員之退休金給與基準，其屬本法施行前之工作年資，依第 51 條第 4 項規定計算，其屬本法施行後之工作年資，依勞動基準法第 55 條規定計算。

船員適用勞工退休金條例之退休金制度後仍受僱於同一雇用人者，其適用前之工作年資，應予保留；其退休金給與基準，屬本法施行前之工作年資，依第 51 條第 4 項規定計算，屬本法施行後，勞工退休金條例施行前之工作年資，依勞動基準法第 55 條規定計算。

雇用人應依勞動基準法第 56 條規定，為前二項船員提撥勞工退休準備金。

船員適用勞工退休金條例之退休金制度者，其資遣費仍依第 39 條及第 54 條規定發給。

船員受僱於同一雇用人從事岸上工作之年資，應併計作為退休要件，並各依最後在船、在岸之勞動基準法第 2 條所定平均工資計算退休金。

船員請領退休金之權利，自退休之次月起，因 5 年間不行使而消滅。

Unit 7-10 未滿十八歲及女性船員從事危險性或有害性工作認定標準

一、立法沿革

中華民國 91 年 12 月 12 日交通部交航發字第 091B000146 號令訂定發布全文 7 條；並自發布日施行。

二、重要條文

第 1 條

本標準係依船員法第 31 條第 2 項之規定訂定之。

第 2 條

本標準所稱危險性或有害性係指船員從事作業活動及其他職業上原因所引起之船員疾病、傷害、殘廢或死亡。

第 5 條

孕婦及生產未滿 8 週之女性船員不得在船上工作，但經醫師檢查認可者不在此限。

雇用人不得令懷孕中或生產後 1 年內或生理期間之女性船員從事下列危險性工作：

一、從事起重機、人字臂起重桿等重量機械之運轉工作。

二、從事動力捲揚機、動力運搬機及索道之運轉工作。

三、處理爆炸性或易燃性物品之工作。

四、惡劣天候情況下之甲板工作。

五、其他經中央主管機關認定之危險性工作。

第 6 條

雇用人不得令懷孕中或生產後一年內或生理期間之女性船員從事下列有害性工作：

一、於鉛、汞、鉻、砷、黃磷、氯氣、氰化氫、苯胺等有害物質散布之場所工作。其標準依第 4 條第 2 項規定認定之。

二、於水深超過 10 公尺之水中實施之潛水作業或從事其他異常氣壓作業。

三、妊娠女性船員從事斷續性重物處理工作重量 12 公斤以上，其他女性船員從事斷續性重物處理工作重量 30 公斤以上者。

四、妊娠女性船員從事持續性重物處理工作重量 8 公斤以上，其他女性船員從事持續性重物處理工作重量 20 公斤以上者。

五、於散布有害輻射之場所工作。其標準依原子能法附屬法規「游離輻射防護安全標準」認定之。

六、違反船員法第 28 條規定在午後 8 時至翌晨 6 時之時間內工作。

七、處理有毒化學性物品之工作。

八、其他有害物質之處理工作。

九、其他有害其身體健康經中央主管機關認定之有害性工作。

 女性勞工母性健康保護實施辦法

本辦法依職業安全衛生法第 31 條第 3 項規定訂定之。本辦法用詞，定義如下：

一、母性健康保護：指對於女性勞工從事有母性健康危害之虞之工作所採取之措施，包括危害評估與控制、醫師面談指導、風險分級管理、工作適性安排及其他相關措施。

二、母性健康保護期間（以下簡稱保護期間）：指雇主於得知女性勞工妊娠之日起至分娩後一年之期間。

Unit 7-11 航行船舶船員最低安全配置標準

一、立法沿革

中華民國 91 年 9 月 20 日交通部交航發字第 091B000109 號令訂定發布全文 10 條；並自發布日施行。中華民國 109 年 5 月 28 日交通部交航字第 10950061191 號令修正發布。

二、重要條文

第 1 條

本標準依船員法第 70-1 條第 2 項規定訂定之。

第 2 條

船舶船員員額配置，依本標準規定辦理，本標準未規定者，依其他相關法令辦理。

軍事建制之艦艇、海岸巡防機關之艦艇及漁船，不適用本標準。

第 6 條

航行船舶船員依其職責分屬艙面、輪機、電信及事務部門，除電信部門外，各部門應分別配置適當之甲級船員及乙級船員，但電信人員得由持有證書之艙面部門船員兼任之。

特種用途船舶船員依其職責分為艙面及輪機部門，各部門應分別配置適當之甲級、乙級船員。

航行船舶船員最低安全配置標準修正條文總說明

「航行船舶船員最低安全配置標準」於 91 年 9 月 20 日訂定發布施行迄今，歷經 4 次修正。茲依據 103 年 6 月 18 日及同年 12 月 24 日修正公布船員法規定，配合航港體制改革後機關實際運作情形與航政法規體例，修正相關業務由航政機關辦理；另為使各附表規定配置輪機部門人員之資格更為明確，修正相關備註欄內之說明。

第 3 條

本標準依船舶航行之航線、種類、大小分為下列四種：

一、國際航線船舶依機艙操控能力，分為傳統型及自動控制船舶，其船員最低安全配額，應依附表一之規定配置。

二、國內航線船舶船員最低安全配額，應依附表二之規定配置。

三、臺灣地區與大陸地區通航船舶船員最低安全配額，應依附表三之規定配置。

四、動力、非動力工作船船員最低安全配額，應依附表四之規定配置。

前項第一款自動控制船舶之輪機裝備應經主管機關認可之驗船機構檢驗合格，並執有有效之船級證書。

第 4 條

雇用人申請自動控制船舶船員最低安全配額，應檢送下列文件向航政機關申請，並由航政機關審查核定之。

一、船舶基本資料。

二、船員配額編制表。

三、船級證書。

四、船舶設備明細。

五、航行當值、繫泊、救生、滅火及損害管制等部署表。

六、其他有關文件。

第 8 條

航行船舶船員在任何 24 小時內，至少有 10 小時以上之休息，且在 7 天內至少應有 77 小時之休息時間。但因緊急、操演或其他不可抗力情事者，不在此限。

前項 10 小時之休息時間得分為二段，其中一段至少應有 6 小時以上，且相連兩段休息時間之間隔不得超過 14 小時。

前 2 項 10 小時之休息時間，得調整為至少一次連續 6 小時。但以不超過 2 天為限。

船員工作安排表應張貼於船員易接近之處。

資料來源：交通部航港局

Unit 7-12 遊艇與動力小船駕駛管理規則

一、立法沿革

中華民國 92 年 6 月 16 日交通部交航發字第 092B000051 號令訂定發布全文 31 條；並自發布之日施行。中華民國 108 年 9 月 19 日交通部交航字第 10850120811 號令修正發布。

二、重要條文

第 1 條

本規則依船員法第 75-6 條規定訂定之。

第 2 條

本規則用詞定義如下：

一、**遊艇駕駛執照**（Yacht master's license）：指駕駛遊艇之許可憑證。

二、**自用動力小船駕駛執照**（Private powerboat master's license）：指駕駛自用動力小船之許可憑證。

三、**營業用動力小船駕駛執照**（Business powerboat master's license）：指駕駛營業用動力小船之許可憑證。

四、**一等遊艇駕駛**（First-class yacht master）：指持有一等遊艇駕駛執照，駕駛全長 24 公尺以上遊艇之人員。

五、**二等遊艇駕駛**（Second-class yacht master）：指持有二等遊艇駕駛執照，駕駛全長未滿 24 公尺遊艇之人員。

六、**營業用動力小船駕駛**（Business powerboat master）：指持有營業用動力小船駕駛執照，以從事客貨運送而受報酬為營業之動力小船駕駛。

七、**二等遊艇與自用動力小船駕駛學習證**（Second-class yacht or private powerboat learner's license）：指遊艇與動力小船學習駕駛之許可憑證。

八、**遊艇與動力小船駕駛訓練機構**（Yacht and powerboat driving training institution）：指經主管機關許可之遊艇與動力小船駕駛訓練機構。

第 3 條

主管機關得將遊艇或動力小船駕駛訓練機構之籌設、營業許可及廢止等事項委任航政機關辦理。

第 4 條

本規則所稱**訓練水域管理機關**，係指依法對各該水域遊憩活動有管轄權之下列機關：

一、遊艇與動力小船航行之水域位於風景特定區、國家公園所轄範圍者，為該水域之管理機關。

二、遊艇與動力小船航行之水域位於商港、漁港管轄地區者，為該港管理機關。

三、遊艇與動力小船航行之水域為直轄市、縣（市）政府所轄水域者，為該直轄市、
　　縣（市）政府。

第 15 條

申請辦理遊艇或動力小船駕駛訓練之機構，依規定向航政機關申請籌設。

申請籌設遊艇或動力小船駕駛訓練機構，應擬具營運計畫書及其附件向航政機關申請
會勘合格後報請主管機關許可籌設。

前項計畫書應載明下列事項：

一、遊艇或動力小船駕駛訓練機構名稱及組織章程草案。

二、班址及班舍位置略圖。

三、擬設訓練班別、訓練課程、訓練期限、全期上課總時數及教材大綱。

四、負責人、師資身分資料，及其有關之證明文件。

五、預定訓練水域及使用土地與建築物位址。

六、訓練設備明細項目。

七、預估每年成本及擬收取之每學員費用。

八、土地及建築物之登記簿謄本。但該謄本能以電腦處理達成查詢目的者，得免提
　　出。

九、土地及建築物之使用權同意書。

十、應經訓練水域管理機關依法許可者，其核發之許可文件或水域活動管理機關核發
　　之非專用同意文件。

第 2 項訓練機構應於許可籌設後 6 個月內完成籌設，並報請航政機關核轉主管機關許
可營業。

第 3 項所列事項有變更者，應檢具有關文件報航政機關核轉主管機關許可。

交通部航港局船員組業務職掌範圍

訓練管理科

1. 配合公約規定持續更新訓練教材設備。
2. 船員培訓計畫研議。
3. 推動國人上郵輪工作。
4. 船員職能訓練。
5. 遊艇活動。
6. 遊艇與動力小船駕駛訓練及船員訓練機構管理。

測驗規劃科

1. 航海人員測驗業務。
2. 船員岸上晉升訓練及適任性評估。
3. 遊艇與動力小船駕駛執照測驗業務。

就業發展科

1. 船員法及子法修訂。
2. 船員智慧服務平臺。
3. 船員就業及宣導活動。
4. 船員外僱及僱外業務。

資料來源：交通部航港局
https://www.motcmpb.gov.tw/Article?SiteId=1&NodeId=348

第8章
海商法

Unit 8-1 海商法要點介紹（通則及船舶）

一、立法沿革

中華民國 18 年 12 月 30 日國民政府制定公布全文 174 條；中華民國 98 年 7 月 8 日總統華總一義字第 09800166571 號令修正公布。

二、重要條文（通則及船舶）

第 1 條
本法稱船舶者，謂在海上航行，或在與海相通之水面或水中航行之船舶。

第 2 條
本法稱船長者，謂受船舶所有人僱用主管船舶一切事務之人員；稱海員者，謂受船舶所有人僱用由船長指揮服務於船舶上所有人員。

第 3 條
下列船舶除因碰撞外，不適用本法之規定：
一、船舶法所稱之小船。
二、軍事建制之艦艇。
三、專用於公務之船舶。
四、第一條規定以外之其他船舶。

船舶法第 3 條所稱之小船
小船：指總噸位未滿 50 之非動力船舶，或總噸位未滿 20 之動力船。

第 4 條
船舶保全程序之**強制執行**，於船舶發航準備完成時起，以迄航行至次一停泊港時止，不得為之。但為使航行可能所生之債務，或因船舶碰撞所生之損害，不在此限。
國境內航行船舶之保全程序，得以揭示方法為之。

強制執行法第 114 條
海商法所定之船舶，其強制執行，除本法另有規定外，準用關於不動產執行之規定；建造中之船舶亦同。
對於船舶之強制執行，自運送人或船長發航準備完成時起，以迄航行完成時止，仍得為之。
前項強制執行，除海商法第四條第一項但書之規定或船舶碰撞之損害賠償外，於保全程序之執行名義，不適用之。

第 6 條

船舶除本法有特別規定外,適用民法關於**動產**之規定。

 民法之動產定義

第 66 條

稱不動產者,謂土地及其定著物。

不動產之出產物,尚未分離者,為該不動產之部分。

第 67 條

稱動產者,為前條所稱不動產以外之物。

船舶有「不動產性」,如船舶物權之移轉採登記、亦可設定抵押權、強制執行準用不動產執行規定;「人格性」有名稱、國籍。

第 8 條

船舶所有權或應有部分之讓與,非作成**書面**並依下列之規定,不生效力:

一、在中華民國,應申請讓與地或船舶所在地航政主管機關蓋印證明。

二、在外國,應申請中華民國駐外使領館、代表處或其他外交部授權機構蓋印證明。

第 9 條

船舶所有權之移轉,非經**登記**,不得對抗第 3 人。

第 11 條

共有船舶之處分及其他與共有人共同利益有關之事項,應以共有人過半數並其應有部分之價值合計過半數之同意為之。

第 13 條

船舶共有人,以其應有部分供抵押時,應得其他共有人過半數之同意。

第 24 條

下列各款為海事優先權擔保之債權,有優先受償之權:

一、船長、海員及其他在船上服務之人員,本於僱傭契約所生之債權。

二、因船舶操作直接所致人身傷亡,對船舶所有人之賠償請求。

三、救助之報酬、清除沉船費用及船舶共同海損分擔額之賠償請求。

四、因船舶操作直接所致陸上或水上財物毀損滅失,對船舶所有人基於侵權行為之賠償請求。

五、港埠費、運河費、其他水道費及引水費。

前項海事優先權之位次,在船舶抵押權之前。

第 30 條

不屬於同次航行之海事優先權,其後次航行之海事優先權,先於前次航行之海事優先權。

第 31 條

海事優先權(Maritime lien),不因船舶所有權之移轉而受影響。

海事優先權（Maritime lien）

　　海商法爲了鼓勵航海事業發展,而有船舶所有人限制責任產生,如此一來則對債權人產生不利益,因此爲了調和船舶所有人及債權人兩者間之衡平,立法者乃創設海事優先權,緩和債權人因限制責任而生之不利益。所謂海事優先權,即基於特定債權,就特定之標的物,而有優先於其他債權受償之權利。其性質爲一法定擔保物權,不須占有船舶亦無須登記,只要具法定列舉事項之一之債權即可主張海事優先權。

資料來源：玉鼎法律事務所
https://www.we-defend.com.tw/qa/view?category_id=5_87&qa_id=37

第 33 條

船舶抵押權之設定,應以書面爲之。

第 34 條

船舶抵押權,得就建造中之船舶設定之。

第 36 條

船舶抵押權之設定,非經登記,不得對抗第 3 人。

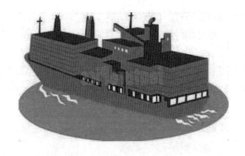

船舶抵押權（Ship Mortgages）

　　船舶抵押權是指債權人通過與債務人簽訂船舶抵押合約，並進行登記，而取得的一種以債務人提供的作為借貸之債擔保物的船舶為主要標的之擔保物權。法律規定，設定船舶抵押權，須由抵押權人和抵押人共同向船舶登記機關辦理抵押權登記：未經登記的，不得對抗第三人。

資料來源：船舶抵押權 - MBA智庫百科

Unit 8-2 海商法要點介紹（運送契約）

二、重要條文（運送契約）

第 38 條
貨物運送契約為下列二種：
一、以件貨之運送為目的者。
二、以船舶之全部或一部供運送為目的者。

第 39 條
以船舶之全部或一部供運送為目的之運送契約，應以書面為之。

第 41 條
以船舶之全部或一部供運送之契約，不因船舶所有權之移轉而受影響。

第 50 條
貨物運達後，運送人或船長應即通知託運人指定之應受通知人或受貨人。

第 53 條
運送人或船長於貨物裝載後，因託運人之請求，應發給**載貨證券**。

 載貨證券
　「提單」在我國海商法中稱為「載貨證券」，是從英文的 Bill of Lading 而來，簡稱 B/L。「提單」是運送人因貨主之請求而簽發，上面記載貨物及運送條款等內容，作為運送人與貨主之間權利與義務的依據。

第 55 條
託運人對於交運貨物之名稱、數量，或其包裝之種類、個數及標誌之通知，應向運送人保證其正確無訛，其因通知不正確所發生或所致之一切毀損、滅失及費用，由託運人負賠償責任。
運送人不得以前項託運人應負賠償責任之事由，對抗託運人以外之載貨證券持有人。

第 60 條
民法第 627 條至第 630 條關於**提單**之規定，於載貨證券準用之。
以船舶之全部或一部供運送為目的之運送契約另行簽發載貨證券者，運送人與託運人以外載貨證券持有人間之關係，依載貨證券之記載。

民法第 627 條至第 630 條規定

第 627 條

提單填發後，運送人與提單持有人間，關於運送事項，依其提單之記載。

第 628 條

提單縱為記名式，仍得以背書移轉於他人。但提單上有禁止背書之記載者，不在此限。

第 629 條

交付提單於有受領物品權利之人時，其交付就物品所有權移轉之關係，與物品之交付有同一之效力。

第 629-1 條

第 618-1 條規定，於提單適用之。

（第 618-1 條倉單遺失、被盜或滅失者，倉單持有人得於公示催告程序開始後，向倉庫營業人提供相當之擔保，請求補發新倉單。）

第 630 條

受貨人請求交付運送物時，應將提單交還。

第 63 條

運送人對於承運貨物之裝載、卸載、搬移、堆存、保管、運送及看守，應為必要之注意及處置。

第 64 條

運送人知悉貨物為違禁物或不實申報物者，應拒絕載運。其貨物之性質足以毀損船舶或危害船舶上人員健康者亦同。但為航運或商業習慣所許者，不在此限。

運送人知悉貨物之性質具易燃性、易爆性或危險性並同意裝運後，若此貨物對於船舶或貨載有危險之虞時，運送人得隨時將其起岸、毀棄或使之無害，運送人除由於共同海損者外，不負賠償責任。

第 71 條

為救助或意圖救助海上人命、財產，或因其他正當理由偏航者，不得認為違反運送契約，其因而發生毀損或滅失時，船舶所有人或運送人不負賠償責任。

第 74 條

載貨證券之發給人，對於依載貨證券所記載應為之行為，均應負責。

前項發給人，對於貨物之各連續運送人之行為，應負保證之責。但各連續運送人，僅對於自己航程中所生之毀損滅失及遲到負其責任。

清潔提單（Clean Bill of Lading）
清潔提單就是指貨物裝船時，表面狀況良好，承運人或其代理人
未在提單上加注貨損或包裝不良之類批註的提單。

不清潔提單（Claused Bill of Bill）
貨物交運時，其包裝及表面狀態出現不堅固完整等情況，船方可
以批註，即爲不清潔提單。

第 75 條
連續運送同時涉及海上運送及其他方法之運送者，其海上運送部分適用本法之規定。
貨物毀損滅失發生時間不明者，推定其發生於海上運送階段。

第 81 條
旅客於實施意外保險之特定航線及地區，均應投保意外險，保險金額載入客票，視同
契約，其保險費包括於票價內，並以保險金額爲損害賠償之最高額。
前項特定航線地區及保險金額，由交通部定之。

第 83 條
運送人或船長應依船票所載，運送旅客至目的港。
運送人或船長違反前項規定時，旅客得解除契約，如有損害，並得請求賠償。

第 88 條
船舶因不可抗力不能繼續航行時，運送人或船長應設法將旅客運送至目的港。

第 89 條
旅客之目的港如發生天災、戰亂、瘟疫，或其他特殊事故致船舶不能進港卸客者，運
送人或船長得依旅客之意願，將其送至最近之港口或送返乘船港。

第 92 條
拖船與被拖船如不屬於同一所有人時，其損害賠償之責任，應由拖船所有人負擔。但
契約另有訂定者，不在此限。

第 93 條
共同或連接之拖船，因航行所生之損害，對被害人負連帶責任。但他拖船對於加害之
拖船有求償權。

船長（Shipmaster）

　　船長是船舶上擁有航行執照中最高階的航海指揮官。船長的職責在於維護全船的安全及有效的運作，包括乘載貨物的管理維護、航行、船員管理以及確保船舶符合港口國及國際公約之規定，和船籍國與船東（航商）的政策。我國海商法第2條稱船長者，謂受船舶所有人僱用主管船舶一切事務之人員；稱海員者，謂受船舶所有人僱用由船長指揮服務於船舶上所有人員。

條文	海商法的船長主要責任
第 50 條	貨物運達後，運送人或船長應即通知託運人指定之應受通知人或受貨人。
第 51 條	受貨人怠於受領貨物時，運送人或船長得以受貨人之費用，將貨物寄存於港埠管理機關或合法經營之倉庫，並通知受貨人。
第 53 條	運送人或船長於貨物裝載後，因託運人之請求，應發給載貨證券。
第 54 條	載貨證券，應載明下列各款事項，由運送人或船長簽名。
第 59 條	載貨證券之持有人有二人以上，而運送人或船長尚未交付貨物者，其持有先受發送或交付之證券者，得先於他持有人行使其權利。
第 72 條	貨物未經船長或運送人之同意而裝載者，運送人或船舶所有人，對於其貨物之毀損或滅失，不負責任。
第 83 條	運送人或船長應依船票所載，運送旅客至目的港。
第 88 條	船舶因不可抗力不能繼續航行時，運送人或船長應設法將旅客運送至目的港。
第 102 條	船長於不甚危害其船舶、海員、旅客之範圍內，對於淹沒或其他危難之人應盡力救助。
第 109 條	船舶碰撞後，各碰撞船舶之船長於不甚危害其船舶、海員或旅客之範圍內，對於他船舶船長、海員及旅客、應盡力救助。
第 117 條	無載貨證券亦無船長收據之貨物，或未記載於目錄之設備屬具，經犧牲者，不認為共同海損。但經撈救者，仍應分擔共同海損。
第 118 條	貨幣、有價證券或其他貴重物品，經犧牲者，除已報明船長者外，不認為共同海損犧牲。但經撈救者，仍應分擔共同海損。
第 122 條	送人或船長對於未清償分擔額之貨物所有人，得留置其貨物。
第 141 條	受損害貨物之變賣，除由於不可抗力或船長依法處理者外，應得保險人之同意。

圖片來源：https://kids.gakken.co.jp/shinro/shigoto/work090/

Unit 8-3 海商法要點介紹（船舶碰撞及海難救助）

二、重要條文（船舶碰撞及海難救助）

第 94 條
船舶之**碰撞**（Collision of ships），不論發生於何地，皆依本章之規定處理之。

第 95 條
碰撞係因不可抗力而發生者，被害人不得請求損害賠償。

第 96 條
碰撞係因於一船舶之過失所致者，由該船舶負損害賠償責任。

第 97 條
碰撞之各船舶有共同過失時，各依其過失程度之比例負其責任，不能判定其過失之輕重時，各方平均負其責任。

有過失之各船舶，對於因死亡或傷害所生之損害，應負連帶責任。

第 98 條
前 2 條責任，不因碰撞係由引水人之過失所致而免除。

引水法第 16 條

　中華民國船舶在 1,000 噸以上，非中華民國船舶在 500 噸以上，航行於強制引水區域或出入強制引水港口時，均應**僱用**引水人；非強制引水船舶，當地航政主管機關認爲必要時，亦得規定僱用引水人。

　在強制引水區域之航行船舶，經當地航政主管機關核准，得指定或僱用長期引水人。

第 99 條
　因碰撞所生之請求權，自碰撞日起算，經過 2 年不行使而消滅。

第 102 條
船長於不甚危害其船舶、海員、旅客之範圍內，對於淹沒或其他危難之人應盡力救助。

刑法第 294 條

對於無自救力之人，依法令或契約應扶助、養育或保護而遺棄之，或不爲其生存所必要之扶助、養育或保護者，處 6 月以上、5 年以下有期徒刑。

因而致人於死者，處無期徒刑或 7 年以上有期徒刑；致重傷者，處 3 年以上 10 年以下有期徒刑。

第 103 條

對於船舶或船舶上財物施以救助而有效果者，得按其效果請求相當之報酬。

施救人所施救之船舶或船舶上貨物，有損害環境之虞者，施救人得向船舶所有人請求與實際支出費用同額之報酬；其救助行爲對於船舶或船舶上貨物所造成環境之損害已有效防止或減輕者，得向船舶所有人請求與實際支出費用同額或不超過其費用 1 倍之報酬。

施救人同時有前 2 項報酬請求權者，前項報酬應自第一項可得請求之報酬中扣除之。

施救人之報酬請求權，自救助完成日起 2 年間不行使而消滅。

第 105 條

救助報酬由當事人協議定之，協議不成時，得提付仲裁或請求法院裁判之。

第 107 條

於實行施救中救人者，對於船舶及財物之救助報酬金，有參加分配之權。

第 109 條

船舶碰撞後，各碰撞船舶之船長於不甚危害其船舶、海員或旅客之範圍內，對於他船舶船長、海員及旅客、應盡力救助。

各該船長，除有不可抗力之情形外，在未確知繼續救助爲無益前，應**停留**於發生災難之處所。

各該船長，應於可能範圍內，將其船舶名稱及船籍港並開來及開往之處所，通知於他船舶。

第 100 條

船舶在中華民國領海內水港口河道內碰撞者，法院對於加害之船舶，得扣押之。

碰撞不在中華民國領海內水港口河道內，而被害者爲中華民國船舶或國民，法院於加害之船舶進入中華民國領海後，得扣押之。

前兩項被扣押船舶得提供擔保，請求放行。

前項擔保，得由適當之銀行或保險人出具書面保證代之。

海難救護業

一、一般海難：指船舶故障、沉沒、擱淺、碰撞、失火、爆炸、洩漏或其他有關船舶、貨載、船員或旅客之非常事故。

二、特殊海難：指船舶被飛機、船艦追蹤、襲擊、劫持，致船舶船員或旅客遭受危害之事故。

三、船台：指裝設於船舶之無線電報或無線電話台。

四、岸台：指裝設於岸上專與船台連繫通信之無線電報或無線電話台。

　　海難救護業，指為維護船舶航行安全及處理海水油污，從事海難救助而收取報酬之事業。海難救護業得受船舶所有人、代理人或污染行為人、保險人、各類港口管理機關或海洋污染目的事業主管機關之委託，對於船舶因海難所致之擱淺、沉沒或故障漂流，搶救船、貨及為防止或消除海水油污之措施。

 台灣海難救護股份有限公司（Taiwan Salvage Co., Ltd）

成立於民國 98 年臺中地區，其成員包含船東、船長、引水人、輪機長、海運界學者、專家。

資料來源：http://www.taiwansalvage.com/

海難防範與救護

交通部為空難、海難及陸上交通之災害防救業務主管，負責指揮、督導、協調各級災害防救相關行政機關及公共事業，執行各項災害防救工作。

海難災害規模及通報層級表

災害別	研判條件
甲級災害規模：通報至行政院。 應變層級：交通部、行政院農業委員會成立應變小組。	一、船舶發生或有發生重大海難之虞，船舶損害嚴重且人員傷亡或失蹤合計10人（含）以上者。 二、災害有擴大之趨勢，可預見災害對於社會有重大影響者。 三、具新聞性、政治性、社會敏感性或經部（次）長認定有陳報必要性者。
乙級災害規模：通報至內政部消防署、行政院海岸巡防署、行政院農業委員會漁業署（漁船類）及交通部。 應變層級：交通部航港局、行政院農業委員會漁業署成立應變小組。	一、船舶發生或有發生海難之虞，且人員傷亡或失蹤合計4人（含）以上、未滿10人者。 二、船舶發生重大意外事件或具新聞性之意外事件者。
丙級災害規模：通報至直轄市、縣（市）政府消防局及地方海岸巡防、港口等災害權責相關機關。 應變層級：交通部航港局（各航務中心）、各港口管理機關、行政院海岸巡防署成立應變小組。	一、船舶有發生海難之虞，人員無立即傷亡或危險者。 二、船舶發生海難事件，人員傷亡或失蹤合計3人（含）以下者。

資料來源：交通部航港局
https://www.motcmpb.gov.tw/Article?SiteId=1&NodeId=499

Unit 8-4 海商法要點介紹（共同海損及海上保險）

二、重要條文（共同海損及海上保險）

第 110 條

稱共同海損（General Average）者，謂在船舶航程期間，爲求共同危險中全體財產之安全所爲故意及合理處分，而直接造成之犧牲及發生之費用。

第 111 條

共同海損以各被保存財產價值與共同海損總額之比例，由各利害關係人分擔之。因共同海損行爲所犧牲而獲共同海損補償之財產，亦應參與分擔。

第 114 條

下列費用爲共同海損費用：

一、爲保存共同危險中全體財產所生之港埠、貨物處理、船員工資及船舶維護所必需之燃、物料費用。

二、船舶發生共同海損後，爲繼續共同航程所需之額外費用。

三、爲共同海損所墊付現金 2% 之報酬。

四、自共同海損發生之日起至共同海損實際收付日止，應行收付金額所生之利息。

爲替代前項第 1 款、第 2 款共同海損費用所生之其他費用，視爲共同海損之費用。但替代費用不得超過原共同海損費用。

第 119 條

貨物性質，於託運時故意爲不實之聲明，經犧牲者，不認爲共同海損。

但經保存者，應按其實在價值分擔之。

貨物之價值，於託運時爲不實之聲明，使聲明價值與實在價值不同者，其共同海損犧牲之補償額以金額低者爲準，分擔價值以金額高者爲準。

第 121 條

共同海損之計算，由全體關係人協議定之。協議不成時，得提付仲裁或請求法院裁判之。

仲裁法

第 1 條

有關現在或將來之爭議，當事人得訂立仲裁協議，約定由仲裁人 1 人或單數之數人成立仲裁庭仲裁之。

前項爭議，以依法得和解者為限。

仲裁協議，應以書面為之。

當事人間之文書、證券、信函、電傳、電報或其他類似方式之通訊，足認有仲裁合意者，視為仲裁協議成立。

第 44 條

仲裁事件，於仲裁判斷前，得為和解。和解成立者，由仲裁人作成和解書。

前項和解，與仲裁判斷有同一效力。但須聲請法院為執行裁定後，方得為強制執行。

第 122 條

運送人或船長對於未清償分擔額之貨物所有人，得留置其貨物。但提供擔保者，不在此限。

第 125 條

因共同海損所生之債權，自計算確定之日起，經過 1 年不行使而消滅。

第 126 條

關於海上保險，本章無規定者，適用保險法之規定。

 保險法第 84 條

關於海上保險，適用海商法海上保險章之規定。

第 127 條

凡與海上航行有關可能發生危險之財產權益，皆得為海上保險標的。

海上保險契約，得約定延展加保陸上、內河、湖泊或內陸水道之危險。

第 128 條

保險期間除契約另有訂定外，關於船舶及其設備屬具，自船舶起錨或解纜之時，以迄目的港投錨或繫纜之時，為其期間；關於貨物，自貨物離岸之時，以迄目的港起岸之時，為其期間。

第 129 條

保險人對於保險標的物，除契約另有規定外，因海上一切事變及災害所生之毀損滅失及費用，負賠償責任。

 保險法第 83 條

　海上保險人對於保險標的物，除契約另有規定外，因海上一切事變及災害所生之毀損、減失及費用，負賠償之責。

第 130 條

保險事故發生時，要保人或被保險人應採取必要行為，以避免或減輕保險標的之損失，保險人對於要保人或被保險人未履行此項義務而擴大之損失，不負賠償責任。

保險人對於要保人或被保險人，為履行前項義務所生之費用，負償還之責，其償還數額與賠償金額合計雖超過保險標的價值，仍應償還之。

保險人對於前項費用之償還，以保險金額為限。但保險金額不及保險標的物之價值時，則以保險金額對於保險標的之價值比例定之。

 保險法第 33 條

　保險人對於要保人或被保險人，為避免或減輕損害之必要行為所生之費用，負償還之責。其償還數額與賠償金額，合計雖超過保險金額，仍應償還。

　保險人對於前項費用之償還，以保險金額對於保險標的之價值比例定之。

第 131 條

因要保人或被保險人或其代理人之故意或重大過失所致之損失，保險人不負賠償責任。

 保險法第 29 條

　保險人對於由不可預料或不可抗力之事故所致之損害，負賠償責任。但保險契約內有明文限制者，不在此限。

　保險人對於由要保人或被保險人之過失所致之損害，負賠償責任。但出於要保人或被保險人之故意者，不在此限。

　被保險人之死亡保險事故發生時，要保人或受益人應通知保險人。保險人接獲通知後，應依要保人最後所留於保險人之所有受益人住所或聯絡方式，主動為通知。

第 133 條

要保人或被保險人於保險人破產時，得終止契約。

保險法第 27 條

保險人破產時，保險契約於破產宣告之日終止，其終止後之保險費，已交付者，保險人應返還之。

第 134 條

船舶之保險以保險人責任開始時之船舶價格及保險費，為保險價額。

第 135 條

貨物之保險以裝載時、地之貨物價格、裝載費、稅捐、應付之運費及保險費，為保險價額。

第 136 條

貨物到達時應有之佣金、費用或其他利得之保險以保險時之實際金額，為保險價額。

第 137 條

運費之保險，僅得以運送人如未經交付貨物即不得收取之運費為之，並以被保險人應收取之運費及保險費為保險價額。

前項保險，得包括船舶之租金及依運送契約可得之收益。

保險法第 17 條

要保人或被保險人，對於保險標的物無保險利益者，保險契約失其效力。

第 142 條

海上保險之委付，指被保險人於發生第 143 條至第 145 條委付原因後，移轉保險標的物之一切權利於保險人，而請求支付該保險標的物全部保險金額之行為。

第 143 條

被保險船舶有下列各款情形之一時，得委付之：

一、船舶被捕獲時。

二、船舶不能為修繕或修繕費用超過保險價額時。

三、船舶行蹤不明已逾 2 個月時。

四、船舶被扣押已逾 2 個月仍未放行時。

前項第四款所稱扣押，不包含債權人聲請法院所為之查封、假扣押及假處分。

第 144 條

被保險貨物有下列各款情形之一時，得委付之：

一、船舶因遭難，或其他事變不能航行已逾 2 個月而貨物尚未交付於受貨人、要保人或被保險人時。

二、裝運貨物之船舶，行蹤不明，已逾 2 個月時。

三、貨物因應由保險人負保險責任之損害，其回復原狀及繼續或轉運至目的地費用總額合併超過到達目的地價值時。

第 145 條

運費之委付，得於船舶或貨物之委付時為之。

第 149 條

要保人或被保險人，於知悉保險之危險發生後，應即通知保險人。

 保險法第 58 條

　要保人、被保險人或受益人，遇有保險人應負保險責任之事故發生，除本法另有規定，或契約另有訂定外，應於知悉後 5 日內通知保險人。

第 150 條

保險人應於收到要保人或被保險人證明文件後 30 日內給付保險金額。

保險人對於前項證明文件如有疑義，而要保人或被保險人提供擔保時，仍應將保險金額全部給付。

前項情形，保險人之金額返還請求權，自給付後經過 1 年不行使而消滅。

 保險法第 34 條

　保險人應於要保人或被保險人交齊證明文件後，於約定期限內給付賠償金額。無約定期限者，應於接到通知後 15 日內給付之。

　保險人因可歸責於自己之事由致未在前項規定期限內為給付者，應給付遲延利息年利 1 分。

海上保險[註1]

　　爲保險之起源。歐洲中古世紀後，貿易商爲運送貨物籌措資金的擔保行爲發展成保險制度之形成。現今則依貿易條件，客戶爲轉嫁風險，投保貨物運輸保險。

一、**船舶保險**：船舶在海上航行，有時會因天候惡劣、機械故障、損壞或管理上的疏失，造成船體機器等發生毀損、須施救或沉沒事件，或與他船碰撞，而須擔負碰撞賠償責任，但因船價甚高，遇有損失發生，往往造成鉅額賠款，因此船隻的保險就顯得更加重要。

二、**運送人責任保險**：運送人經營運送業務，難免因技術原因或其他無法預防及控制的意外事故使貨物遭受損失，運送人需負擔賠償責任。

三、**建造保險**：承保保險標的在船廠建造、試航和交船過程中，包括建造該船所需於保險價值內的一切材料、機械和設備在船廠範圍內裝卸、運輸、保管、安裝、以及船舶下水、進出塢、停靠碼頭過程中所致之毀損滅失、責任與費用。

四、**營運人責任保險**：爲配合交通部航港局頒訂「船舶運送業投保營運人責任保險及旅客傷害保險辦法」之施行，引導船舶運送業者分攤經營風險，透過危險分攤機制，保障其永續經營。

五、**船舶所有人責任保險**：依據娛樂漁業管理辦法、船員法及遊艇管理辦法等規定，可承保漁船船東對船員的雇主責任、娛樂漁業漁船意外責任及遊艇意外責任。

[註1]　兆豐保險
　　　　https://www.cki.com.tw/Product/ 海上保險

第9章
引水法

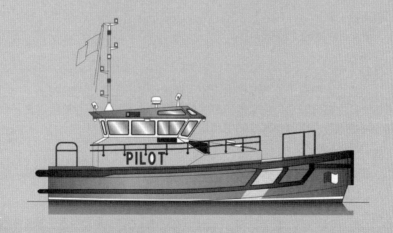

Unit 9-1 引水法要點介紹

一、立法沿革

中華民國 34 年 9 月 28 日國民政府公布；中華民國 91 年 1 月 30 日總統（91）華總一義字第 09100020650 號令修正公布。

二、重要條文

第 1 條
本法所稱引水（Pilotage），係指在港埠、沿海、內河或湖泊之水道引領船舶航行而言。

第 2 條
本法所稱引水人（Pilot），係指在中華民國港埠、沿海、內河或湖泊執行領航業務之人。
本法所稱學習引水人（Apprentice pilot），係指隨同引水人上船學習領航業務之人。

第 5 條
交通部基於航道及航行之安全，對引水制度之施行，分**強制引水**與**自由引水**兩種。
強制引水之實施，由交通部以命令定之。

第 6 條
強制引水對於左列中華民國船舶不**適用**之：
一、軍艦。
二、公務船舶。
三、引水船。
四、未滿 1,000 總噸之船舶。
五、渡輪。
六、遊艇。
七、其他經當地航政主管機關核准之國內航線或港區工程用之船舶。
前項第 7 款之核准辦法，由當地航政主管機關擬訂，報請交通部核定之。
未滿 500 總噸之非中華民國船舶準用第一項規定。

第 7 條
各引水區域之引水人其最低名額由當地航政主管機關擬定呈報交通部核備變更時亦同。

第 8 條
專供引水工作所用之**引水船**，應申請當地航政主管機關註冊**編列號數**，並發給執照。

第 10 條

各引水區域之引水費率，由**當地航政主管機關擬定**，呈報交通部核准後施行，調整時亦同。

第 11 條

中華民國國民經**引水人考試及格者**，得任引水人。

第 16 條

中華民國船舶在 1,000 噸以上，非中華民國船舶在 500 噸以上，航行於強制引水區域或出入強制引水港口時，均應僱用引水人；非強制引水船舶，當地航政主管機關認為必要時，亦得規定僱用引水人。

在強制引水區域之航行船舶，經當地航政主管機關核准，得指定或僱用長期引水人。

第 21 條

引水人持有交通部發給之執業證書，並向引水區域之**當地航政主管機關登記領有登記證書**後，始得執行領航業務。

第 22 條

引水人應於指定引水區域內，執行領航業務。

第 27 條

引水人於必要時，得請由船舶所有人或船長**僱用拖船**協助之。

第 32 條

引水人應招登船執行領航業務時，仍須尊重船長之指揮權。

第 33 條

引水人應招領航時，船長應有適當措施使引水人能安全上下其船舶。

第 42 條

學習引水人之資格與學習、情形特殊引水區域之引水人資格、引水人執業證書與登記證書之核發、證照費之收取、引水人執業之監督、引水人辦事處之設置、監督及管理等事項之規則，由交通部定之。

Unit 9-2 引水人管理規則

一、立法沿革

中華民國 51 年 10 月 2 日交通部（51）交航字第 7358 號令訂定發布。中華民國 93 年 12 月 2 日交通部交航發字第 093B000105 號令修正。

二、重要條文

第 1 條

本規則依引水法第 42 條規定訂定之。

第 4 條

各引水區域之引水人，應共同設置引**水人辦事處**，辦理船舶招請領航手續。

各引水人辦事處應訂定公約，由引水人簽約共同信守，並報請當地航政主管機關核備後實施。

引水人辦事處受當地**航政主管機關**之監督。

第 5 條

引水人辦事處應設置**輪值簿**，分組按日牌示輪值，並將輪值名單報送當地航政主管機關。

第 7 條

專供引水工作所用之引水船，由引水人辦事處置備，並得申請電信主管機關核准設置無線電臺，以利執業。

第 11 條

供引水工作所用之引水船，在指定之引水區域行駛時，得
免辦進出港手續。

第 12 條

引水人須經引水人考試及格持有**考試及格證書**後，應先向交通部請領**執業證書**。

執業證書領取後，應向指定引水區域之當地航政主管機關申請登記，領取**登記證書**後，始得執行領航業務。

引水人辦事處對於前項領有登記證書之引水人，依照主管機關規定之名額依次遞補執行領航業務。

第 12-1 條

引水人分為左列兩種：

一、甲種引水人（Class A Pilot），指得在港埠沿海引領本規則第 14 條規定噸位船舶航行之引水人。

二、乙種引水人（Class B Pilot），指得在內河、湖泊引領本規則第 15 條規定噸位船舶航行之引水人。

第 19 條
當地航政主管機關核發引水人登記證書，應依引水人**考試榜**示之先後次序辦理。
辦妥登記之引水人因名額屆滿尚未領有登記證書者，遇有缺出即依登記先後次序遞補
發給。

第 26 條
學習引水人應隨同引水人上船學習領航。但不得單獨執行領航業務。

第 30 條
學習引水人應尊重指導引水人及船長之指揮權。

第 31 條
學習引水人學習領航期間為 **3** 個月。

第 32 條
學習引水人學習領航期滿，由引水人辦事處出具學習成績考核表以密件函送交通部轉
送考選部。

第 33 條
引水人應依照輪值簿之規定，按時到達引水人辦事處，聽候招請執業。

第 36 條
引水人領航船舶出入港口，應遵照港埠管理機關規定之**碼頭或錨位停泊**，如遇特殊情
形，應於船舶進入港口時，請求港埠管理機關指定處所停泊。

第 38 條
航政主管機關得視當地水域情況，規定特種船舶或超過一定噸位、長度之船舶**應僱用
兩名以上之引水人**。但該等引水人應會合後協同領航，不得分次登船。

第 39 條
引水人在執行領航業務時，在未完成任務前非經船長同意不得離船。

Unit 9-3 專門職業及技術人員高等考試引水人考試規則

一、立法沿革

中華民國 77 年 1 月 6 日考試院（77）考臺秘議字第 0034 號令訂定發布全文 14 條。中華民國 106 年 3 月 24 日考試院考臺組壹一字第 10600015091 號令刪除發布原第 15、16 條條文。

二、重要條文

第 1 條
本規則依專門職業及技術人員考試法第 11 條第 1 項規定訂定之。

第 2 條
本規則所稱引水人，係指在中華民國港埠沿海內河或湖泊執行領航業務之人。

第 3 條
專門職業及技術人員高等考試引水人考試分為下列類科：
一、甲種引水人。
二、乙種引水人。

第 5 條
本考試採筆試、口試及**體能測驗**方式行之。

第 14 條
本考試錄取人員應經學習，**學習期滿且成績及格**，始完成考試程序，由考選部報請考試院發給考試及格證書，並函交通部查照。
前項學習，依專門職業及技術人員高等考試引水人考試錄取人員學習辦法之規定辦理。

引水人考試

※ **筆試科目：**

甲種引水人

一、當地水道港灣詳情（包括當地水道方位、水深、流向、潮汐等及其變化情形，各碼頭之水深及建築設備情形，其他停泊及助航設備，航海信號設施、引水設施以及繪圖說明之方法）

二、航政法規（包括引水法規、商港法、國際海上避碰規則、當地港航規章）

三、引港學（包括海圖應用法、潮流、氣象）

四、船舶操縱（包括離靠碼頭、錨泊法以及輪機知識及技術）

五、專業英文（包括報告寫作、航運文件、常用海事名辭、標準航海用語）

乙種引水人

一、當地水道港灣詳情（包括當地水道方位、水深、流向、潮汐等及其變化情形，各碼頭之水深及建築設備情形，其他停泊及助航設備，航海信號設施、引水設施以及繪圖說明之方法）

二、航政法規（包括引水法規、商港法、國際海上避碰規則、當地 港航規章）

三、引港學（包括海圖應用法、潮流、氣象）

四、船舶操縱（包括離靠碼頭、錨泊法以及輪機知識及技術）

附註　本考試筆試應試科目之試題題型，均採申論式試題

※ **口試之評分項目及配分如下：**

一、見解及經驗（包括領航或航行經驗）四十分。

二、專業知識（包括當地引水所需學識技術）三十分。

三、英語會話（包括聲調、語言組織、表達能力）三十分。

※ **體能測驗：以引水梯攀登行之。**

引水梯攀登測驗之及格標準，以應考人在六十秒鐘內，徒手攀登高度九公尺繩梯上、下各一次。其測驗規定如下：

一、攀上以腳踏於繩梯第一階踏板開始計時，至雙腳踏於標記九公尺之踏板始可攀下。

二、攀下以雙腳踏至第一階踏板為準。

三、第一次攀登不及格或與規定不符者，得再補行測驗一次。

圖片來源：奇摩新聞

Unit 9-4 專門職業及技術人員高等考試引水人考試錄取人員學習辦法

一、立法沿革

中華民國77年1月6日考試院（77）考台秘議字第0035號令訂定發布全文9條。中華民國102年8月6日考試院考臺組壹一字第10200066911號令修正。

二、重要條文

第1條
本辦法依專門職業及技術人員考試法第18條第2項規定訂定之。

第3條
專門職業及技術人員高等考試引水人考試錄取人員，由考選部函送交通部按其類科及報考引水區域，分發各該轄區引水人辦事處學習。學習期間為學習引水人。

第6條
引水人辦事處應指定指導引水人偕同學習引水人上船學習領航，但不得令學習引水人單獨執行領航業務。

第8條
學習引水人於學習引水期間應製作學習紀錄送請各指導引水人考核。

引水人監理業務

　　引水人的工作為維護國家港口、航道的安全，良好的引水人服務能有助於國家海運經濟的發展，由於各港區引水市場有限，目前執業之引水人數量基隆港 12 人、臺北港 8 人、蘇澳港 2 人、臺中港 19 人、麥寮港 7 人、安平港 1 人、高雄港 42 人、和平港 3 人、花蓮港 2 人，共計 96 人。

引水人證照核發流程

　　引水人考試及格取得「及格證書」後，送交交通部請領「執業證書」，再依指定引水區域向當地航政主管機關登記，以取得「登記證書」（引水人辦事處依照主管機關規定名額來依次遞補）。待取得登記證書後，便可執行領航業務。

引水法中監督、管理、處分

　　監督內容包括：學習引水人之資格與學習、情形特殊引水區域之引水人資格、引水人執業證書與登記證書之核發、證照費之收取、引水人執業、引水人辦事處之設置等事項。

　　管理內容包括：引水人資格、引水人之僱用、引水人執行業務等事項之管理。

　　處分內容包括：依據「引水法」第 34 條至第 40 條，引水人執行業務時，各項違法事項之處罰事；本法關於引水人之罰則，對情形特殊之引水區域執行領航業務者適用之。

資料來源：交通部航港局
https://www.motcmpb.gov.tw/Article?siteId=1&nodeId=498

圖片來源：https://www.portauthoritynsw.com.au/newcastle-harbour/pilotage-navigation/
pilotage-and-harbour-masters-directions/

第10章
航路標識條例

航路標識

Unit 10-1 航路標識條例要點介紹

一、立法沿革

中華民國 23 年 5 月 15 日國民政府制定公布全文 8 條。中華民國 107 年 11 月 21 日總統華總一經字第 10700125411 號令修正公布全文 13 條。

二、重要條文

第 1 條

為提升船舶航行安全，設置、監督及管理各種航路標識，特制定本條例。

第 2 條

本條例之主管機關為**交通部**，其業務由航政機關辦理。

第 3 條

本條例用詞，定義如下：

一、**航路標識**（Aid to Navigation）：指供船舶航行於水域時，定位導航之助航設施，包括燈塔（Lighthouses）、燈浮標（Light buoys）、浮標（Buoys）、浮椿（Floating piles）、燈杆（Light poles）、標杆（Guideposts）、雷達訊標（Radar beacons）及其他經航政機關公告之標識。

二、**水域**（Waters）：指海洋、河川、湖泊、水庫等可供船舶航行之水面。

三、**航船布告**（Notice to Mariner）：指航政機關所發布，有關中華民國領域內設備、設施、地形、水文之新增、改變或其他危險信息之航行資訊服務。

四、**海洋設施**（Marine Facility）：指海域工程所設置之固定人工結構物。

第 4 條

直轄市及縣（市）政府、港口管理機關（構）、法人機構及各目的事業主管機關，經航政機關核准，得設置必要之航路標識，並負責維護及管理；其變更或移除亦同。但其他法律另有規定者，依其規定辦理，另報請航政機關備查。

海洋設施設置者經航政機關核准後，應於設施之四周，劃定安全區，設置航路標識及採取適當措施，以確保航行安全及設施之安全。

航政機關因航行安全之需要，得要求前 2 項相關機關（構）於必要之水域或航道設置、維護或管理航路標識。

航政機關認為航路標識不適當、易生危險或無必要者，得要求航路標識之設置或維護管理機關（構），限期改善、變更或移除。

航路標識之設置、外觀及性質等技術規範，由主管機關參照國際組織建議規範定之。

第 6 條

船舶進出使用各商港、工業專用港與各公民營機構興建之碼頭及使用設施，船舶所有

人、經理人或其代理人應向航政機關繳納航路標識服務費。

前項費用之收取作業得由航政機關委託其他機關（構）代收。

第一項航路標識服務費之收費標準及收取辦法，由主管機關定之。

第 8 條

航政機關為航行安全需要，得會商有關機關劃設航道，報請主管機關核定公告，並刊登政府公報。

第 9 條

航行船舶不得為下列行為：

一、繫泊於航路標識。但經航政機關同意者，不在此限。

二、未依前條公告之航道規定航行。

任何人不得為下列行為：

一、破壞、移轉、攀登或遮蔽航路標識。

二、變更航路標識之性質。

三、使用易於淆亂航路標識之燈光或警號。

四、占用流失之航路標識。

五、其他影響航路標識功能之行為。

第 9 條修正總說明（107 年 11 月 2 日）

一、本條新增。

二、鑑於船舶繫泊於航路標識之行為，除經航政機關同意外，易生危險且易造成航路標識損壞，為杜絕此行為，爰增訂第 1 項第 1 款規定。

三、航政機關劃設公告航道後，船舶應在航道範圍內依規定方向遵行，爰增訂第 1 項第 2 款規定。

四、為航行安全需要，航路標識不得蓄意破壞、移轉、攀登、遮蔽或變更其性質，亦不得使用易於淆亂航標之燈光、警告，爰增訂第 2 項第 1 款至第 3 款規定。

五、燈浮標目前是運用普遍之助航設施，惟在颱風過後或船舶碰撞時，易造成錨鏈斷裂流失情形，考量拾回後可重複拋放使用，且屬公有財物之一種，不得占用，爰增訂第 2 項第 4 款規定。

六、鑑於電子科技進步，助航設備日益先進，可能會有受到通訊干擾或蓄意攻擊致影響航行安全行為之不同態樣，為免疏漏，爰增訂第 2 項第 5 款概括規定。

第 12 條

航路標識設置及管理事項涉及國際事務者，主管機關得參照相關國際組織、國際協會、國際公約或協定及其附約所訂規則、辦法、標準、建議或程式，採用發布施行。

Unit 10-2 航路標識服務費收取辦法

一、立法沿革

中華民國 108 年 6 月 4 日交通部交航字第 10800139261 號令訂定發布全文 11 條；並自 108 年 6 月 4 日施行。

二、重要條文

第 1 條

本辦法依航路標識條例第 6 條第 3 項及規費法第 10 條第 1 項規定訂定之。

第 2 條

航路標識服務費按下列規定擇一徵收：

一、按航次逐次徵收者，**船舶淨噸位每噸位徵收新臺幣 2 元**。但客船每噸位徵收新臺幣 1 元。

二、按定期徵收者：

(一) 船舶淨噸位在 150 以上者，每噸位徵收新臺幣 6 元。

(二) 船舶淨噸位未達 150 者，每噸位徵收新臺幣 3 元。

(三) 客船各按前二目規定金額之半數計徵。

第 3 條

本辦法所稱繳費義務人指船舶所有人、經理人或其代理人。

船舶進港後，遇有前項繳費義務人變更之情事時，以辦理進港預報者為繳費義務人。

第 10 條

航政機關必要時得委託其他機關（構）代收航路標識服務費，並得派員或委託專業人士稽核受委託機關（構）之收取作業。

圖片來源：交通部航港局

國際燈標協會（IALA）

國際燈標協會（International Association of Light House Authorities, IALA）係非營利的國際專業組織，創立於 1957 年。該協會集合海事的輔助設備給來自世界各地之航運機關、廠商和顧問並提供互相交流經驗與成就的機會。

https://www.iala-aism.org/

 航路標識設置技術規範

交通部 108 年 5 月 31 日公告發布「航路標識設置技術規範」，並依法授權航政機關統籌管理。「航路標識」為海上交通號誌，使用聲音、燈光、顏色、電子通訊等功能指引船舶航行安全水域，避免碰撞、擱淺、迷航等重要設施，為避免航標設置者各立門戶，政府需訂定一套管理制度，確保航行臺灣水域船舶有所遵循。

航港局依據 107 年 11 月 21 日修正通過「航路標識條例」第四條授權，參考國際航標協會（IALA）及他國經驗，並與離岸風場業者召開多次說明會及座談會，108 年 5 月 31 日報交通部頒布「航路標識設置技術規範」，航標設置者申請、變更、維護或移除，需報經航政機關核准，依技術規範設置標準航標外，海洋設施設置者另應於設施的四周劃設安全區並採取適當措施。

為配合我國離岸風場能源政策，確保離風電與航行安全共存，降低海上結構物造成航行風險，該規範中亦要求離岸風場施工及營運期間需設置警戒區，並將風機 15 公尺高度內塗裝黃色標示，外圍主（次）要結構物裝置 360 度水平光程至少 2 浬同步閃爍導航燈，使船舶能輕易識別。另為區隔風場專區及便於識別，海平面高度 15 公尺需掛設識別板，標註風電結構物編號及名稱，使用照明或反光材料，讓船舶在日夜間都清楚看見。

目前我國浮標制度採行「B」地區制，為進港方向左邊綠色，右邊為紅色燈浮標，A 制度燈浮標設置方位則與之相反。為與國際接軌，該規範已將 B 制度納入專法，將國際法內國法化，逐步完備我國航標法制進程。

資料來源：交通部航港局

https://www.motcmpb.gov.tw/Information/Detail/3a6e4fa3-6e69-44ee-9df8-143b7938a34b?SiteId=1&NodeId=15

第11章
商港法

• HARBOUR •

Unit 11-1 商港法要點介紹

一、立法沿革

中華民國 69 年 5 月 2 日總統（69）台統 (一)　　義字第 2462 號令制定公布全文 51 條。中華民國 100 年 12 月 28 日總統華總一義字第 10000293541 號令修正公布全文 76 條。

二、重要條文

第 1 條

商港之規劃、建設、管理、經營、安全及污染防治，依本法之規定。

 第 2 條修正總說明（100 年 12 月 6 日）

　　配合政企分離之航港組織體制改制原則，第 2 項第 1 款規定國際商港由主管機關設置國營事業機構，即國營港務股份有限公司經營、管理，但管理事項涉及公權力部分，仍由航港局辦理。所稱「管理事項涉及公權力部分」，依政企分離及港務公權力最小化改制原則認定，航港局僅辦理商港管制區之劃定、港務警察機關之指揮監督、船舶入出港預報之查核、拒絕入港與命令出港處分、發布航船布告、港口保全評估報告與計畫之查核、檢查及測試、港區許可業之許可管理、港口國管制檢查及相關行政處罰等事項。至其餘未涉及公權力性質之事項，則由商港經營事業機構管理，以利商港經營事業機構掌握商機及彈性營運。

第 2 條

本法之主管機關為交通及建設部。

商港之經營及管理組織如下：

一、國際商港：由主管機關設國營事業機構經營及管理；管理事項涉及公權力部分，由交通及建設部航港局（以下簡稱航港局）辦理。

二、國內商港：由航港局或行政院指定之機關（以下簡稱指定機關）經營及管理。

第 3 條

本法用詞，定義如下：

一、商港（Commercial Port）：指通商船舶出入之港。

二、國際商港（International Commercial Port）：指准許中華民國船舶及非中華民國通商船舶出入之港。

三、國內商港（Domestic Commercial Port）：指非中華民國船舶，除經主管機關特許或為避難得准其出入外，僅許中華民國船舶出入之港。

四、**商港區域**（Commercial Port Area）：指劃定商港界限以內之水域與為商港建設、開發及營運所必需之陸上地區。

五、**商港設施**（Commercial Port Facilities）：指在商港區域內，為便利船舶出入、停泊、貨物裝卸、倉儲、駁運作業、服務旅客、港埠觀光、從事自由貿易港區業務之水面、陸上、海底及其他之一切有關設施。

六、**專業區**（Specialized Zones）：指在商港區域內劃定範圍，供漁業、工業及其他特定用途之區域。

七、**商港管制區**（Commercial Port Controlled Areas）：指商港區域內由航港局劃定，人員及車輛進出須接受管制之區域。

八、**船席**（Berth）：指碼頭、浮筒或其他繫船設施，供船舶停靠之水域。

九、**錨地**（Anchorage）：指供船舶拋錨之水域。

十、**危險物品**（Dangerous Cargo）：指依聯合國國際海事組織所定國際海運危險品準則指定之物質。

十一、**船舶貨物裝卸承攬業**（Ship stevedore operators）：指於商港區域內利用管道以外方式，提供機具設備及勞務服務，完成船舶貨物裝卸、搬運工作而受報酬之事業。

十二、**船舶理貨業**（Ship Tally Company）：指經營船舶裝卸貨物之計數、點交、點收、看艙或貨物整理而受報酬之事業。

十三、**商港經營事業機構**（Commercial Port Administrative Authority）：指依第 2 條第 3 項第 1 款由主管機關設置之國營事業機構。

第 6 條

商港區域之整體規劃及發展計畫，由商港經營事業機構、航港局或指定機關徵詢商港所在地直轄市、縣（市）政府意見擬訂，並報請主管機關或層轉行政院核定。

商港區域內，除商港設施外，得按當地實際情形，劃分各種專業區，並得設置加工出口區、自由貿易港區。

第 7 條

國際商港需用之土地，其為公有者，得由商港經營事業機構依法申請讓售取得，或由航港局依法辦理撥用；其為私有者，得由航港局依法徵收，或由商港經營事業機構與所有權人協議價購或以其他方式取得使用權利，協議價購或以其他方式取得使用權利已達計畫新增用地面積 50%，而其他新增用地無法價購或取得使用權利時，得依法申請徵收。

商港建設計畫有**填築新生地**者，應訂明其所有權屬，於填築完成後依照計畫辦理登記。

前項填築之新生地登記為航港局管理者，得作價投資商港經營事業機構所有或由商港經營事業機構申請讓售取得。

航港局**經管之公有財產**，得以出租、設定地上權或作價投資之方式，提供商港經營事業機構開發、興建、營運使用，不受土地法第 25 條、國有財產法第 28 條及地方政府

公產管理法令之限制。

前項之公有財產，供國際商港公共設施或配合政府政策使用者，得無償提供商港經營事業機構使用。

航港局依第 4 項規定出租或設定地上權予商港經營事業機構之收入，應繳交**航港建設基金**。但航港局經管地方政府所有之公有財產盈餘，應繳交地方政府。

第四項財產提供使用之方式、條件、期限、收回、權利義務及其他應遵行事項之辦法，由主管機關定之。

土地法第 25 條

直轄市或縣（市）政府對於其所管公有土地，非經該管區內民意機關同意，並經行政院核准，不得處分或設定負擔或為超過 10 年期間之租賃。

國有財產法第 28 條

主管機關或管理機關對於公用財產不得為任何處分或擅為收益。但其收益不違背其事業目的或原定用途者，不在此限。

第 8 條

商港經營事業機構、航港局或指定機關應**無償提供**海關、移民、檢疫及安檢等**行使公權力機關**作業所需之**旅客、貨物通關**及**行李檢查**所需之場地，其場地免納地價稅。

商港區域內商港經營事業機構取得之土地，其地價稅率為 0.01。

商港區域內應劃設海岸巡防機關所需專用公務碼頭；其租金基準，由主管機關定之。

第 10 條

國際商港區域內各項設施，除防波堤、航道、迴船池、助航設施、公共道路及自由貿易港區之資訊、門哨、管制設施等商港公共基礎設施，由政府委託商港經營事業機構興建維護外，得由商港經營事業機構興建自營，或由公民營事業機構以約定方式投資興建或租賃經營。

商港設施得由公民營事業機構以約定方式投資興建或租賃經營者，其甄選事業機構之程序、租金基準、履約管理、驗收、爭議處理之辦法，由主管機關定之。

第 11 條

商港公共基礎設施之興建維護費用，由**航港建設基**金支付。

第 12 條

為促進國際商港建設及發展，航港局應就入港船舶依其**總噸位**、離境之上下客船旅客**依其人數**及裝卸之貨物依其**計費噸量**計算，收取商港服務費，全部用於國際商港建設。

前項商港服務費之費率及收取、保管、運用辦法，由航港局擬訂，報請主管機關核

定。

商港服務費應繳交**航港建設基金**。

商港經營事業機構、航港局或指定機關與公民營事業機構向不特定之商港設施使用人收取**港埠業務費之項目及費率上限**，由商港經營事業機構、航港局或指定機關擬訂，報請主管機關核定；變更時，亦同。

第 18 條

商港區域內停泊之船舶，其船員上岸休假，應由船長依規定予以限制。**留船人數應有**足以操縱船舶航行及應付緊急事變之能力。

第 21 條

遇難或避難船舶，經航港局或指定機關會同有關機關檢查，具有下列情事之一，航港局或指定機關得拒絕入港：

一、載運之危險物品有安全顧慮。

二、載運染患傳染病或其可疑症狀之人，有影響國內防疫安全之虞，且該商港未具處置之能力。

三、船體嚴重受損或船舶有沉沒之虞。

四、其他違反法規規定或無入港之必要。

第 21 條修正總說明（100 年 12 月 6 日）

一、本條新增。

二、有關航港局或指定機關得拒絕遇難或避難船舶入港之情事，原規定於商港港務管理規則第 43 條，因涉及限制船舶權益事項，爰酌作文字修正後，移列至本法規範。

三、又基於人道考量，如未經評估即拒絕遇難或避難船舶入港，恐與人道精神及世界衛生組織國際衛生條例 2005（IHR2005）第 28 條第 1 項：「入境港埠不應因公共衛生原因而阻止船舶或飛機在任何入境港埠停靠。」規定不符，爰規定應先由航港局或指定機關會同有關機關完成檢查程序後，再依檢查結果判斷是否拒絕其入港。

第 22 條

商港區域內之船舶於**颱風警報**發布後，應自行加強防颱措施或依商港經營事業機構、航港局或指定機關指示移泊或出港。

船舶不依前項指示移泊或出港者，得由航港局或指定機關為必要之處分。

商港區域內之船舶發生災害，商港經營事業機構、航港局或指定機關得視實際情況將其拖離船席或拖出港外。

第 25 條

入港船舶裝載爆炸性、壓縮性、易燃性、氧化性、有毒性、傳染性、放射性、腐蝕性之危險物品者，應先申請商港經營事業機構、航港局或指定機關**指定停泊地點**後，方得入港。

船舶在港區裝卸危險物品，應經商港經營事業機構、航港局或指定機關之同意。對具有高度危險性之危險物品，應由貨物所有人備妥裝運工具，於**危險物品卸船後立即運離港區**；其餘危險物品未能立即運離者，應於商港經營事業機構、航港局或指定機關指定之堆置場、所，妥為存放。

裝載危險物品之船舶，應依照規定，日間懸掛紅旗，夜間懸掛紅燈於最顯明易見之處。

第 30 條

船舶應在商港經營事業機構、航港局或指定機關**指定之地點**裝卸貨物或上下船員及旅客。

第 33 條

船舶在商港區域內停泊或行駛，應受商港經營事業機構、航港局或指定機關之**指揮**。

第 35 條

入商港管制區內人員及車輛，均應申請商港經營事業機構、航港局或指定機關核發**通行證**，並接受港務警察之檢查。

第 41 條

商港經營事業機構、航港局或指定機關應擬訂**災害防救業務計畫**，報請主管機關核定之。

前項計畫應定期檢討，必要時，得隨時為之。

商港區域內發生災害或緊急事故時，商港經營事業機構、航港局或指定機關得動員商港區域內各公民營事業機構之人員及裝備，並應配合有關機關之指揮及處理。

商港區域內各公民營事業機構應配合商港經營事業機構、航港局或指定機關實施災害防救演習及訓練。

第 42 條

商港經營事業機構應辦理各**國際商港保全評估作業**，並據以擬訂保全評估報告及保全計畫，報請航港局核定後實施。

國際商港區域內各公民營事業機構，應依前項計畫辦理港口設施保全評估作業，並據以擬訂保全評估報告及保全計畫，報請航港局或其認可機構核定後實施。

ISPS CODE AWARENESS
TRAINING

第 45 條

於商港區域內申請經營**船舶貨物裝卸承攬業**，應具備有關文書申請**航港局或指定機關**許可籌設。

前項申請人應自許可籌設之日起 6 個月內，辦理公司登記，置妥機具設備，並向航港局或指定機關申請營業許可及核發許可證後，始得營業。

未於前項 6 個月期間內完成籌設，並向航港局或指定機關申請營業許可者，其籌設許可應予廢止。但有正當理由者，得於期間屆滿 30 日前申請展延 6 個月，並以 1 次為限。

第 46 條

於商港區域內申請經營**船舶理貨業**，應具備有關文書申請**航港局或指定機關**許可籌設。

前項申請人應自許可籌設之日起 6 個月內，辦理公司或商業登記，並向航港局或指定機關申請營業許可及核發許可證後，始得營業。

未於前項 6 個月期間內完成籌設，並向航港局或指定機關申請營業許可者，其籌設許可應予廢止。但有正當理由者，得於期間屆滿 30 日前申請展延 6 個月，並以 1 次為限。

第 53 條

船舶於商港區域外，因海難或其他意外事故致擱淺、沉沒或故障漂流者，**航港局**應命令船長及船舶所有人採取必要之應變措施，並限期打撈、移除船舶及所裝載貨物至指定之區域。

前項情形，必要時，**航港局**得逕行採取應變或處理措施；其因應變或處理措施所生費用，由該船舶所有人負擔。

第 1 項擱淺、沉沒或故障漂流船舶之船長及船舶所有人未履行移除前或有不履行移除之虞，**航港局**得令船舶所有人提供相當額度之財務擔保。未提供擔保前，航港局得限制相關船員離境。

第 57 條

為維護船舶航行安全，救助遇難船舶，主管機關得**委任或委託**其他機關或事業機構辦理海岸電臺及任務管制中心業務。

第 58 條

航港局依國際海事組織或其相關機構頒布之**港口國管制**程序及其內容規定，對入、出商港之外國商船得實施船舶證書、安全、設備、船員配額及其他事項之檢查。

第 58 條修正總說明（100 年 12 月 6 日）

一、本條新增。

二、爲維護海上船舶航行安全、保障船上人命安全、協助防止海洋污染及保護港口與港區水域安全，依國際海事組織 1995 年第 19 屆大會採納之「港口國管制程序」及東京備忘錄

三、（TokyoMOU）相關規範，增訂航港局對入、出商港之非中華民國籍船舶執行港口國之管制檢查。

四、依據前述「港口國管制程序」，港口國管制僅對入、出其港口之外國船舶（實施對象爲外國籍商船，未包含外國籍漁船）執行管制檢查，至於我國籍船舶於我國商港入、出，其檢查方式係依據船舶法及船員法相關規定，如航行至他國港口時，則於港口所在地接受該國之港口國管制檢查。

五、依本條所爲之檢查，係因執行公權力所需，非爲特定對象之權益辦理，不徵收行政規費。其他國家港口亦未對受檢查之外國船舶收取檢查費，併予說明。

第 60 條

外國商船違反管制檢查規定，情節嚴重，有影響船舶航行、船上人員安全之虞或足以對海洋環境產生嚴重威脅之虞者，航港局得將其留置至完成改善後，始准航行。

外國商船違反管制檢查規定，我國無修繕設備技術、無配件物料可供更換或留置違法船舶將影響港口安全或公共利益者，得經入級驗船機構出具證明，並獲航港局同意後航行。

第 75 條

商港安全及管理事項涉及國際事務者，主管機關得參照國際公約或協定及其附約所定規則、辦法、標準、建議或程式，採用施行。

 內國法化（The Incorporation of international law）

商港法第 75 條與相關海事規定條文，其意義爲因應如國際海事公約或協定、標準等，爲大多數國家獲國際組織經多次協議後而決議各國共同來遵守，爲避免國內法法規範不足或增修程序費時，藉由立法機關授權主管機關得依一定程序報准後參採使用。

航港組織變革

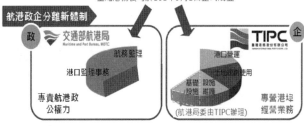

臺灣港務公司於101年3月1日正式成立

航港局—北部航務中心
　　　　中部航務中心
　　　　南部航務中心
　　　　東部航務中心
港務公司—基隆港務分公司
　　　　—蘇澳港營運處
　　　　—臺北港營運處
　　　　—臺中港務分公司
　　　　—高雄港務分公司
　　　　—安平港營運處
　　　　—馬公港管理處（航港局委管）
　　　　—布袋港管理處（航港局委管）
　　　　—花蓮港務分公司

Unit 11-2 商港港務管理規則

一、立法沿革

中華民國 70 年 11 月 5 日交通部（70）交法字第 25300 號令訂定發布全文 76 條。
中華民國 107 年 11 月 22 日交通部交航字第 10750156411 號令修正發布。

二、重要條文

第 1 條
本規則依商港法第 44 條規定訂定。

第 2 條
規則所用名詞定義如下：
一、**棧埠作業機構**（Wharf and transit shed operators）：指經營船舶貨物裝卸、倉儲或服務旅客之公民營事業機構。
二、**委託人**（Entrusting persons）：指委託棧埠作業機構作業之船舶所有人、運送人、貨物託運人或受貨人等。

第 6 條
船舶到達國際商港前，應與**港口信號**台聯絡，經商港經營事業機構指定船席及通知後，始得入港。
船舶到達國內商港前，應與**港口信號**台聯絡，經航港局或指定機關指定船席及通知後，始得入港。

第 9-1 條
船舶於進港前或商港區域內，如遇所載危險物品洩漏或事故，且有危害海洋及環境污染、人身傷害、貨物爆炸、起火等影響港區安全之虞時，船舶所有人或船長應主動通報商港經營事業機構、航港局或指定機關，並應優先於船上進行必要處置。
商港經營事業機構、航港局或指定機關必要時得會同有關機關，要求船舶所有人或貨物所有人辦理止漏、換櫃、換艙、轉艙、貨物卸船或駛離港區等必要處置。
因前項應變處置所衍生之費用，應由船舶所有人或貨物所有人負擔。

第 14 條
停泊船舶均應保持機動，最少應有 **1/3 船員分別駐留艙面及輪機兩部**，並應各有甲級船員一人負責，俾有足以操縱船舶航行及應付緊急事變之能力。
下列停泊船舶駐留船員人數經報請航港局或指定機關同意後，得不受前項駐留船員人數之限制：
一、公務船。
二、工作船。

三、小船。

四、遊艇。

第 15 條

停航船舶之留船人員，由航港局或指定機關按實際需要予以核定，並得隨時派員抽查之。

第 18 條

進出港區各業作業人員或車輛，均應由各業負責人或車輛所有人檢具有關文件，向商港經營事業機構、航港局或指定機關申請核發**港區通行證**件並接受港務警察檢查後，始可通行。

船員經入出國及移民署查驗許可並接受港務警察檢查後，始可進出港區。

第 19 條

公務船及公民營事業機構之作業船、交通船、觀光客船，非經商港經營事業機構、航港局或指定機關同意，不得在港區內行駛及作業，其艘數得視實際需要予以限制。

前項船舶汰舊換新者，其**舊船應予拆解或運離港區**。

第 24 條

航港局或指定機關於必要時得通知公民營事業機構提供倉棧營運設施、人力運用、機工具數量及維護等狀況之資料，以備查核。

商港經營事業機構得申請航港局同意，取得前項公民營事業機構之營業資料，如經查明未達裝卸能量標準或安全顧慮時，應限期改善，逾期不為改善，致妨礙商港營運者，得視實際情形終止其契約。

第 26 條

航港局或指定機關為維護港區安全、衛生，得派員登輪或進入鄰近公民營事業機構之廠、場、油站內施行檢查。

第 28 條

商港區域內經公告開放垂釣之區域，商港經營事業機構、航港局或指定機關得將安全維護、人車秩序管理等事項**委託登記有案之相關社團辦理**。

第 29 條

航港局或指定機關為策港區內之安全，得會商有關機關、團體及業者設立**危險物品安全督導小組**，督導港區內危險物品之裝卸、運送、存放及事故之處理。

第 29-1 條

於國際商港從事危險物品作業之公民營事業機構應訂定**危險物品儲放管理計畫**，並提交商港經營事業機構審查通過後，由商港經營事業機構報請航港局備查後實施。

於國內商港從事危險物品作業之公民營事業機構應訂定危險物品儲放管理計畫，提交

航港局或指定機關審查通過後實施。

前二項計畫，必要時，商港經營事業機構、航港局或指定機關得要求公民營事業機構隨時檢討之。

第 35 條

危險物品裝卸時，委託人應指定現場負責人員，負責異常狀況聯繫及應變處置，並受棧埠作業機構現場作業主管人員之監督。

第 42 條

委託人應將危險物品包裝件，妥善包裝牢固，依**國際海運危險品準則**（IMDG Code）規定進行相關標記及標示，並委由棧埠作業機構妥為儲放，必要時得由有關機關派員會同檢查之。

第 43 條

裝載過境危險物品船舶，須進港再裝卸其他貨物或危險物品時，委託人應在委託單詳細註明該項過境危險物品之分類、聯合國編號、品名、數量、裝艙位置，並檢具過境貨物艙單一份，送棧埠作業機構備查。

前項船舶依船舶危險品裝載規則危險物品禁止混合裝載表之規定應予禁止混合裝載，應另裝其他隔離貨艙，不得混裝，原裝過境危險物品，不得開啟。

第 49 條

船舶所有人或其代理人應於船舶修理前詳實填具船舶在港修理申請單，檢附承修廠商之公司或商業登記證明文件影本申請商港經營事業機構、航港局或指定機關同意。

第 53 條

本法及本規則有關航港局經管**國內商港**經營管理事項及公共基礎設施之興建維護，**航港局得委託商港經營事業機構辦理。**（以下略）

國際海運危險品準則（IMDG Code）

國際海運危險品準則係依照是依據 1974 年國際海上人命安全公約及 1973/1978 國際防止船舶污染公約，聯合國危險物運輸專家委員會「關於危險物運輸建議書」之訂定，將危險品分為九大類，旨在統一標示，以利貨物之運送作業。除國際海運危險品準則另有規定外，危險品包裝的材質、型式、規格、方法和單件質量（重量），應當與所包裝的危險品的性質和用途相適應，便於裝卸、運輸和儲存。危險品包裝物、容器必須由取得定點證書的專業生產企業定點生產。

危害物質分類	所表示危害物質之種類	類號或類組號
第一類 1.1 組 1.2 組 1.3 組 1.4 組 1.5 組 1.6 組	爆炸物（**Explosives**） 有整體爆炸危險之物品 有拋射危險，但無整體爆炸危險之物品 會引起火災，並有輕微爆炸或拋射危險但無整體爆炸危險之物品 無重大危險之物品 很不敏感，但有整體爆炸危險之物品 極不敏感，且無整體爆炸危險之物品	 1.1 1.2 1.3 1.4 1.5 1.6
第二類 2.1 組 2.2 組 2.3 組	氣體（**Gases**） 易燃氣體（Flammable gases） 非易燃，非毒性氣體（Non-flammable, non-toxic gases） 毒性氣體 （Toxic gases）	 2.1 2.2 2.3
第三類	易燃液體（**Flammable liquids**）	3
第四類 4.1 組 4.2 組 4.3 組	易燃固體；自燃物質；禁水性物質（**Flammable solids; Substances liable to spontaneous combustion; Substances which in contact with water emit flammable gases**） 易燃固體 自燃物質 禁水性物質	 4.1 4.2 4.3
第五類 5.1 組 5.2 組	氧化性物質；有機過氧化物（**Oxidizing substances; Organic peroxides**） 氧化性物質 有機過氧化物	 5.1 5.2
第六類 6.1 組 6.2 組	毒性物質及感染性物質（**Toxic and infectious substances**） 毒性物質 感染性物質	6 6.1 6.2
第七類	放射性物質（**Radioactive material**） Radioactive I Radioactive II Radioactive III 可分裂物質 （Fissile material）	 7A 7B 7C
第八類	腐蝕性物質（**Corrosive substances**）	8
第九類	其他危險物（**Miscellaneous dangerous substances**）	9

Unit 11-3 交通部航港局經管公有財產提供商港經營事業機構使用辦法

一、立法沿革

中華民國 101 年 8 月 10 日交通部交航字第 10150112451 號令訂定發布全文 15 條。

二、重要條文

第 1 條

本辦法依商港法第 7 條第 7 項規定訂定。

第 2 條

交通部航港局經管之公有財產,得以**設定地上權、出租或作價投資**之方式,提供商港經營事業機構開發、興建、營運使用。

第 3 條

經營機構以設定地上權方式使用航港局經管土地時,其**權利金及租金**之繳交,應依下列規定辦理:

一、權利金按當年期全年營業收入之 0.01 計收,每年收取一次,其中全年營業收入不含航港建設基金補助部分。

二、土地租金依土地當期申報地價年息 0.02 計算,每年分 2 次收取。屬公共設施及配合政府政策需要之土地不計收土地租金。下列情形之土地,土地租金依當期申報地價年息 0.01 計收。

(一) 於經營機構成立前收取租金之租金率低於設定地上權土地租金率之土地。

(二) 由業者出資填築新生地並約定新生地填築費用須折抵相關租金費用,於折抵期間之土地。

三、航港局對於前款收取土地租金得視下列情形調整租金費率,調整原因消滅後,應予調整回復,租金率之回復自次年度開始實施:

(一) 國內或國際之社會經濟環境發生重大變化。

(二) 航港局依法辦理用地撥用或徵收時,自核定辦理撥用或徵收之日起。

(三) 航港局與經營機構,視港區發展狀況認定有檢討必要。

(四) 其他經主管機關認定有檢討必要。

第 5 條

經營機構以地上權為擔保**設定抵押權**時,應報經航港局核轉主管機關核定後辦理。

第 9 條

經營機構設定地上權之土地轉租、委託經營、與他人合作經營或再提供第三人使用之期限,不得**逾**航港局與經營機構簽訂之地上權契約期間。

第 13 條

經營機構承租之公有財產經航港局同意後得轉租或提供他人使用者，其期限不得**逾**航港局與經營機構簽訂之租賃期間。

前項土地轉租或提供他人建築使用者，應以不申請設定地上權為要件。

 商港經營事業機構、航港局或指定機關

　商港法中的商港經營事業機構、航港局或指定機關，是指國際商港的管理機構（由交通部設置國營港務公司）、國內商港的管理機關（交通部航港局）、福健省金門縣及連江縣政府則是行政院指定機關（管理當地國內商港），航政監理以及港政的公權力則全屬交通部航港局。

 促進民間參與公共建設公有土地出租及設定地上權租金優惠辦法

第 2 條

公有土地之年租金依下列規定計算：

一、興建期間：按當期申報地價及課徵地價稅稅率之乘積計收。

二、營運期間：按當期申報地價及課徵地價稅稅率之乘積，加計簽約當期申報地價百分之二計收。

三、同一宗土地，一部屬興建期間，一部已開始營運者，其租金按二者實際占用土地比例或地上建築物樓地板面積比例計收。

依前項計收之租金，於經主辦機關評估財務計畫，確有造成公共建設自償能力不足情事者，得酌予減收之。

前二項租金相關事項，均應於投資契約載明。

第 2-1 條

公共建設所需用地由民間機構籌措資金取得並登記為公有，於公共建設興建、營運期間提供該土地予該民間機構使用者，其租金得由主辦機關另以優惠方式計收，不適用前條規定。

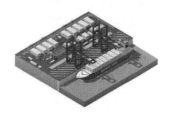

Unit 11-4 公民營事業機構投資興建或租賃經營商港設施作業辦法

一、立法沿革

中華民國 101 年 8 月 22 日交通部交航字第 10150122052 號令訂定發布全文 18 條，中華民國 104 年 1 月 5 日交通部交航字第 10350171692 號令增訂發布第 16-1 條條文。

二、重要條文

第 1 條

本辦法依商港法第 10 條第 2 項規定訂定。

第 2 條

各項商港設施提供公民營事業機構投資興建或租賃經營（以下簡稱投資經營）者，商港經營事業機構得自行規劃辦理或由公民營事業機構提出申請。

經營機構得依商港經營發展需要及案件性質採下列方式辦理前項業務：

一、**綜合評選**：指經營機構擬訂評選項目、基準與權重等相關事項，透過公開程序甄選公民營事業機構投資經營商港設施之方式。

二、**單項評比**：指經營機構擬訂單一評比項目及基準，透過公開程序甄選公民營事業機構投資經營商港設施之方式。

三、**逕行審查**：指符合第七條之情形，經營機構得不經公開程序甄選公民營事業機構投資經營商港設施之方式。

第 7 條

經營機構辦理公民營事業機構投資經營商港設施案件，符合下列情形之一者，得採逕行審查方式辦理：

一、增租毗鄰土地或設施，其增租面積累計不超過原契約租賃面積 50% 者。

二、申請加入自由貿易港區經營自由港區事業者。

三、為配合港埠作業需要之辦公或存放機具設備處所。

四、為配合港埠作業需要，租賃土地埋設管線者。

五、租賃期間一年以下，未興建設施且不得續約者。

六、配合政府政策、港口發展或港灣建設發展需要者。

前項第二款申請經營自由貿易港區事業者，應於取得簽約權利後，依自由貿易港區事業營運管理辦法辦理。

第 9 條

公民營事業機構應就契約記載之土地、設施與投資經營事項繳交租金與管理費，經營機構得就公民事業機構使用水域計收管理費。

前項租金及管理費項目及基準如下：

一、租金：

(一) 土地租金：依商港區域土地使用費實施方案計收，未依該
　　方案訂定港區土地使用區分之土地，以申報地價按年租金
　　率計算之。

(二) 設施租金：包含碼頭、建物及設備等項目，依其建造成本
　　按年租金率計算之。

二、**管理費**：依公民營事業機構投資經營業務項目性質，按承租面積、使用範圍、營
　　業額、前款租金總額、營運實績、營業規模及保證運量等事項計收。

第 16-1 條

　　經營管理國內商港之交通部航港局或行政院指定之機關，於商港設施得由公民營事
業機構以**約定方式投資經營**者，其甄選公民營事業機構之程序、
　　租金基準、履約管理、驗收、爭議處理，準用本辦法之規定。

第 17 條

本辦法施行前，公民營事業機構與經營機構已簽訂之商港設施投資經營契約，於契約
屆滿前，依原契約規定辦理，不適用本辦法之規定。

圖片來源：
MyGoNews，2016-10-04，國發會通過「商港整體發展規劃」。

Unit 11-5 商港服務費收取保管及運用辦法

一、立法沿革

中華民國 90 年 12 月 31 日交通部（90）交航發字第 00100 號令訂定發布全文 15 條；中華民國 101 年 3 月 1 日交通部交航字第 10150027191 號令修正發布全文 17 條。

二、重要條文

第 1 條

本辦法依商港法第 12 條第 2 項規定訂定之。

航港局應就入港之船舶、離境之上下客船旅客及裝卸之貨物，依本辦法之規定，收取商港服務費（Commercial port dues）。但下列商港，免予收取：

一、依離島建設條例由中央政府或離島建設基金編列預算興建者

二、公私事業機構自行投資興建者。

第 2 條

商港服務費之收費項目，分為**船舶**、**旅客**、**貨物**三項，其繳納義務人分別為船舶運送業、離境旅客、貨物託運人。

第 4 條

國際航線之船舶，按下列規定擇一繳納船舶商港服務費：

一、**按航次逐次繳納**：依該船舶每次入港時之總噸位，以**每噸**新臺幣 0.5 元計收

二、**按期繳納**：依該船舶總噸位，於船舶入港前，以**每噸**新臺幣 1.5 元計收，每期有效期間為自船舶入港之日起算 4 個月；或以每噸新臺幣 2.5 元計收，每期有效期間為自船舶入港之日起算 8 個月。入港前未繳納者，依前款規定按航次逐次繳納。

國內航線之船舶商港服務費，按前項費率之 **40%** 計收。

第 5 條

旅客商港服務費，於該旅客每次離境時，以新臺幣 40 元計收。

第 15 條

商港服務費得提撥總額 0.005，交由行政院勞工委員會運用於提升港口相關工會人力服務品質之相關事項。

商港服務費之收入扣除前項經費後，應全部用於有收取商港服務費商港之建設，其用途如下：

一、防波堤、航道、迴船池、助航設施、公共道路及自由貿易港區之資訊、門哨、管制設施等商港公共基礎設施。

二、基於航港政策需要及配合國際公約辦理之研究發展規劃、調查研究、參與國際港口相關組織、港口保全、管制與設備建置等支出。

三、配合航港發展需要有關之聯外交通設施、環保節能設施、污染防制設施、商港交通管理設施及商港土地取得等支出。

四、商港服務費之行政管理費用。

交通部航港局商港服務費查詢系統[註1]

 商港服務費

　　交通部為配合我國加入世界貿易組織，對「輸入或輸出所課徵之規費，其額度應與提供服務成本相近之原則」之承諾，依據總統 90 年 11 月 21 日公佈修正商港法第 15 條及第 51 條之規定，擬定「商港服務費收取保管及運用辦法」自 91 年 1 月 1 日起，就入港之船舶、離境之上下客船旅客及裝卸之貨物收取商港服務費，商港建設費並自同日起停止徵收。90 年 12 月 31 日以前所收之貨物商港建設費係「從價徵收」，即以該批貨完稅價格之千分之 2 課徵。91 年 1 月 1 日起之新制商港服務費係以貨物在商港所提供服務的多寡來收取，即「從量課徵」商港服務費。

資料來源：交通部航港局為民服務－問答集
https://www.motcmpb.gov.tw/QuestionAndAnswer?SiteId=1&NodeId=63&BaseCategoryId=17

[註1] 交通部航港局商港服務費查詢系統
https://public-cpd.mtnet.gov.tw/Public-cpd/Service/QANDA

Unit 11-6 國營港務股份有限公司設置條例

一、立法沿革

中華民國100年11月9日總統華總一義字第10000246191號令制定公布全文22條。

二、重要條文

第1條

交通及建設部為經營商港，設國營港務股份有限公司，其設置依本條例之規定。

港務公司由**政府獨資**經營。

第2條

港務公司**業務範圍**如下：

一、商港區域之規劃、建設及經營管理。

二、商港區域海運運輸關聯服務之經營及提供。

三、自由貿易港區之開發及營運。

四、觀光遊憩之開發及經營。

五、投資、轉投資或經營國內、外相關事業。

六、其他交通及建設部或目的事業主管機關委託及核准之事項。

第3條

港務公司得視業務需要於**國內**、外設分公司或其他分支機構。

第8條

港務公司需用之**不動產**，得由政府作價投資，或由航港局以出租、有償、設定地上權方式，提供港務公司開發、興建、營運及使用收益。屬於公共設施及配合政府政策需要之動產及不動產，港務公司無償使用。

第9條

第三人及其他機關（構）於港務公司成立前，與交通部各港務局及其所屬機構已簽訂之契約，屬港埠經營業務性質者，於該港務公司成立之日起，由港務公司繼受之。

第21條

除港務公司或經其同意者外，任何人不得使用與**港務**（含中文及外文）相同之文字、圖形、記號或其聯合式，表彰其營業名稱、服務或產品。

臺灣港務股份有限公司[註2]

臺灣港務港勤公司

臺灣港務國際物流股份有限公司

📌 **港務公司成立**

　　我國航港管理係行政監理與經營合一，為提升港埠競爭力，並配合政府組織再造進程及將企業化精神導入港口之經營，故設立「航港局」，專責辦理航政及港政公權力事項；港務局則朝「公司化」方向改制為港務公司，設立臺灣港務股份有限公司，統轄基隆、臺中、高雄及花蓮四個港務分公司，專營港埠經營業務，提升港埠經營效能及彈性，促進國際商港區域之發展，帶動區域產業經濟繁榮。

發展定位

　　根據港務公司的發展策略與目標，以現有的港埠核心服務為主要業務，並且順應國際港埠經營的趨勢，透過資產開發、轉投資、國際化等方式，尋求業務範圍的多角化經營。主要包括：國際物流相關業務、由港埠業務水平延伸之郵輪碼頭、娛樂購物等新業務，以及走向國際港埠經營管理的地區多角化等，希望藉此提高非核心業務收入比重。

[註2]　臺灣港務股份有限公司
https://www.twport.com.tw/chinese/

第12章
自由貿易港區設置管理條例

Unit 12-1 自由貿易港區設置管理條例要點介紹

一、立法沿革

中華民國 92 年 7 月 23 日總統華總一義字第 09200134530 號令制定公布全文 43 條；中華民國 108 年 1 月 16 日總統華總一經字第 10800004521 號令修正公布。

二、重要條文

第 1 條

為發展全球運籌管理經營模式，積極推動貿易自由化及國際化，便捷人員、貨物、金融及技術之流通，提升國家競爭力並促進經濟發展，特制定本條例。

第 3 條

本條例用詞定義如下：

TAIWAN
FREE TRADE ZONE
臺灣海港自由貿易港區

一、自由港區（Free trade zones）：指經行政院核定於國際航空站、國際港口管制區域內；或毗鄰地區劃設管制範圍；或與國際航空站、國際港口管制區域間，能運用科技設施進行周延貨況追蹤系統，並經行政院核定設置管制區域進行國內外商務活動之區域。

二、自由港區事業（Free-trade-zone enterprises）：指經核准在自由港區內從事貿易、倉儲、物流、貨櫃（物）之集散、轉口、轉運、承攬運送、報關服務、組裝、重整、包裝、修理、裝配、加工、製造、檢驗、測試、展覽或技術服務之事業。

三、自由港區事業以外之事業（Non-free-port-enterprises）：指金融、裝卸、餐飲、旅館、商業會議、交通轉運及其他前款以外經核准在自由港區營運之事業。

四、商務人士（Business personnel）：指為接洽商業或處理事務需進入自由港區內之人士。

五、毗鄰（Adjacent）：指下列情形之一者：

(一) 與國際航空站、國際港口管制區域土地相連接寬度達 30 公尺以上。

(二) 土地與國際航空站、國際港口管制區域間有道路、水路分隔，仍可形成管制區域。

(三) 土地與國際航空站、國際港口管制區域間得闢設長度 1 公里以內之專屬道路。

六、國際港口（International seaports）：指國際商港或經核定准許中華民國船舶及外國通商船舶出入之工業專用港。

第 4 條

本條例之主管機關為交通部。

第 6 條

國際航空站、國際港口之管理機關（構），得就其管制區域內土地，擬具自由港區開

發之可行性規劃報告及營運計畫書，向主管機關提出申請；經主管機關徵詢所在地直轄市、縣（市）政府及財政部之意見，經初步審核同意，並選定自由港區之管理機關及加具管理計畫書後，**核轉行政院核定設置為自由港區。**

第 10 條
自由港區事業僱用**本國勞工人數**，不得低於僱用員工總人數 **60%**。

第 11 條
自由港區事業僱用**外國勞工之工資**，應依勞動基準法**基本工資**限制之規定辦理。

自由港區事業僱用勞工總人數中，應僱用 **3%** 具有**原住民身分者**。

未依前項規定足額僱用者，應依差額人數乘以每月基本工資，定期向中央原住民族主管機關設立之就業基金專戶繳納**就業代金**。

超出第2項僱用規定比率者，應予獎勵；其獎勵辦法，由中央原住民族主管機關定之。

第 13 條
申請經營自由港區事業，應提具營運計畫書、貨物控管、貨物通關及帳務處理作業說明書，連同相關文件，向自由港區管理機關申請入區籌設及營運許可。

前項事業申請入區籌設及營運許可應具備之資格、營運組織型態、申請程序、檢附之文件、各項營運控管作業、帳務處理、許可之撤銷、廢止及其他應遵行事項之辦法，由主管機關定之。

第 17 條
國外貨物進儲自由港區、自由港區貨物輸往國外或轉運至其他自由港區，自由港區事業均應向海關通報，並經海關電腦回應紀錄有案，始得進出自由港區。

自由港區貨物輸往課稅區、保稅區，或課稅區、保稅區貨物輸往自由港區，應依貨品輸出入規定辦理，並向海關辦理通關事宜。

自由港區事業於**發貨前向海關通報後**，其貨物得在區內逕行交易、自由流通。

前 3 項之通報或通關，自由港區事業應以**電腦連線或電子資料傳輸**方式向海關為之。

自由港區事業貨物之通報或通關，得經海關核准辦理按月彙報作業。

自由港區事業貨物之存儲、重整、加工、製造、展覽、通報、通關、按月彙報、自主管理、查核、盤點、申報補繳稅費、貨物流通及其他應遵行事項之辦法，由財政部會商有關機關定之。

第 18 條
自由港區事業應實施**貨物控管、電腦連線通關及帳務處理作業**之貨物自主管理。

自由港區事業關於貨物之進儲、提領、重整、加工、製造或遭竊、災損等，應按其作業性質，辦理有關之登帳、除帳、查核銷毀、補繳稅費除帳、稅費徵免及其他與帳務處理相關之自主管理事宜。

自由港區事業、港區貨棧及港區門哨對自由港區事業之貨物控管，應分別按貨物流通作業性質，辦理電子資料傳輸、資料保管、貨物之進儲、提領與異動之通報及其他與貨物控管相關之自主管理事宜。

第 21 條

自由港區事業自國外運入自由港區內供營運之貨物，**免徵關稅、貨物稅、營業稅、菸酒稅、菸品健康福利捐、推廣貿易服務費及商港服務費。**

自由港區事業自國外運入自由港區內之自用機器、設備，免徵關稅、貨物稅、營業稅、推廣貿易服務費及商港服務費。但於運入後 5 年內輸往課稅區者，應依進口貨物規定補徵相關稅費。

依前 2 項規定免徵稅捐者，無須辦理免徵、擔保、記帳及押稅手續。

申請經營自由港區事業取得籌設許可者，於籌設期間適用前 2 項規定。

第 22 條

自由港區事業運往國外或保稅區之貨物，課稅區或保稅區運入自由港區之貨物，依貿易法規定，**免收推廣貿易服務費。**

第 24 條

自由港區事業自課稅區運入供營運之貨物及自用機器、設備，視同出口，得依相關法令規定，申請**減徵、免徵或退還關稅、貨物稅、菸酒稅及菸品健康福利捐。**

自由港區事業自課稅區運入之已稅進口貨物或國產非保稅貨物，自運入之次日起 5 年內，原貨復運回課稅區時，免徵關稅；其有添加未稅或保稅貨物者，該添加之未稅或保稅貨物，應課徵關稅及相關稅費。

前二項貨物及自用機器、設備已減徵、免徵或退稅者，於再運回課稅區時，應仍按原減徵、免徵或退稅稅額補徵。

申請經營自由港區事業取得籌設許可者，於籌設期間自課稅區運入自用機器、設備適用第 1 項及前項規定。

第 27 條

自由港區事業之貨物輸往保稅區，應依保稅貨物之相關規定，**免徵相關稅費。**

第 35 條

外籍商務人士得經自由港區事業代向自由港區管理機關申請核轉許可，於抵達中華民國時申請簽證。

大陸地區或香港、澳門商務人士得依兩岸關係相關法規辦理申請進入自由港區從事商務活動，其辦法另定之。

第 45 條

自由港區管理機關為維護自由港區與周邊之環境及公共設施之安全，及辦理第 9 條第 1 項規定之掌理事項，得向自由港區事業及自由港區事業以外之事業收取**管理費、規費或服務費。**

前項收費標準，由自由港區管理機關定之。

海關對於進出自由港區之運輸工具及貨物，應依關稅法第 101 條規定徵收規費。

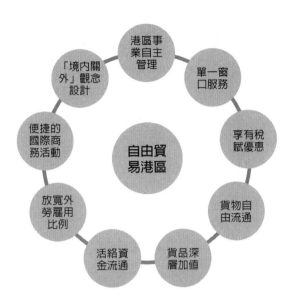

自由港區（Free trade zones, FTZ）

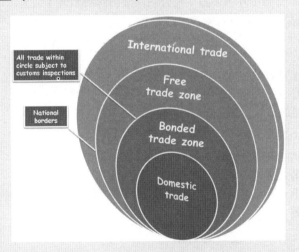

　　自由港區是被視為「境內關外」的觀念，貨物儲轉、處理作業是位於國境之內，在貨物未銷售至國境內的課稅區、或銷售運送至國外前，可免除相當稅捐及減少海關監控作業，自由港區內各事業可相互進行交易，貨物流通自由度比港區保稅倉庫高。

圖片來源：https://www.globaltimes.cn/content/793865.shtml

Unit 12-2 自由貿易港區申請設置辦法

一、立法沿革

　　中華民國 92 年 9 月 19 日行政院院臺經字第 0920045141 號令訂定發布全文 15 條；中華民國 102 年 7 月 23 日交通部交航字第 10250095271 號令修正發布全文 15 條。

二、重要條文

第 1 條
本辦法依自由貿易港區設置管理條例第 8 條規定訂定之。

第 2 條
依本條例第 6 條或第 7 條第 1 項規定**申請設置自由貿易港區**（以下簡稱自由港區）之土地，其**區位**應符合下列各款要件之一：

一、位於國際航空站、國際港口管制區域（以下簡稱海空港管制區）內者。

二、位於海空港管制區外，且與海空港管制區相連接寬度達 30 公尺以上者。

三、位於海空港管制區外，因道路或水路穿越而與海空港管制區分隔，得以專屬通道連接，並與海空港管制區結合形成整體管制區域者。

四、位於海空港管制區外，與海空港管制區間得闢設長度 1 公里以內之專屬道路連接，且該專屬道路無其他聯外出口者。

五、位於海空港管制區外，與海空港管制區間，能運用科技設施進行周延貨況追蹤者。

前項第 2 款至第 5 款之土地，面積應達 30 公頃以上或經國際航空站、國際港口管理機關（構）同意，與海空港管制區土地合併開發者。

自由港區周**邊**應設置足與外界隔絕之管制設施。

第 3 條
受理申請設置自由港區之機關如下：

一、依本條例第 6 條規定提出申請之案件，為主管機關。

二、依本條例第 6 條第 1 項規定提出申請之案件，為國際航空站、國際港口之自由港區管理機關。

臺灣自由貿易港區（六海港一空港）[註1]

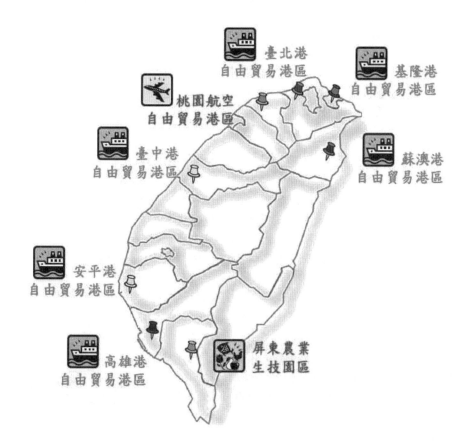

[註1]　投資臺灣入口網
https://investtaiwan.nat.gov.tw/showPagejpn248?lang＝cht&search＝248

Unit 12-3 自由貿易港區事業營運管理辦法

一、立法沿革

中華民國 93 年 9 月 10 日交通部交航發字第 093B000063 號令訂定發布全文 23 條；中華民國 107 年 11 月 6 日交通部交航字第 10750145761 號令修正發布全文 20 條。

二、重要條文

第 1 條

本辦法依據自由貿易港區設置管理條例第 13 條第 2 項規定訂定。

第 2 條

申請經營自由港區事業應為符合本條例第 3 條第 2 款規定之從事貿易、倉儲、物流、貨櫃（物）集散、轉口、轉運、承攬運送、報關服務、組裝、重整、包裝、修理、裝配、加工、製造、檢驗、測試、展覽或技術服務之事業。

申請加入自由港區成為自由港區事業，從事本條例第 3 條第 2 款所訂業者，其得為公司或外國公司在中華民國境內之分公司。

實際進駐自由港區內從事相關業務之公司或營運組織，其得為公司、分公司、辦事處或營運單位。

第 7 條

自由港區事業應設置 **2 名以上專責人員**處理自主管理事項相關業務，專責人員異動時應通知管理機關及所在地海關。

前項專責人員須經自由港區管理機關舉辦**自主管理專責人員講習合格**，並取得結業證書。

第 8 條

自由港區事業籌設完成後，應向管理機關申請**營運許可**。

管理機關受理後，應會同相關機關（構）就自由港區事業工廠內機器、機具設備之裝置、安全衛生設施、勞動條件、污染防治及電腦連線設備實施營運、貨物控管、帳務處理等事項進行勘查。

前項勘查發現有未依計畫內容進行籌設者，管理機關及有關機關得限期命其改善；屆期未改善者，由管理機關駁回其營運許可之申請。

經勘查合格者，由管理機關許可其營運。

第 13 條

由民間機構進行興建營運之自由港區，區內自由港區事業申請籌設許可、展期、營運計畫變更及營運許可等事項，由該民間機構向管理機關提出申請。

臺灣自由港區關務模式 [註2]

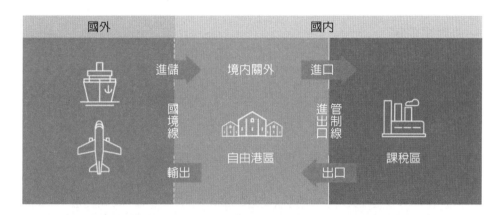

自由貿易港區事業營運管理辦法修正總說明（107.11.06 修正）

自由貿易港區事業營運管理辦法為達簡政便民並符實務所需，爰修正本辦法。本次共修正 12 條，其修正要點如下：

一、修正申請經營自由港區事業申請人證明文件，及營運計畫書應記載內容。（修正條文第 3 條）

二、修正自由港區管理機關駁回業者申請之用語。（修正條文第 5 條）

三、為達簡政便民，刪除自由港區事業營運許可證之規定，改以核准函替代。（修正條文第 8 條、第 16 條、第 17 條）

四、明定自由港區貨棧為自由港區事業裝卸供營運貨物及自用機器、設備之場域。（修正條文第 10 條）

五、修正自由港區事業營運項目中應報管理機關核准之事項，並新增進儲自用機器、設備補辦申請之規定。（修正條文第 11 條）

六、修正自由港區事業營運項目變動應於 10 日內報請管理機關備查之事項，並新增可使用其他自由港區事業之港區貨棧寄存貨物之規定；另配合自由港區管理機關單一服務窗口業務之執行，新增由自由港區管理機關辦理公司登記及管理業務者，免再報管理機關備查。（修正條文第 12 條）

七、增列自由港區事業不得拒絕管理機關查核之規定。（修正條文第 15 條）

八、因自由港區事業貨物之流通原應依本條例第 17 條第 6 項授權訂定之辦法辦理，爰刪除現行條文第 16 條。

九、修正自由港區事業結束營業、撤銷、廢止營運許可之次日起 2 個月內辦理盤點結算及監管業務，並移送徵收機關辦理稅費徵免。（修正條文第 18 條）

資料來源：https://law.moj.gov.tw/LawClass/LawHistory.aspx?pcode=K0080016

[註2]　臺灣自由貿易港區
https://taiwan-ftz.com/#1

Unit 12-4 自由貿易港區貨物通關管理辦法

一、立法沿革

中華民國 92 年 12 月 8 日財政部台財關字第 0920550872 號令訂定發布全文 21 條；中華民國 105 年 11 月 9 日財政部台財關字第 1051023430 號令修正發布全文 29 條。

二、重要條文

第 1 條
本辦法依自由貿易港區設置管理條例第 17 條第 6 項規定訂定之。

第 2 條
本辦法所稱**港區貨棧**，指自由貿易港區（以下簡稱自由港區）管理機關設立或經其核准設立，具有與港區門哨單位電腦連線之設備，及可供自由港區事業貨物存儲、進出區貨物查驗、拆裝盤（櫃）之場所。

第 3 條
自由港區事業應設置電腦及相關連線設備，以電腦連線或電子資料傳輸方式處理貨物通關、帳務處理及貨物控管等有關作業。

第 17 條
自由港區事業之出口貨物經海關核准得移運海（空）運快遞貨物專區，並依海（空）運快遞貨物通關辦法辦理通關。
前項規定由財政部關務署分階段公告實施之。

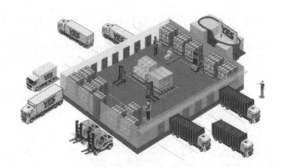

圖片來源：鴻明船舶貨物裝卸承攬股份有限公司
http://www.hmterminal.com/services-4.php

第19條

一、依本條例第18條第2項規定，自由港區事業辦理有關重整、加工、製造、修理、
　　檢驗、測試之帳務處理事項如下：

　　自由港區事業貨物因重整、加工、製造、修理、檢驗、測試等，致改變原貨物名
稱、規格、型號、料號者，按其改變後之料號登帳，並於貨物報運出口、轉儲或內銷
前，檢附單位用料清表及相關文件送海關申請備查，以核銷原貨物帳；未依規定申請
辦理者，不予除帳。但未改變料號者，仍依原料號登帳。

二、自由港區事業加工、製造貨物，得依其原料之性質或型態，選擇含損耗或不含損
　　耗使用數量編製單位用料清表。

三、依第9條或第10條規定委託課稅區或保稅區廠商加工、修理、檢驗、測試等貨
　　物，如改變原貨物名稱、規格、型號、料號者，應編製單位用料清表送管理機關
　　或海關審查；經核准之單位用料清表如有變更，應送海關備查。

四、作業過程中產生之廢料、廢品、下腳應另儲存，定期造冊向管理機關申請，由管
　　理機關會同海關監毀，其有殘餘價值部分，依規定辦理稅費徵免後，得輸入課稅
　　區。

五、委託區外廠商辦理修理、測試、檢驗、加工所產生之廢料、廢品、下腳，應於復
　　運入區時報明，並依前款規定辦理。

六、前款之廢料、廢品、下腳，區外廠商設有24小時連續錄影或動態偵測錄影之監
　　視系統、專區存放、帳務控管完備者，經管理機關核准得不運回自由港區；管理
　　機關得會同海關於區外辦理銷毀作業，其有殘餘價值部分，應依規定辦理稅費徵
　　免。

Unit 12-5 自由貿易港區相關規定

壹、自由貿易港區事業僱用原住民獎勵辦法

一、立法沿革

中華民國 99 年 7 月 5 日行政院原住民族委員會原民衛字第 0990035275 號令訂定發布全文 7 條。

二、重要條文

第 1 條

本辦法依自由貿易港區設置管理條例第 11 條第 4 項規定訂定之。

第 2 條

本辦法所稱之獎勵對象，係指自由港區事業於自由港區內**僱用原住民人數**，超過本條例第 11 條第 2 項規定應僱用人數者。但適用國際機場園區發展條例之自由港區事業者，從其規定。

前項所稱原住民，指依原住民身分法規定之原住民。

貳、自由貿易港區入出及居住管理辦法

一、立法沿革

中華民國 99 年 3 月 17 日交通部交航字第 0990085012 號令訂定發布全文 14 條；中華民國 102 年 7 月 22 日交通部交航字第 10250098051 號令修正發布全文 13 條。

二、重要條文

第 1 條

本辦法依自由貿易港區設置管理條例第 36 條第 4 項規定訂定之。

第 3 條

入出自由港區之人員及車輛應憑管理機關核發之入**出許可證或通行證**，並接受警察人員或營運機構保全人員檢查後，始得入出自由港區。

第 12 條

管理機關得將下列事項委託警察機關或營運機構辦理：

一、第 4 條及第 6 條人員、車輛之長期入出許可證或通行證申請之受理、審核、製作、收繳及規費收取。

二、第 5 條臨時入出許可證或通行證申請之審核及遺失之處理。

管理機關得將第 2 條居住許可申請之受理、審核委託營運機構辦理。

管理機關依前 2 項規定為委託行為時，應將委託事項及法規依據公告之，並刊登政府公報。

參、商港自由貿易港區收費標準

一、立法沿革

　中華民國 102 年 3 月 25 日交通部航港局航港字第 1021810068 號令訂定發布全文 6 條。

二、重要條文

第 1 條

本標準依自由貿易港區設置管理條例第 45 條第 2 項規定訂定之。

第 2 條

自由港區事業或自由港區事業以外之事業申請進入已核定為自由貿易港區之區域內營運，應繳納審查費每件 2000 元。

第 3 條

人員、車輛進入自由貿易港區，應向**航港局**申請核發長期入出許可證，其規費標準如下：

一、人員長期入出許可證：每人 200 元。

二、車輛長期入出許可證：每車 200 元。

肆、植物檢疫物進儲自由貿易港區檢疫作業辦法

一、立法沿革

　中華民國 104 年 6 月 11 日行政院農業委員會農防字第 1041493506A 號令訂定發布全文 8 條；中華民國 107 年 10 月 22 日行政院農業委員會農防字第 1071494195A 號令修正。

二、重要條文

第 1 條
本辦法依植物防疫檢疫法第 17 條第 5 項規定訂定之。

 第 17 條第 5 項規定

國外之檢疫物非以輸入爲目的而進儲自由貿易港區者，檢疫之申請方式及應檢附文件，得予簡化；其辦法，由中央主管機關定之。

第 3 條
國外檢疫物依本法第 17 條第 5 項規定申請進儲自由貿易港區者，應依本法第 14 條第 1 項第 2 款公告之檢疫條件辦理。

第 5 條
植物防疫人員因防疫必要，得進入植物栽培場所、倉庫及其相關處所或車、船、航空器，對植物、植物產品與其包裝、容器及相關物品，實施有害生物調查、監測或防治工作、查閱相關資料或查詢關係人，所有人或關係人不得規避、妨礙或拒絕。

植物檢疫人員因檢疫必要，得對到達港、站具傳播疫病蟲害之虞之植物、植物產品及其包裝、容器、貨物、郵包、行李、車、船、航空器、貨物之存放或集散場所，實施檢查、查閱相關資料或查詢關係人，所有人或關係人不得規避、妨礙或拒絕。

第 6 條
國外檢疫物經檢疫合格者，始得進儲自由貿易港區；不合格者，應依本法第 18 條、第 18-1 條及第 19 條規定辦理。

　　自由貿易港區採「**境內關外**」概念，除自由貿易港區設置管理條例第 15 條規定貨物於進儲前須事先取得目的事業主管機關核可外，均無須申請許可即可進儲；大陸製產品如屬「臺灣地區與大陸地區貿易許可辦法」規定不得輸入者，禁止輸往課稅區。【註3】

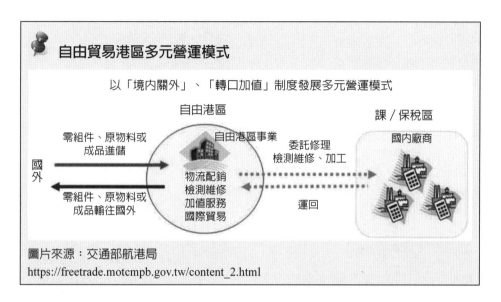

圖片來源：交通部航港局
https://freetrade.motcmpb.gov.tw/content_2.html

【註3】　自由貿易港區常見問題
　　　　https://taiwan-ftz.com/faq-ftz

第13章
海洋污染防治法

Unit 13-1 海洋污染防治法要點介紹

一、立法沿革

中華民國 89 年 11 月 1 日總統（89）華總一義字第 8900260410 號令制定公布全文 61 條；中華民國 103 年 6 月 4 日總統華總一義字第 10300085201 號令修正公布第 13、33 條條文。

二、重要條文

第 1 條

為防治海洋污染，保護海洋環境，維護海洋生態，確保國民健康及永續利用海洋資源，特制定本法。本法未規定者，適用其他法律之規定。

第 2 條

本法適用於中華民國管轄之潮間帶、內水、領海、鄰接區、專屬經濟海域及大陸礁層上覆水域。

於前項所定範圍外海域排放有害物質，致造成前項範圍內污染者，亦適用本法之規定。

 第 2 條制訂說明（89 年 10 月 13 日）

一、第一項闡明本法適用之範圍。

二、為避免管轄海域外之污染經海流污染我國海域，爰參考西元 1973 年防止船舶污染國際公約 MARPOL 1973 規定，訂定第 2 項，以延伸本法使用範圍至我國海域外排放有害物質致污染我國海域之行為。

三、依西元 1973 年防止船舶污染國際公約 MARPOL 1973 規定，沿海國對在其領海或領海以外水域的本國或外國船舶有權禁止並處罰違反規定之行為。

第 3 條

本法專用名詞定義如下：

一、**有害物質**（Hazardous substance）：指依聯合國國際海事組織所定國際海運危險品準則所指定之物質。

二、**海洋環境品質標準**（Marine environment quality standards）：指基於國家整體海洋環境保護目的所定之目標值。

三、**海洋環境管制標準**（Marine environment control standards）：指為達成海洋環境品質標準所定分區、分階段之目標值。

四、**海域工程**（Marine project）：指在前條第一項所定範圍內，從事之探勘、開採、

輸送、興建、敷設、修繕、抽砂、浚渫、打撈、掩埋、填土、發電或其他工程。

五、油（Oil）：指原油、重油、潤滑油、輕油、煤油、揮發油或其他經中央主管機關公告之油及含油之混合物。

六、排洩（Emission）：指排放、溢出、洩漏廢（污）水、油、廢棄物、有害物質或其他經中央主管機關公告之物質。

七、海洋棄置（Marine dumping）：指海洋實驗之投棄或利用船舶、航空器、海洋設施或其他設施，運送物質至海上傾倒、排洩或處置。

八、海洋設施（Marine facility）：指海域工程所設置之固定人工結構物。

九、海上焚化（Marine incineration）：指利用船舶或海洋設施焚化油或其他物質。

十、污染行為（Polluting act）：指直接或間接將物質或能量引入海洋環境，致造成或可能造成人體、財產、天然資源或自然生態損害之行為。

十一、污染行為人（Polluter）：指造成污染行為之自然人、公私場所之負責人、管理人及代表人；於船舶及航空器時為所有權人、承租人、經理人及營運人等。

第 3 條制訂說明（89 年 10 月 13 日）

一、闡明本法專用名詞之意義。

二、國際海運危險品準則（International Maritime Dangerous Goods Code），簡稱（IMDG）對有害物質之定義，為國際所認同，本條第 1 款係引用其規定。

三、海洋環境品質標準係為海洋環境較適宜之水質狀況，但基於海域之污染現況，應逐步分區、分階段改善水質。為逐步達成水質改善明定海洋環境管制標準，作為污染改善之階段目標。

四、第 5 款「油」之定義，係參照日本海洋污染及海上災害防止關係法律第 3 條第 1 款規定。

五、海洋棄置之物質包含廢棄物，並參考西元 1982 年聯合國海洋公約第 1 條第 1 項第 5 款「傾倒」有關規定。

六、廢棄物清理法有關「海洋棄置」之規定，係指依該法第 15 條訂定之「事業廢棄物貯存清除處理方法及設施標準」所訂「海洋棄置法」，其係指運送一般事業廢棄物至海洋投棄或置放之處理方法，該法僅規定事業廢棄物。本法施行後，廢棄物清理法中有關海洋棄置，應遵行本法之規定。

七、海洋污染防治規範應包括於海上焚化作業。

八、第 10 款「污染行為」，係參考西元 1982 年聯合國海洋法公約第 1 條第 1 項第 4 款有關「海洋環境污染」之定義。

第 5 條

依本法執行取締、蒐證、移送等事項，由**海岸巡防機關**辦理。

主管機關及海岸巡防機關就前項所定事項，得要求軍事、海關或其他機關協助辦理。

第 10 條

爲處理重大海洋污染事件，行政院得設重大海洋污染事件處理專案小組；爲處理一般海洋污染事件，中央主管機關得設海洋污染事件處理工作小組。

爲處理重大海洋油污染緊急事件，中央主管機關應擬訂海洋油污染緊急應變計畫，報請行政院核定之。

前項緊急應變計畫，應包含分工、通報系統、監測系統、訓練、設施、處理措施及其他相關事項。

第 11 條

各類港口管理機關應依本法及其他相關規定採取措施，以防止、排除或減輕所轄港區之污染。

各類港口目的事業主管機關，應輔導所轄港區之污染改善。

第 12 條

經中央主管機關核准以海洋爲最終處置場所者，應依棄置物質之種類及數量，**徵收海洋棄置費**，納入中央主管機關特種基金管理運用，以供海洋污染防治、海洋污染監測、海洋污染處理、海洋生態復育、其他海洋環境保護及其研究訓練之有關事項使用。

海洋棄置費之徵收、計算、繳費方式、繳納期限及其他應遵行事項之收費辦法，由中央主管機關會商有關機關定之。

第 20 條

公私場所以船舶、航空器或海洋設施及其他方法，從事海洋棄置或海上焚化者，應向中央主管機關**申請許可**。

前項許可事項之申請、審查、廢止、實施海洋棄置、海上焚化作業程序及其他應遵行事項之管理辦法，由中央主管機關會商目的事業主管機關定之。

第 21 條

實施海洋棄置或海上焚化作業，應於中央主管機關**指定之區域**爲之。

前項海洋棄置或焚化作業區域，由中央主管機關依海域環境分類、海洋環境品質標準及海域水質狀況，劃定公告之。

第 22 條

中央主管機關應依物質棄置於海洋對海洋環境之影響，公告爲甲類、乙類或丙類。

甲類物質，不得棄置於海洋；乙類物質，每次棄置均應取得中央主管機關許可；丙類物質，於中央主管機關許可之期間及總量範圍內，始得棄置。

第 22 條制訂說明（89 年 10 月 13 日）

一、明定海洋棄置物質之管理，應依棄置物質對海洋環境之影響予以分類，分別
　　管制。

二、依據目前國際公約（倫敦海拋公約）及各國實務，棄置物質分為三類：

(一) 甲類物質：完全禁止棄置於海洋之物質。

(二) 乙類物質：每次棄置皆應申請許可之物質。

(三) 丙類物質：只需一次申請，即得在許可之期間內及總量範圍內為持續棄置之
　　物質。

第 23 條

實施海洋棄置及海上焚化之船舶、航空器或海洋設施之管理人，應製作執行海洋棄置
及海上焚化作業之紀錄，並**定期將紀錄向中央主管機關申報及接受查核**。

第 24 條

公私場所因海洋棄置、海上焚化作業，致嚴重污染海域或有嚴重污染之虞時，應即採
取措施以防止、排除或減輕污染，並即通知主管機關及目的事業主管機關。

前項情形，主管機關得命採取必要之應變措施，必要時，主管機關並得逕行採取處理
措施；其因應變或處理措施所生費用，由該公私場所負擔。

第 26 條

船舶應**設置防止污染設備**，並不得污染海洋。

第 26 條制訂說明（89 年 10 月 13 日）

　　參照西元 1973 年防止船舶污染國際公約、1978 年議定書及 1982 年聯合國海
洋法公約等有關規定，明定船旗國應確保其所屬船舶具有污染防止設備等有關規
定，另參考日本海洋污染及海上災害防止關係法律第 5 條及第 17-2～20 條之規定。

第 27 條

船舶對海洋環境有造成污染之虞者，港口管理機關得禁止其**航行或開航**。

第 28 條

港口管理機關或執行機關於必要時，得會同中央主管機關查驗我國及外國船舶之海洋
污染防止證明書或證明文件、操作手冊、油、貨紀錄簿及其他經指定之文件。

第 29 條

船舶之廢（污）水、油、廢棄物或其他污染物質，除依規定得排洩於海洋者外，**應留**

存船上或排洩於岸上收受設施。

各類港口管理機關應設置前項污染物之收受設施，並得收取必要之處理費用。

前項處理費用之收取標準，由港口管理機關擬訂，報請目的事業主管機關核定之。

第 30 條

船舶裝卸、載運油、化學品及其他可能造成海水污染之貨物，應採取適當**防制排洩措施**。

第 33 條

船舶對海域污染產生之損害，船舶所有人應負賠償責任。

船舶總噸位 400 噸以上之一般船舶及總噸位 150 噸以上之油輪或化學品船，其船舶所有人應依船舶總噸位，投保責任保險或提供擔保，並不得停止或終止保險契約或提供擔保。

前項責任保險或擔保之額度，由中央主管機關會商金融監督管理委員會定之。

前條及第一項所定船舶所有人，包括船舶所有權人、船舶承租人、經理人及營運人。

 第 33 條制訂說明（89 年 10 月 13 日）

一、第 1 項明定因船舶污染船舶所有人之損害賠償責任。

二、第 2 項明定船舶所有人投保責任保險或提供財務保證之義務。

三、第 4 項參考海商法船舶所有人之定義。

四、本條係參考西元 1969 年油污染損害民事責任公約之有關規定。

五、國際間規定，運油船必須依照西元 1969 年油污損害民事責任國際公約第 7 條之規定提具足以賠償油污染損害之財物保險或擔保文件（certificate or other financial securityin respect of civil liabilityfor oil pollution damage）。

第 35 條

外國船舶因違反本法所生之損害賠償責任，於未履行前或有不履行之虞者，港口管理機關得限制船舶及相關船員離境。但經提供擔保者，不在此限。

107 年 4 月 28 日中華民國嶄新的中央級部會「海洋委員會」及所屬三級機關「海洋保育署」在高雄誕生，海洋保育署依據「海洋委員會海洋保育署組織法」及「海洋委員會海洋保育署處務規程」所訂業務職掌推動相關業務，此外，環保署移撥「海洋污染防治法」，農委會「野生動物保育法」亦增列該署為海洋野生動物分項主管機關。其中海污治理對象舉凡各種油輸送、海域工程、海洋棄置、海上焚化、陸源污染、海洋廢棄物、廢棄漁具等有污染海洋之虞物質，均為該署海洋污染系統治理之一環。

 海洋保育署執掌

一、海洋生態環境保護之規劃、協調及執行。
二、海洋生物多樣性保育與復育之規劃、協調及執行。
三、海洋保護區域之整合規劃、協調及執行。
四、海洋非漁業資源保育、管理之規劃、協調及執行。
五、海洋污染防治之整合規劃、協調及執行。
六、海岸與海域管理之規劃、協調及配合。
七、海洋保育教育推廣與資訊之規劃、協調及執行。
八、其他海洋保育事項。

資料來源：https://www.oca.gov.tw/ch/index.jsp

Unit 13-2 海洋污染防治法施行細則

一、立法沿革

中華民國90年9月5日行政院環境保護署（90）環署水字第0050988號令訂定發布。中華民國107年4月27日行政院院臺規字第1070172574號公告本細則之中央主管機關原為「行政院環境保護署」，自107年4月28日起變更為「海洋委員會」。

二、重要條文

第1條
本細則依海洋污染防治法第60條規定訂定之。

第2條
本法所定中央主管機關之主管事項如下：
一、全國性海洋污染防治政策與計畫之規劃、訂定、督導及執行事項。
二、海洋污染防治法規之訂定、研議及釋示事項。
三、全國性海洋環境品質之監測及檢驗事項。
四、直轄市、縣（（市）海洋污染防治業務之督導事項。
五、涉及二直轄市、縣（市）以上海洋污染防治之協調或執行事項。
六、涉及相關部會機關海洋污染防治之協調事項。
七、海洋污染防治之研究發展事項。
八、全國性海洋污染防治之國際合作、宣導及人員之訓練事項。
九、其他有關全國性海洋污染防治事項。

第4條
本法所稱執行機關，指海岸巡防機關。
本法第6條所稱協助執行機關，指依本法第5條第2項規定協助辦理取締、蒐證、移送等事項之軍事、海關或其他機關。
主管機關及執行機關得視海洋污染防治需要，共同或分別與協助執行機關組成**聯合稽查小組**，執行海洋污染事項之檢查、鑑定或取締、蒐證等。
執行機關或協助執行機關依本法執行取締、蒐證海洋污染事項，應分別送請主管機關、目的事業主管機關或司法機關依規定辦理。

第10條
行政院依本法第10條第1項規定，設重大海洋污染事件處理專案小組，並依本法第10條第2項所訂重大海洋油污染緊急應變計畫相關程序、分工及應變措施，成立重大海洋油污染緊急應變中心，處理重大海洋油污染事件。各目的事業主管機關及地方主管機關應依前項重大海洋油污染緊急應變計畫規定之內容，擬訂海洋油污染緊急應變計畫，並設置海洋油污染緊急應變小組；必要時，成立海洋油污染緊急應變中心，處理海洋油污染事件。

第 19 條

本法第 26 條有關設置船舶防止污染設備、第 27 條有關船舶對海洋環境有造成污染之虞者之認定、第 29 條有關船舶之排洩及第 30 條所稱船舶之適當防制排洩措施，依船舶法、商港法及航政主管機關之相關規定與國際公約或慣例辦理。

 海岸巡防機關與環境保護機關協調聯繫辦法（Procedure of Coordination & Liaison between Coast Guard Administration, Executive Yuan and Environmental Protection Organizations）

第 3 條

環境保護機關依法規須委託海岸巡防機關執行之事項，應依行政程序法第 15 條第 2 項及第 3 項規定，將委託事項及法規依據公告之。

海岸巡防機關與環境保護機關間，於相互請求協助時，應依行政程序法第 19 條規定，除緊急情形外，應以書面方式為之。如係以其他方式請求協助，嗣後應補送書面資料。

第 4 條

於中華民國管轄之潮間帶、內水、領海、鄰接區、專屬經濟海域及大陸礁層上覆水域，有關違反環境保護及保育相關規定之取締、蒐證及移送等事項，由海岸巡防機關辦理。

於前項所定範圍外海域排放有害物質，致造成前項範圍內污染者，亦適用前項之規定。

第 5 條

環境保護機關除定期將海域監測結果提供海岸巡防機關外，對海域突發之污染狀況亦應隨時提供檢測結果，俾利海岸巡防機關掌握海域污染狀況。

第 6 條

為處理一般海洋污染事件，環保署得設海洋污染事件處理工作小組，海巡署應協助執行相關任務。

Unit 13-3 海洋棄置許可管理辦法

一、立法沿革

中華民國 91 年 12 月 25 日行政院環境保護署環署水字第 09100 88369 號令訂定發布全文 21 條。中華民國 107 年 4 月 27 日行政院院臺規字第 1070172574 號公告本辦法之中央主管機關原為「行政院環境保護署」，自 107 年 4 月 28 日起變更為「海洋委員會」。

二、重要條文

第 1 條
本辦法依海洋污染防治法第 20 條第 2 項規定訂定之。

第 2 條
公私場所棄置依本法第 22 條第 1 項公告之乙類或丙類物質於海洋者，應向中央主管機關申請取得許可文件後，始得為之。

第 6 條
公私場所從事海洋棄置應於裝船或出港 24 小時前，將棄置物質數量、海上棄置船舶名稱、航程、棄置作業區域及時程，以網路通報或傳真方式通知當地海岸巡防機關及各級主管機關。

第 13 條
公私場所經中央主管機關通知審查通過後，應繳納證明書費始得領取許可文件。

中華民國專屬經濟海域及大陸礁層法（Law on the Exclusive Economic Zone and the Continental Shelf of the Republic of China）

第 10 條

在中華民國專屬經濟海域或大陸礁層傾倒、排洩或處置廢棄物或其他物質，應遵守中華民國法令之規定。

第 11 條

在中華民國專屬經濟海域航行之船舶，有任何違法污染海洋環境之排放行為時，中華民國得要求該船提供其識別標誌、登記港口、上次停泊及下次停泊之港口，以及其他必要之相關資料，以確定是否有違法行為發生。

前項有違法排放嫌疑之船舶，若拒絕提供相關規定之資料，或所提供之資料與實際情況顯然不符，或未持有效證件與紀錄，或依實際情況確有進行檢查之必要時，中華民國得對該船進行實際檢查，並在有充分證據時，提起司法程序。

前項被檢查或起訴之船舶，依國際協約規定之程序提供保證書或適當之財物擔保者，應准其繼續航行。

第 12 條

為因應特殊狀況，中華民國得在其專屬經濟海域劃定特定區域，採取為防止來自船舶之排放、航行及其他行為所生污染之強制性措施。

第14章
重要國際海事公約

INTERNATIONAL
MARITIME
ORGANIZATION

Unit 14-1 海上人命安全國際公約

一、沿革

　海上人命安全國際公約（International Convention for the Safety of Life at Sea, SOLAS）[註1]，是國際海事組織所制定的海事安全公約之一。國際海上人命安全公約及其歷年的修正案被普遍認爲是所有公約當中對於商船安全最爲重要的公約。條約的草創是因應 1912 年鐵達尼號郵輪沉沒事故後於 1914 年通過的。起初公約規定了船舶構造、艙區劃分、救生及消防設備、無線電通信、航行規則以及安全證書。並在 1929 年、1948 年、1960 年、1974 年、1988 年和 2002 年的國際海事組織大會中陸續修訂本公約。

二、簡介

　1974 年海上人命安全國際公約，主要內容包括船舶檢驗、船舶構造、船舶證書、消防和救生設備、航行安全、無線電設備、穀物運輸和危險貨物運輸等，此版本公約於 1981 年 5 月 1 日生效。根據公約規定，各締約國所屬船舶須經本國政府授權的組織或人員檢查，以符合公約的技術標準，取得合格證書後，才能從事國際航運業務。

　海上人命安全國際公約，對不同類型的船舶檢查規定，以及標明該等船舶均需符合公約需求而核發證書，證書包括「客船安全證書」、「貨船安全設備證書」、「貨船安全構造證書」和「貨船安全證書」等。

　1995 年國際海事組織將「國際安全管理章程」（ISM）列入 SOLAS 第 XI 章，公約不僅規範船舶，並擴及船舶所有人與船舶營運人的責任。2002 年國際海事組織更將「船舶和港埠設施保全章程」（International Ship and Port Facility Security Code, ISPS）列入 SOLAS 第 XI-2 章，公約範圍更近一步不僅規範船舶、船舶所有人、船舶營運人，更擴及至港口和機場。

　船舶和港埠設施保全章程是爲了因應 2001 年 9 月 11 日美國 911 恐怖攻擊事件後，國際海事組織根據聯合國安全理事會於 2001 年 9 月 28 日通過第 1373（2001）號決議所產生的。IMO 大會針對船港介面活動、港口設施、船對船活動以及締約國政府確保實施前項活動之保全，

[註1]　International Convention for the Safety of Life at Sea(SOLAS), 1974
http://www.imo.org/en/About/conventions/listofconventions/pages/international-convention-for-the-safety-of-life-at-sea-(solas),-1974.aspx

新增及修訂公約內容。其中修訂了第 V 章及第 XI-1 章和新增第 XI-2 章及國際船舶與港口設施保全章程（ISPS Code）。

貨櫃載運物總重（Verified Gross Mass, VGM）

交通部採用國際海事組織（IMO）通過「海上人命安全國際公約第Ⅵ章第 2 條貨物資料修正案」（SOLAS CHAPTER VI Regulation 2-Cargo information, new paragraphs 4 to 6 are added after existing paragraph 3）規定，並自 105 年 7 月 1 日起施行。

依據：商港法第 75 條、船舶法第 101 條。

公告事項：為確保船舶載貨櫃之航行安全，國際海事組織（IMO）在「海上人命安全國際公約（SOLAS）」第 VI 章中增加載貨貨櫃裝船之前進行重量驗證的要求，形成 SOLAS VI/2（貨物資料）修正案，並於下轄海事安全委員會（MSC）第 94 次會議通過 MSC.380（94）號決議，要求貨櫃載運物總重（Verified Gross Mass, VGM）應經託運人驗證，並將驗證總重載明於運送文件，以利船長或其代表及碼頭代表判斷是否裝載上船。

秤量 VGM 的方法為何？

秤量 VGM 的方法有以下二種：

方法一：託運人或託運人委託的第三方使用經校對或認證的設備對密封的載貨貨櫃進行稱重。

方法二：託運人或託運人委託的第三方可以過磅所有的包裝件和貨品，包括裝入貨櫃的棧板、貨墊和其他包裝和繫固設備的重量，再將貨櫃皮重與前述各項重量的總和相加。

海上人命安全國際公約有關之國內法規

船舶無線電臺管理辦法第 2 條
船舶無線電臺之管理依本辦法之規定；本辦法未規定者，依其他法令或參照國際無線電規則、海上人命安全國際公約有關電信部分之規定辦理。

船舶設備規則第 235 條
雷達之裝置應依左列規定：
一、船舶依規定應裝置兩部雷達者，其裝置應使每一雷達均能個別操作，並能彼此不相依賴而同時操作，船舶具有符合 1974 年海上人命安全國際公約第 2-1 章適當規定之應急電源者，該兩部雷達均應能由該電源供電。

船舶丈量規則第 38 條
前條計算船舶淨噸位用之模吃水應為下列吃水之一：
二、適用海上人命安全國際公約或其他國際協定之客船，依該規定所勘劃之最深艙區劃分載重線吃水。

船舶檢查規則第 3 條
船舶應分別施行特別檢查、定期檢查、臨時檢查。
航行國際航線適用國際公約規定之船舶應依海上人命安全國際公約、防止船舶污染國際公約、船舶有害防污系統管制國際公約、海上避碰規則國際公約、海事勞工公約、特種用途船舶安全章程及其議定書、修正案規定施行檢查。

客船管理規則第 23 條
客船除依船舶檢查規則、船舶載重線勘劃規則、船舶設備規則、及其他有關法令檢查外，並依本規則規定檢查之。
航行國際水域之客船，並應依海上人命安全國際公約規定施行檢驗。
具有固定航線、航次、場站及費率之客船，應依附件一客船無障礙設施及設備規範設置無障礙設施及設備。

Unit 14-2 防止船舶污染國際公約

一、沿革

防止船舶污染國際公約（International Convention for the Prevention of Pollution from Ships, MARPOL）[註2]，由於船舶對海洋污染日益嚴重，國際海事組織為提供各國共同遵守的準則，於 1973 年通過防止船舶造成污染國際公約，1978 年召開會議重新加以修訂，通過「關於 1973 年防止船舶造成污染國際公約之 1978 年議定書」，1978 年議定書與 1973 年國際公約合稱為「73/78 年 MARPOL 公約」。隨著船舶燃油排放廢氣對大氣造成污染日趨嚴重，國際海事組織於 1997 年在倫敦制定「1978 年議定書修正之 1997 年議定書」（MARPOL 73/78/97），新增附則六（Annex VI）防止船舶污染空氣附則及相關技術章程。

二、簡介

防止船舶造成污染國際公約目前有 2 個議定書及 6 個附則，兩個議定書是：

1. 議定書 I ：關於涉及有害物質事故制度的報告，包括報告的責任、報告的時間、報告的內容、補充報告及報告的程序。
2. 議定書 II ：仲裁，涉及議定書的主要內容，依據公約第 10 條規定，締約國如發生爭議不能經由協商解決或其他方式獲取諒解，當事國之一可提出交付仲裁。

公約的六個附則是：

1. 附則 I ：防止油類污染規則，1983 年 10 月 2 日生效。
2. 附則 II ：防止散裝有毒液體物質污染規則，1987 年 4 月 26 日生效。
3. 附則 III ：防止海運包裝的有害物質污染規則，1992 年 7 月 1 日生效。
4. 附則 IV ：防止船舶生活污水污染規則，2003 年 9 月 27 日生效。
5. 附則 V ：垃圾汙染規則，1988 年 12 月 31 日生效。
6. 附則 VI ：防止船舶空氣污染規則，2005 年 5 月 19 日生效。

[註2] International Convention for the Prevention of Pollution from Ships (MARPOL)
http://www.imo.org/en/About/Conventions/ListOfConventions/Pages/International-Convention-for-the-Prevention-of-Pollution-from-Ships-%28MARPOL%29.aspx

Annex I	Annex II	Annex III	Annex IV	Annex V	Annex VI
Oil	Noxious Liquid Substances carried in Bulk	Harmful Substances carried in Packaged Form	Sewage	Garbage	Air Pollution
Oct 2, 1983 150 countries 99% world tonnage	April 6, 1987 150 countries 99% world tonnage	July 1, 1992 133 countries 96% world tonnage	Sep 27, 2003 124 countries 82% world tonnage	Dec 31, 1988 New rules from Jan 01, 2013 139 countries 97% world tonnage	May 19, 2005 56 countries 46% world tonnage

國際海事組織分階段降低船舶燃料含硫量標準

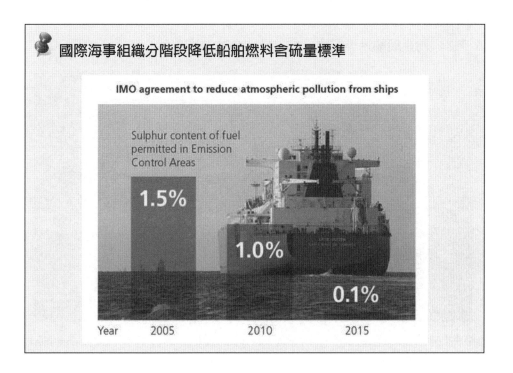

IMO agreement to reduce atmospheric pollution from ships

Sulphur content of fuel permitted in Emission Control Areas

1.5%

1.0%

0.1%

Year   2005   2010   2015

國際海事組織海洋環境保護委員會（MEPC）於 2016 年 10 月第 70 次會議通過之 MEPC.280（70）決議案，修訂「防止船舶污染國際公約（MARPOL）」附則VI「防止船舶空氣污染規則」第 14.1.3 條之規定。為保護地球生態海洋環境，交通部採用「防止船舶污染國際公約（MARPOL）」附則VI「防止船舶空氣污染規則」第 14.1.3 條及第 4 條規定，於 108 年（西元 2019 年）1 月 1 日起外籍船舶及航駛國際航線之國籍船舶，進入我國國際商港區域，應採用含硫量以重量計 0.5% 以下之低硫燃油或具有同等減排效應之裝置或替代燃料。

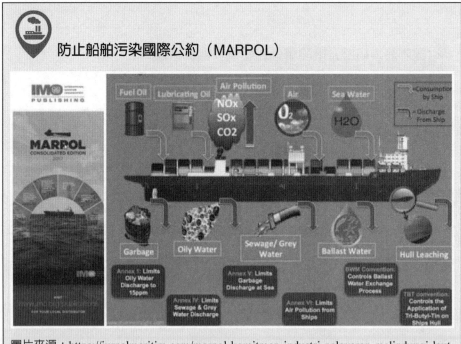

圖片來源：https://jurnalmaritim.com/marpol-komitmen-industri-pelayaran-melindungi-laut-darat-dan-udara/

防止船舶污染國際公約有關之國內法規

船舶檢查規則

第 3 條

船舶應分別施行特別檢查、定期檢查、臨時檢查。

航行國際航線適用國際公約規定之船舶應依海上人命安全國際公約、防止船舶污染國際公約、船舶有害防污系統管制國際公約、海上避碰規則國際公約、海事勞工公約、特種用途船舶安全章程及其議定書、修正案規定施行檢查。

船員法施行細則

第 4 條

本法第 6 條第 1 項所稱航海人員訓練、發證及當值標準國際公約與其他各項國際公約，指經國際海事組織公布生效之 1978 年航海人員訓練、發證及當值標準國際公約、2006 年海事勞工公約、1974 年海上人命安全國際公約、防止船舶污染國際公約及其相關附則、附錄、修正案、決議案、議定書等文件。

船舶危險品裝載規則

第 2 條

船舶除遊艇及小船外，其危險品之裝卸及載運應依本規則規定。航行國際航線船舶之分類、識別、聯合國規格包裝物、包裝規則、標記、標示、標牌、運輸文件、儲存隔離、裝卸處理、緊急應變、運具設施、人員訓練管理、通報及保安，應符合國際海運危險品章程及其修正案、防止船舶污染國際公約附錄三防止海上載運包裝型式有害物質污染規則及其修正案規定。

船舶艙區劃分規則

第 3 條

本規則適用於客船及船長 80 公尺以上之貨船。

符合下列規定之船舶，不適用第 7 條至第 20 條規定：

一、防止船舶污染國際公約附錄一。但不包含具有乙型乾舷之混合油輪。

Unit 14-3 航海人員訓練、發證及航行當值標準國際公約

一、沿革

　　航海人員訓練、發證及航行當值標準國際公約（International Convention on Standards of Training, Certification and Watchkeeping for Seafarers, STCW）[註3]，1978年國際海事組織於英國倫敦通過本公約決議，並於1984年開始生效；又於1995年大會修正案中大幅修正相關條約，通稱「1978年航海人員訓練、發證及航行當值標準國際公約及1995年修正案」。2010年6月，「航海人員訓練、發證及航行當值標準國際公約」修正案於菲律賓馬尼拉召開，針對「1978年航海人員訓練、發證及航行當值標準國際公約及1995年修正案」原條目，增修並修訂其海事類職業適任能力、基本電機能力、機艙暨船橋資源管理、船舶保全能力及海員休息時數等各方面。並訂於2012年1月1日開始實施（緩衝期）、2017年1月1日起開始正式生效。

二、簡介

　　係聯合國國際海事組織針對300至500總噸位以上於近岸與遠洋國際航行的商船船員相關訓練、發證、資格及設置相關標準來規範。對於為各締約國政府，該國政府有義務達到或者超過本公約所設置航海人員訓練、發證及航行當值的最低標準。航海人員訓練、發證及航行當值標準國際公約是首先對於航海人員其培訓、發證和當值海員之基本國際水準之要求。

(一) STCW 公約

1. 正文（Articles）：是公約之精神與各項法律責任。
2. 附錄（Annex）：規則與章程提供技術性的細節與所應符合的法律規定。
3. 有關章程（Code）：為深入詳細之解說，各項附件之技術性細節分為A、B兩篇，A篇為強制性標準規定；B篇為非強制性的建議性指導要點。

[註3] International Convention on Standards of Training, Certification and Watchkeeping for Seafarers (STCW)
http://www.imo.org/en/About/Conventions/ListOfConventions/Pages/International-Convention-on-Standards-of-Training,-Certification-and-Watchkeeping-for-Seafarers-(STCW).aspx

(二) STCW 公約要求

　　國際海事組織要求所有締約國必須將全部公約徹底實施採取必要之行政措施、教育和訓練課程、發證程序，以及相關公約實施之相關資料，提供給國際海事組織之秘書處後將各締約國之履行資料，專送各專家審查通過後，再由秘書處提報海事安全委員會（MSC）確認，經審查締約國遞送之資料符合並證明已全面實施該公約之規定，使發布為「白名單國家」，反之則列為「黑名單國家」，當船舶進入其他國家港口時，將被留置扣船。

(三) STCW 各項訓練課程開課機構

1. 國立臺灣海洋大學航海人員訓練中心
2. 國立高雄科技大學商船船員訓練中心
3. 中華航業人員訓練中心
4. 長榮海運股份有限公司

 STCW 公約有關之國內法規

船員法第 6 條

船員資格應符合航海人員訓練、發證及當值標準國際公約與其他各項國際公約規定，並經航海人員考試及格或船員訓練檢覈合格。外國人申請在中華民國籍船舶擔任船員之資格，亦同。

前項船員訓練、檢覈、證書核發之申請、廢止、外國人之受訓人數比率與其他相關事項辦法，由主管機關定之。

違反槍砲彈藥刀械管制條例、懲治走私條例或毒品危害防制條例之罪，經判決有期徒刑 6 個月以上確定者，不得擔任船員。

船員法施行細則第 4 條

本法第 6 條第 1 項所稱航海人員訓練、發證及當值標準國際公約與其他各項國際公約，指經國際海事組織公布生效之 1978 年航海人員訓練、發證及當值標準國際公約、2006 年海事勞工公約、1974 年海上人命安全國際公約、防止船舶污染國際公約及其相關附則、附錄、修正案、決議案、議定書等文件。

船員訓練專業機構管理規則第 2 條

本規則所稱專業機構，指經航政機關委託辦理船員各項訓練之國內船員訓練機構。

前項專業機構應具備以下資格：

一、符合航海人員訓練發證及當值標準國際公約之認證資格。

二、通過國際標準組織品質管理標準系統 ISO9001 品質標準之認證資格。

STCW 基本訓練

非屬專業航海船橋（Bridge）、甲板工作（Deck）、機房工程（Engineering）團隊，應有之基本訓練：

1. 基本安全訓練（Safety Training）－（STCW Regulation V/2.6, STW Code A-V/2.2, i.e. 包含人員求生技能 personal survival techniques STCW Code Table A-VI/1-1）；防火及基礎滅火（fire prevention and fire fighting STCW Code Table A-VI/1-2）；基礎急救（elementary first aid STCW Code Table A-VI/1-3）；人員安全與社會責任（personal safety and social responsibility STCW Code Table A-VI/1-2）

2. 客輪群體管理（Passenger Ship Crowd Management）－（STCW Regulation V/2.7, STW Code A-V/2.3）

3. 危機處理及行為管理（Crisis Management and Human Behavior）－（STCW Regulation V/2.8, STW Code A-V/2.）

4. 旅客安全、貨物安全及船體完整性訓練（Passenger Safety, Cargo Safety and Hull Integrity）－（STCW Regulation V/2.9, STW Code A-V/2.5）

資料來源：STCW訓練

http://www.bvhcc.com.tw/application/stcw.html

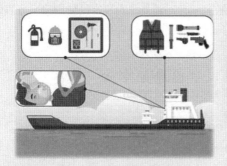

圖片來源：STCW Basic Safety Course
https://sqemarine.com/product/stcw-basic-safety-course/

Unit 14-4 國際船舶載重線公約

一、沿革

1966 年國際船舶載重線公約（International Convention on Load Line, ILLC）[註4]，是爲謀求船舶安全航行，由國際海事組織制定的有關船舶載重線和乾舷核定等方面規定的國際公約。經 1988 年議定書修正的 1966 年國際船舶載重線公約，是各締約國政府基於保證海上人命和財產的需要，對國際航行船舶載重之限額，所共同訂定的公約以制定統一的原則及規則。國際海事組織由公式來計算總噸位與淨噸位，簡化了丈量手續統一全球之噸位法規。

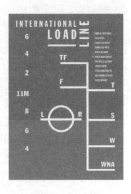

二、簡介

船舶載重線爲船舶最高吃水線，船舶航行時其載重不得超過該線。船舶載重線係用以劃定船舶之最小乾舷，使船舶保有儲備的浮力，以確保船舶之適航性。因不同地區、氣候及海況等影響船舶穩度很大，所以船舶載重線會依不同季節及地區而定。

1966 年國際載重線公約第 5 條規定除軍艦、長度小於 24 公尺的新船、1966 年前建造之船舶其噸位小於 150 總噸、非營業遊艇及漁船外，從事國際航行的船舶均應在兩舷旁漆畫載重線。適用國際載重線公約的船舶，必須經公約的規定**檢驗勘劃**，並具備國際船舶載重線證書或國際船舶載重線豁免證書，否則不得從事國際海上航行。

財團法人中國驗船中心（CR Classification Society）

https://www.crclass.org/chinese/content/service/statutory-surveys.html

---

[註4] International Convention on Load Lines
http://www.imo.org/en/About/conventions/listofconventions/pages/international-convention-on-load-lines.aspx

國際船舶載重線公約有關之國內法規

船舶法

第 50 條

依國際載重線公約或船籍國法律之規定應勘劃載重線之非中華民國船舶,自中華民國港口發航,該船長應向該港航政機關,送驗該船舶之載重線證書或豁免證書。有下列各款情形之一者,該港航政機關得命其限期改善,未改善完成前,不得離港:

一、未能送驗船舶載重線證書或載重線豁免證書,或證書失效。

二、船舶載重超過船舶載重線證書所規定之最高吃水線。

三、載重線之位置與船舶載重線證書所載不符。

四、應重行勘劃載重線而未勘劃。

船長不服前項命其限期改善或不得離港之處分者,得於 5 日內向該港航政機關提出申復。

船舶載重線勘劃規則

第 4 條

船舶載重線之勘劃與載重線證書之發給,航行國際航線之船舶,應依國際載重線公約、議定書及其修正案規定,並由主管機關委託之驗船機構(以下簡稱驗船機構)為之;航行國內航線之船舶,由航政機關為之。但載重線勘劃之技術事項,必要時得商請驗船機構予以協助。

第 16 條

本規則所稱甲型船舶,指船舶之設計僅供載運散裝液體貨物,其通至貨艙之暴露甲板上僅開設有較小之進出開口,並係以鋼質或其他相當材料製作附有墊圈之水密艙口蓋蓋合者。

第 17 條

本規則所稱之乙型船舶,指不屬於前條規定之任何船舶。

Unit 14-5 國際海上避碰規則公約

一、沿革

國際海上避碰規則公約（Convention on the International Regulations for Preventing Collisions at Sea, COLREG）[註5]，1972年10月國際海上人命安全會議於倫敦召開，會中通過「1972年國際海上避碰規則」，同時尚簽署「1972年國際海上避碰規則公約」。

二、簡介

1972年國際海上避碰規則（International Regulations for Preventing Collisions at Sea, 1972；簡稱避碰規則），是由國際海事組織於公布對於海上航行之國際規則，包括海上瞭望、船舶安全速限、避碰及其採取措施、狹窄水域、分道航行區、船舶相遇、受限制船舶、船舶燈號等航行規則。

避碰規則提供當值航行員於海上避碰之指示以及碰撞發生後之責任歸屬劃分。其內容共分為5章38條條款，包括總則、操舵與航行規則、號燈與號標、音響信號與燈光信號，以及豁免條款等。其中，總則中明確的規定航行員避免碰撞發生之責任；操舵與航行規則即指示船舶在能見度不同的情況下，為保持航行安全並避免碰撞發生所應採取的措施；號燈與號標、音響信號與燈光信號則分別規定船舶於各種情況所應顯示之號燈與號標以及音響信號與燈光信號等。[註6]

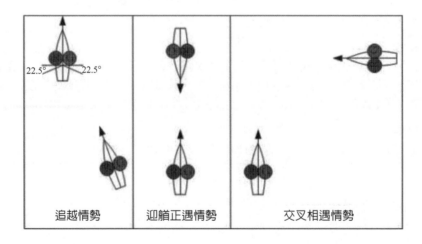

追越情勢	迎艏正遇情勢	交叉相遇情勢

[註5] COLREGs - Preventing Collisions at Sea
http://www.imo.org/en/OurWork/safety/navigation/pages/preventing-collisions.aspx
[註6] 1972年國際海上避碰規則之航行規則
http://meda.ntou.edu.tw/martran/?t=3&i=0041

國際海上避碰規則公約有關之國內法規

船舶檢查規則第 3 條

船舶應分別施行特別檢查、定期檢查、臨時檢查。

航行國際航線適用國際公約規定之船舶應依海上人命安全國際公約、防止船舶污染國際公約、船舶有害防污系統管制國際公約、海上避碰規則國際公約、海事勞工公約、特種用途船舶安全章程及其議定書、修正案規定施行檢查。

氣墊船管理規則第 73 條

航行於可與海相通之水域上氣墊船，應依國際海上避碰規則之規定設置號燈、號標及音響設備。

水翼船管理規則第 70 條

水翼船航行於與海相通之水域上者，應依國際海上避碰規則之規定，設置號燈、號標及音響設備。

內河航行規則第 24 條

本規則未規定事項，適用國際海上避碰規則之規定。

圖片來源：https://www.youtube.com/watch?v=rI5bVAukFlE

Unit 14-6 船舶壓艙水及沉積物管理國際公約

一、沿革

船舶壓艙水及沉積物管理國際公約（International Convention for the Control and Management of Ships Ballast Water and Sediments, BWM）[註7]，國際船舶壓艙水管理會議，國際海事組織邀集會員會國討論後在 2004 年 2 月 13 日通過「船舶壓艙水及沉澱物管理國際公約」，於 2017 年 9 月 8 日生效。

二、簡介

船舶運輸過程中，為保持船舶穩定性，必要時需打入「壓艙水」（Ballast Water）以保持平衡。壓艙水中可能攜帶當地的水生生物，若在異地排放恐造成外來物種入侵，這些生物也可能在沒有天敵的情況下大量繁殖，造成海中環境生態衝擊。故國際海事組織立法船舶設置「壓艙水處理系統」以能有效移除、淨化含於壓艙水及沉積物中的水生生物與病原體，避免影響海洋環境與生態平衡。

交通部於「船舶設備規則」增訂船舶壓艙水管理系統設置標準，並於「商港港務管理規則」增訂國際航線船舶進港須申報壓艙水交換與排放紀錄，禁止於港區內排洩未經處理的壓艙水。規範我國籍船舶設置壓艙水處理設備，商港區域壓艙水管理措施，以有效管理靠泊我國港口國際航線船舶的壓艙水排洩行為。配合國際公約生效，民國 104 年 8 月 20 日交通部公告訂定發布，於 106 年 9 月 8 日施行。

「船舶壓艙水及沉積物管理國際公約」對船舶壓艙水的排放和控制提出具體的技術要求，以此來預防、減少並最終消除船舶壓艙水排放帶來的危害。主要包括船舶壓艙水管理方式和對應的排放標準、排放標準的實施時間、船舶應持有的文件以及港口國檢查等內容。

船舶壓艙水及沉積物管理國際公約的核心管理要求是通過壓艙水置換達到 D-1 排放標準，或通過壓艙水處理達到 D-2 排放標準。

D-1 標準：船舶應在航行途中採用逐一更換法、直流法或稀釋法，使艙內壓艙水的更換率至少達到壓艙水體積的 95%。D-1 標準要求船舶在距陸地至少 200 海浬、水深至少 200 公尺處海域置換壓載水；實在不可行時，應盡可能遠離陸地並在所有情況下距離陸地至少 50 海浬、水深至少 200 公尺處，或在港口國指定的一海域更換壓艙水。按照公約的規定，港口國不應要求船舶為更換壓艙水而偏離預定航線或延遲航程。

[註7] International Convention for the Control and Management of Ships' Ballast Water and Sediments (BWM)
http://www.imo.org/en/About/Conventions/ListOfConventions/Pages/International-Convention-for-the-Control-and-Management-of-Ships%27-Ballast-Water-and-Sediments-9(BWM).aspx

D-2 標準：船舶需要安裝壓艙水管理系統。船舶利用壓艙水管理系統，在壓艙水加載時、在壓艙水艙內或在壓載水排放前對壓艙水進行物理、化學或生物處理，使排放的壓艙水中所含的存活生物數量、指標微生物等符合規定要求。

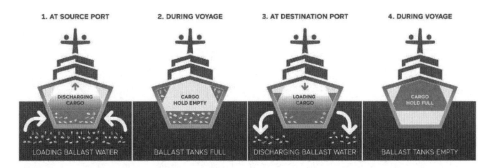

 船舶壓艙水及沉積物管理國際公約有關之國內法規

商港港務管理規則

第 3 條

船舶入港，應於到達港區 24 小時前，出港應於發航 12 小時前，由船舶所有人或其代理人據實填具船舶入港或出港預報表，載明航線、預定到達時間、吃水、船長、貨運種類、數量、船員與旅客人數、到達次一港及目的港等相關資料，國際商港應送航港局查核後，交由商港經營事業機構安排船席；國內商港應送航港局或行政院指定之機關（以下簡稱指定機關）查核後安排船席。但遇有緊急情況時，得隨時申請緊急入出港。

國際航線船舶所有人或其代理人除檢附前項所定文件外，應另檢附投保船舶所有人責任保險之文件、壓艙水申報單（如附件）、船舶油料紀錄簿或其他換油紀錄文書、燃油交付單與船舶最後 10 個停泊港名及到離日期。

第 20 條

港區內之船舶及浮具，不得有下列之行為：

八、排洩未經處理之壓艙水。

Unit 14-7 國際救助公約

一、沿革

國際救助公約（International Convention on Salvage）[註8]，
1989 年 4 月 28 日國際海事組織在倫敦召開會議，各國認
識到有必要通過協議制訂關於救助作業的統一國際規則，
特別是一些重大發展如人們對保護環境的日益關心，有必
要審查 1910 年 9 月 23 日在比利時布魯塞爾制訂的「統一
海難援助和救助某些法律規定公約」所規定的國際規則，
促進及時有效的救助作業，將對處於危險中的船舶和其他
財產的安全以及對環境保護能發揮重大的作用，有必要確
保對處於危險中的船舶和其他財產進行救助作業的人員能
得到足夠的鼓勵，共同協議訂定遵守（共 5 章 34 條款），
1996 年 7 月 14 日生效。

二、簡介

海難救助（Salvaage at Sea）亦稱為海上救助，指依靠外來力量在海上任何區域對
遭遇海難的船舶、貨物和人員施以救援。施救的外來力量包括從事救援工作的專業救
助公司，也有鄰近經過的船舶，包括同屬一公司的姊妹船。在 1989 年國際救助公約
將海上救助標的擴大至危險中的任何其他海上財產，以及減輕環境污染等。

海難救助依救助有無效果分為：

(一) 單純救助：指船舶遇難後並未請球外力援助，而救助方自願前往。

(二) 救助契約：又稱救助協議，指船舶或船上財產在海上遭遇海難，因無力自救請求
他船前往救助，雙方以書面或口頭達成協議，明確規範商方權利義務及救助中的
責任。

[註8] International Convention on Salvage
http://www.imo.org/en/About/Conventions/ListOfConventions/Pages/International-
Convention-on-Salvage.aspx

國際救助公約有關之國內法規

海商法第 102 條
船長於不甚危害其船舶、海員、旅客之範圍內，對於淹沒或其他危難之人應盡力救助。

引水人管理規則第 44 條
引水人於領航途中，發現懸有立待救助之信號時，於不甚危害其所領船舶、海員、旅客之範圍內，應立即請被領船舶之船長從速設法施救，並以最迅速方法通知有關主管機關派船駛往救助。

商港法第 57 條
為維護船舶航行安全，救助遇難船舶，主管機關得委任或委託其他機關或事業機構辦理海岸電臺及任務管制中心業務。

船員法第 75 條
船長於不甚危害船舶、海員、旅客之範圍內，對於淹沒或其他危難之人，應盡力救助。

船舶設備規則第 18 條
船舶為執行救助遭遇海難船舶、搭救遇難人員或因不可抗力之原因而變更其航程，致該船無法符合本規則規定應備之設備時，航政機關得寬免之。

圖片來源：https://it.dreamstime.com/immagine-della-segnaletica-di-sicurezza-imo-cislm-impa-luce-salvagente-image135238355

Unit 14-8 港口國管制

一、沿革

港口國管制（Port State Control, PSC）[註9]，緣於1978年3月一艘賴比瑞亞籍油輪在法國擱淺又有大量原油外洩，造成海洋生態環境浩劫，法國在1982年7月邀請北歐14個國家共同簽署「巴黎港口國管制諒解備忘錄」（Paris Memoranddum of Understanding on Port State Conrol），簡稱「巴黎備忘錄」（Paris MOU）。1983年由國際海事組織決議採用「巴黎備忘錄」及後續決議，在1995年第19屆大會通過「港口國管制程序」，合併之前有關決議成為港口國管制的指引文件，1999年11月第21屆大會更將「國際安全管理章程」ISM Code）納入管制程序。

二、簡介

港口國管制是在本國港口對外國船舶的安全監督和檢查之機構，是透過強制糾正或扣留船舶方式，由港口國管制審查官員審核各項船上安全檢查。目的是在驗證船舶上船長和其船員的能力、船舶狀況與及船上面各項設備的工作狀況是否遵照或符合各項國際公約（即

SOLAS、MARPOL、STCW、MLC等）的要求，並且測試船上人員管理是否已達至國際海事法的合格標準。

三、港口國管制的基本概念

主管機關對船舶的管制：

(一) 船旗國（**FLAG STATE**）管制。船旗國是指船舶懸掛其旗幟的國家，船旗國管制（FSC）責任的法源：1982年聯合國海洋法公約對「船旗國義務」之規定：「每個國家應對懸掛該國旗幟的船舶有效的行使行政、技術及社會事項上的管轄和控制」，國際海事組織所締訂有關船舶安全與防止污染之諸多國際公約、規則或章程等。

(二) 沿岸國（**COASTAL STATE**）管制。領海又稱領水，是一個從領海基線，即沿岸國陸地領土及其內水以外，或者群島國群島水域以外向海洋延伸3～12海浬的海域，沿岸國進行海洋資源保護及海洋污染的防治，例如國際大西洋鮪類資源保育委員會（ICCAT）就承認沿岸國監控在其管轄水域內作業漁船之合法權力。

(三) 港口國（**PORT STATE**）管制。

[註9] Port State Control
http://www.imo.org/en/OurWork/MSAS/Pages/PortStateControl.aspx

1. **PSC 意涵**：國際海事界特指港口國政府海上安全主管當局針對船舶安全、防污染方面的管制檢查。
2. **PSC 檢查**：檢查船舶、船員證書的合法性、有效性，實際情況與證書所載是否一致。
3. **PSC 目的**：督促船舶嚴格執行有關國際公約，滿足有關安全、防污染的標準要求，消除低標準船舶營運。

交通部航港局參採國際海事組織所訂港口國管制程序、1993 年東京備忘錄（Tokyo MOU）及相關國際公約，要求往來本國各國際商港之外國籍船舶施行港口國管制檢查，對次級船舶採取船舶航行安全、適航性及海洋環境維護之查核作業。2014 年起東京備忘錄已對船舶篩選系統，採取與巴黎備忘錄一致之標準，依船舶船型、船齡、船東、認可組織、公司管理、缺失及滯留數，篩選高風險、標準及低度風險船舶等三類。航港局參考等規定，於民國 104 年度建置完成船舶篩選系統。

商港法有關港口國管制之規定

第 58 條
航港局依國際海事組織或其相關機構頒布之港口國管制程序及其內容規定，對入、出商港之外國商船得實施船舶證書、安全、設備、船員配額及其他事項之檢查。

第 59 條
航港局執行外國商船管制檢查時，應於作成檢查紀錄後，交由船長簽認，有違反規定事項者，得由航港局限期改善。
外國商船船長依前項完成改善後，應向航港局申請複檢，並繳交複檢費用；其數額，由航港局擬訂，報請主管機關核定。

第 60 條
外國商船違反管制檢查規定，情節嚴重，有影響船舶航行、船上人員安全之虞或足以對海洋環境產生嚴重威脅之虞者，航港局得將其留置至完成改善後，始准航行。
外國商船違反管制檢查規定，我國無修繕設備技術、無配件物料可供更換或留置違法船舶將影響港口安全或公共利益者，得經入級驗船機構出具證明，並獲航港局同意後航行。

Unit 14-9 國際安全管理章程

一、沿革

國際安全管理章程（International Safety Management Code, ISM Code）[註10]，係國際海事組織為因應航運業在管理船舶安全的人為疏失因素目的，於 1993 年制定了「船舶安全營運及污染防治國際管理章程」（International Management Code for the Safe Operation of Ships and for Pollution Prevention），簡稱國際安全管理章程（ISM Code）。

其宗旨在對於船舶的營運及管理方式提供一個國際標準，以確保海上人命及財產安全，特別是對海洋環境的保護，此標準亦為有關船舶安全及防止污染的安全管理體系（Safety Management System, SMS）之規範。國際海事組織於 1994 年在「海上人命安全國際公約」中新增第IX章「船舶安全營運管理」，使國際安全管理章程成為強制性的必要文件，要求船公司及所屬船舶都必須建立安全管理體系，有系統的文件化，以確保岸上及船上維持安全環境及環境保護政策的推動，按法規有計畫的執行及查核。

二、簡介

依據國際安全管理章程規定，船東及船舶營運人在章程實施期間均應通過國際安全管理章程的審核並取得符合證明文件（Document of Compliance, DOC），其經營船舶須同時取得安全管理證書（Safety Management Certificate, SMC），公司需確保有管理程序文件化及系統性的依章程規定進行安全防護及環境保護。

(一) 章程的目的

1. 本章程的目地在確保海上安全、防止人員受傷或生命喪失，以及避免環境損害，特別是海洋環境與其資產。
2. 公司在安全管理應特別注意：
   (1) 提供船舶營運時例行安全作法及安全的工作環境。
   (2) 針對所有可能預見的危險建立預防措施。
   (3) 持續促進岸上及船上人員之安全管理技能，包括可提供安全及環境保護的緊急措施。
3. 確保安全管理制度符合：
   (1) 強制性的國際規則及規範。

[註10] ISM Code and Guidelines on Implementation of the ISM Code
http://www.imo.org/en/OurWork/HumanElement/SafetyManagement/Pages/ISMCode.aspx

(2) 由國際海事組織、主觀機關、驗船中心及海洋產業組織所建議可適用之章程、準則及標準均列入考慮。

(二) 章程的實施

依據國際安全管理章程的規定，考量航行安全及風險程度，將船舶分成兩個階段來實施：

1. 客船包括高速船、總噸位 500 及以上之油輪、化學品船、氣體船、散裝船和載貨高速船列為第一階段檢查之船舶，從 1998 年 7 月 1 日起實施章程的規定。

2. 凡總噸位在 500 以上的其他貨船及移動式近海鑽井裝置，於 2002 年 7 月 1 日起按章程之規定實施檢查。

國籍船舶安全營運與防止污染管理制度（NSM）

107 年 11 月交通部航港港局船舶法增訂第 30-1 條，規定適用船舶種類及罰則，航港局自 108 年 11 月 28 日起，針對我國籍總噸位 100 以上、乘客逾 150 人客船、500 噸以上貨船或其他經主管機關公告之船舶，都需通過評鑑取得證書。未符規定船舶即不得航行，違者可處以新臺幣 3 萬元至 15 萬元罰鍰。

第 30-1 條
下列船舶之所有人或承擔其安全營運與防止污染管理責任之機構，應於生效日起建立安全營運與防止污染管理制度，並取得航政機關核發之評鑑合格證書：
一、總噸位 100 以上或乘客定額超過 150 人以上之客船。
二、總噸位 500 以上之貨船。
三、其他經主管機關公告適用之船舶。
前項規定所稱生效日，於第 1 款及第 2 款規定之船舶，為本法中華民國 107 年 11 月 6 日修正之條文施行日起 1 年；第 3 款規定之船舶，為主管機關公告後 1 年。
安全營運與防止污染管理制度之內容、評鑑、豁免及等效、證書之申請、核發、補發、換發、註銷、撤銷或繳銷、評鑑費、證書費之收取、證書有效期間及其他應遵行事項之規則，由主管機關定之。
船舶具備主管機關委託之驗船機構核發國際船舶安全管理章程評鑑合格證明文件者，視為已依前項所定規則之評鑑合格，免再發相關證書。

第15章
相關關務法規

Unit 15-1 海關緝私條例

一、立法沿革

中華民國 23 年 6 月 19 日國民政府制定公布全文 35 條。中華民國 107 年 5 月 9 日總統華總一義字第 10700049171 號令修正公布。

二、重要條文

第 2 條
本條例稱**通商口岸**，謂經政府開放對外貿易，並設有海關之港口、機場或商埠。

第 3 條
本條例稱**私運貨物進口、出口**，謂規避檢查、偷漏關稅或逃避管制，未經向海關申報而運輸貨物進、出國境。但船舶清倉廢品，經報關查驗照章完稅者，不在此限。

第 4 條
本條例稱**報運貨物進口、出口**，謂依關稅法及有關法令規定，向海關申報貨物，經由通商口岸進口或出口。

第 6 條
海關緝私，應在中華民國通商口岸，**沿海 24 海浬以內之水域**，及依本條例或其他法律得爲查緝之區域或場所爲之。

第 8 條
海關因緝私必要，得命船舶、航空器、車輛或其他運輸工具**停駛、回航或降落**指定地點，其抗不遵照者，得射擊之。但應僅以阻止繼續行駛爲目的。

第 9 條
海關因緝私必要，得對於進出口貨物、通運貨物、轉運貨物、保稅貨物、郵包、行李、運輸工具、存放貨物之倉庫與場所及在場之關係人，**實施檢查**。

第 17 條
海關查獲貨物認有違反本條例情事者，**應予扣押**。
前項貨物如係在運輸工具內查獲而情節重大者，爲繼續勘驗與搜索，海關得扣押該運輸工具。但以足供勘驗與搜索之時間爲限。

第 18 條
船舶、航空器、車輛或其他運輸工具，依本條例應受或得受沒入處分者，海關得予以**扣押**。

第 23 條

船舶、航空器、車輛或其他運輸工具，違反第 8 條規定而抗不遵照者，處管領人新臺幣 6 萬元以上 12 萬元以下罰鍰；**經查明以載運私貨為主要目的者，並沒入該運輸工具。**

第 25 條

船舶在沿海 24 海浬界內，或經追緝逃出界外，將貨物或貨物有關文件毀壞或拋棄水中，以避免緝獲者，處管領人及行為人各新臺幣 3 萬元以上 15 萬元以下罰鍰，**並得沒入該船舶。**

第 27 條

以船舶、航空器、車輛或其他運輸工具，私運貨物進口、出口、起岸或搬移者，處管領人新臺幣 5 萬元以上 50 萬元以下罰鍰；其情節經查明前述運送業者有包庇、唆使或以其他非正當方法，使其運輸工具之工作人員私運貨物進口或出口者，除依本條例或其他法律處罰外，並得停止該運輸工具 30 天以內之結關出口。

前項**運輸工具以載運槍砲、彈藥或毒品為主要目的者，沒入之。**

第 53 條

沒入**處分確定後，受處分人得依法繳納稅捐，申請依核定貨價備款購回下列貨物或物品：**

一、准許進口或出口者。

二、經管制進口或出口貨價在新臺幣 45 萬元以下者。但體積過巨或易於損壞變質，或其他不易拍賣或處理者，得不受貨價新臺幣四 15 萬元以下之限制。

違禁物品或禁止進口或出口貨物，不適用前項規定。

 沒入物品處分規則

本規則依社會秩序維護法第 93 條第 2 項規定訂定之。

第 4 條

沒入物品，依左列方法分別處分之：

一、留作公用。

二、拍賣或變賣。

三、廢棄或銷燬。

四、移送有關機關。

海關實施假扣押或其他保全措施裁量基準及作業辦法

本辦法依關稅法第 48 條第 3 項規定訂定之。

第 3 條

海關為保全關稅、滯納金、滯報費、利息、罰鍰或應追繳之貨價需要，得請求稅捐稽徵機關協助提供納稅義務人或受處分人之所得申報、稅籍或其他財產資料。

Unit 15-2 海關管理貨櫃集散站辦法

一、立法沿革

中華民國58年1月17日財政部（58）台財關字第0557號令訂定發布。中華民國107年11月6日財政部台財關字第1071024589號令修正發布第4、10-1、12、27條條文；並增訂第7-1〜7-3條條文。

二、重要條文

第2條

本辦法所稱**貨櫃**，指供裝運進出口貨物或轉運、轉口貨物特備之容器，其構造與規格及應有之標誌與號碼，悉依國際貨櫃報關公約之規定。

貨櫃內裝有貨物者，稱**實貨櫃**；未裝有貨物者，稱**空貨櫃**；實貨櫃內所裝運之進口、轉運、轉口貨物如屬同一收貨人，或出口、轉口貨物如屬同一發貨人者，爲**整裝貨櫃**；其進口、轉運、轉口貨物如屬不同一收貨人或出口、轉口貨物不屬同一發貨人者，爲**合裝貨櫃**。

前項所稱同一收貨人，應以進口貨物艙單記載者爲準；所稱同一發貨人，應以出口貨物艙單記載者爲準。

本辦法所稱**貨櫃集散站**（以下簡稱集散站）指經海關完成登記專供貨櫃及櫃裝貨物集散倉儲之場地。

本辦法所稱**多國貨櫃（物）集併通關作業**，指海運載運入境之貨櫃（物），進儲海關核准之集散站轉口倉庫或轉口倉間，在未改變該貨物之原包裝型態（不拆及包件），辦理併櫃作業及申報轉運出口之通關程序。

第3條

集散站應提供駐站或稽核關員辦公處所、辦公用具、備勤場所及駐站關員往來交通工具。

集散站得由海關依職權核定或由業者申請經海關核准實施**自主管理**，其實施自主管理之事項、範圍、應具備條件及其他應遵行事項，依有關法令規定辦理。

集散站實施自主管理應指定**專責人員**依海關相關規定辦理前項經海關核准實施自主管理之事項。海關得定期或不定期稽核之，其稽核作業依有關法令規定辦理。

集散站經海關核准自主管理者，海關不再派員駐庫（站），但於實施初期海關得派員指導。

第5條

集散站應設置**貨櫃集中查驗區域**以供海關查驗貨物。集中查驗區域之設置須有明顯標示，其面積、查驗場所、遮雨棚、照明燈具、機具、電源插座及其搬運工人等應配合海關查驗需要設置。新設立之集散站並應有固定式之拖靠月台。但設置於國際港口

管制區內之集散站，其出口整裝貨櫃之查驗作業月台，得以活動式之平面拖靠月台替代。

集散站應設置電腦及相關連線設備以**電子資料傳輸**方式處理業務。其作業規定，由海關訂定並公告。

第 7-1 條

集散站大門、進口倉庫、出口倉庫、轉口倉庫（間）、保稅倉庫、拆併作業專區、雜貨櫃拆櫃專區、集中查驗區域、貴重物品儲存專用倉間、扣押庫及其他海關認為有必要之處所，應設置 24 小時連續錄影或動態偵測錄影、具回放及燒錄功能、並能存檔 30 日以上且運作正常之**閉路電視監控系統**，連線至海關辦公室或其他場所，供海關查核及即時監看貨況。但設立於港口管制區內以儲存大宗或種類單純裸裝貨物之業者，得經海關核准免設置。

第 10 條

集散站內之進口倉庫、出口倉庫及轉口倉庫比照**海關管理進出口貨棧辦法**之有關規定辦理；集散站內之保稅倉庫依**保稅倉庫設立及管理辦法**之規定辦理。

集散站業者應配合中央水利主管機關、地方政府、航政機關、警政機關及海關等有關機關勘察貨櫃堆置之安全管理。

第 10-1 條

集散站符合前條規定及下列條件者，始得向海關申請核准辦理**多國貨櫃（物）集併作業**：

一、設置高風險轉口貨物集中存放區域：菸、酒、武器、彈藥、毒品、麻醉藥品、管制進口之大陸農漁畜產品及食品應於轉口倉庫或轉口倉間集中存放。

二、設置拆併作業專區：應鄰接轉口倉庫或轉口倉間之月臺或區域，專供拆櫃及併裝作業。

三、集散站業者應自行建置與海關系統相容之電子封條軟硬體設備，供讀取電子封條。

集散站業者辦理多國貨櫃（物）集併作業，不符前項各款條件之一者，除依第 26 條規定處理外，海關並得視情節輕重，停止其 6 個月以下進儲多國集併作業之貨櫃（物）或廢止其核准。

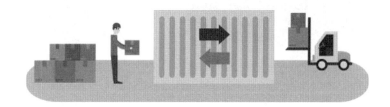

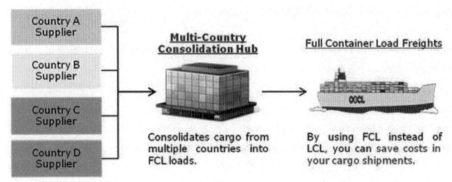

圖片來源：OOCL Logistics,
https://www.oocllogistics.com/eng/ourservices/internationallogistics/multicountryconsolidation/
Pages/default.aspx

 多國貨櫃（物）集併作業（Multi-Country Cargo Consolidation, MCC）

為吸引承攬業者將其所承攬操作之多國貨櫃（物）集併作業貨源回流我國，以提升本國港埠利用率，並創造更安全便捷之轉口貨櫃（物）通關環境，104 年 6 月爰擬具上開辦法部分條文修正。

第 17 條

轉口之實貨櫃須起岸、加裝、分裝或改裝而未能在專營或兼營轉口貨物之集散站內辦理者，應由運輸業者或承攬業者向海關申領特別准單，於關員監視下在貨櫃起卸碼頭辦理加裝、分裝或改裝後，加封裝船。

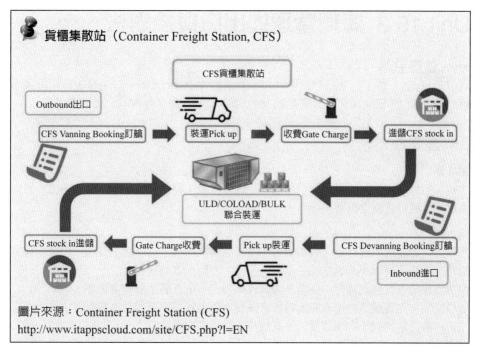

貨櫃集散站（Container Freight Station, CFS）

圖片來源：Container Freight Station (CFS)
http://www.itappscloud.com/site/CFS.php?l=EN

LCL（Less Than Container Load），是指個別貨主託運貨物不足一個貨櫃，運送人需要將多個貨主集貨俗稱併櫃貨，海運術語意指貨物不足一個貨櫃，與其他併櫃貨合併裝在一個貨櫃內，才能以整櫃方式運送。

圖片來源：https://www.bansarchina.com/shipping-container-guide/

Unit 15-3 海關管理進出口貨棧辦法

一、立法沿革

中華民國 59 年 1 月 7 日財政部（59）台財關字第 1028 號令訂定發布。中華民國 107 年 12 月 27 日財政部台財關字第 1071028625 號令修正發布第 13-2 條條文。

二、重要條文

第 2 條

本辦法所稱之**貨棧**，係指經海關核准登記專供存儲未完成海關放行手續之進口、出口或轉運、轉口貨物之場所。

第 3 條

貨棧得由海關依職權核定，或由業者申請經海關核准後，實施**自主管理**。已實施自主管理之貨棧，海關不派員常駐。但實施初期，海關得派員指導。

前項實施自主管理之條件、事項及審查作業規定，依有關法令規定辦理。

貨棧實施自主管理應指定**專責人員**依海關規定辦理前項經海關核准實施自主管理之事項。海關得定期或不定期稽核之，其稽核作業規定由海關定之。

機場管制區外航空貨物集散站，其進出口貨棧經海關核准實施自主管理者，得依法規申請海關核准使用自備封條，自行加封依**海關管理保稅運貨**工具辦法登記之自有保稅貨箱，以運送進出同關機場管制區之空運貨物。

第 4 條

依本辦法設置之**貨棧**，除因特殊情形，經海關核准者外，應分兩種：

一、進口貨棧：限存儲未完成海關放行手續之進口貨物或轉運、轉口貨物。

二、出口貨棧：限存儲未完成海關放行手續之出口貨物。

航空貨物集散站內設置之進出口貨棧，依本辦法規定辦理。

第 6 條

除經海關認可者外，貨棧應設置於國際港口、國際機場之**管制區**內。

第 7 條

進口貨棧應於倉庫內設置專用倉間，存儲破損或貴重貨物。對於逾期未報關、逾期未提領貨物之存儲場所應有明顯之區隔。

專營或兼營**轉口貨物**之貨棧，應設轉口貨物專用**倉間**並派專人監管。

第 9 條

具有**危險性**之貨物，應設置專用貨棧儲存之，並先取得有關主管機關出具對設置地點及貨棧安全設備之同意文件。

第 10 條

經核准登記之貨棧，應於核准登記之翌日起 10 日內，向海關繳納保證金新臺幣 15 萬元，以完成登記。

繳納前項保證金之貨棧業者如爲政府機關或公營事業，得予免繳。

第 13-1 條

貨棧大門、進口倉庫、出口倉庫、轉口倉庫（間）、海空或空海聯運轉口貨物拆櫃區、快遞貨物專區、機邊驗放倉庫（間）、貴重物品儲存專用倉間、扣押庫及其他海關認爲有必要之處所，須設置 24 小時連續錄影或動態偵測錄影、具回放及燒錄功能、並能存檔 30 日以上且運作正常之**閉路電視監控系統**，連線至海關辦公室或其他場所，供海關查核及即時監看貨況。但設立於港口機場管制區內，以儲存大宗或種類單純裸裝貨物之業者，得經海關核准免設置。

CCTV in
operation

第 14 條

貨棧內存貨應將標記朝外，分批分區堆置，並於牆上標明區號，以資識別。但經海關核可之電腦控管自動化貨棧，或油槽、筒倉等儲存散裝貨物之特殊貨棧，不在此限。

第 16 條

存倉貨物應依提單或提貨單分別堆置，不得相混。

經海關核准實施自主管理之貨棧，貨物儲存以電腦自動化控管儲位，海關可於線上隨時查核者，得不受前項之限制。但同一棧板上不得放置不同提單之貨物。

第 25 條

貨棧業者對存棧貨物及經海關扣押或預定扣押之貨物，應善盡保管之責任。

海關依據海關緝私條例或其他規章應處理之貨棧存貨，得憑海關扣押貨物收據或提取貨物憑單隨時將存儲於貨棧之該項貨物押存海關倉庫，貨棧業者不得拒絕。

第 35 條

依本辦法設立之貨棧應由貨棧業者與海關共**同聯鎖**。但經海關核准實施自主管理之貨棧，得免之。

前項所用之聯鎖由貨棧業者送經海關選定，並以副鑰匙一枚封存於棧內適當地點，以備於貨棧發生火警或其他緊急事故不及會同海關開鎖時啓用，啓用後貨棧業者應即通知海關，並以書面向海關核備。

聯鎖倉庫（Jointly locked warehouse）

　　係指海關管理之進出口貨棧，應由海關及其經管人共同聯鎖，倉庫一經連鎖，非經雙方同時開啓，倉庫之門無法打開，俾利海關管理。所用之聯鎖由貨棧經營人送經海關選定，並以副鑰一枚封存棧內適當地點，以備貨棧發生火警或其他緊急事故使用，習慣上僅稱「聯鎖倉庫」而不稱「聯鎖貨棧」。

　　貨棧係指經海關核准登記專供存儲未完成海關放行手續之進口、出口或轉運、轉口貨物之場所。分為進口、出口貨棧兩種，除經海關認可者外，貨棧應設置於國際港、國際機場之管制區內，專營或兼營轉口者，則限設於管制區內。

資料來源：財政部關務署基隆關—關務辭彙篇

 海關管理保稅運貨工具辦法

第 2 條

本辦法所稱保稅運貨工具指依本辦法規定向海關登記之下列運貨工具：

一、**保稅卡車**：指專供國內載運保稅貨物之卡車。

二、**保稅貨箱**：指專供國內裝運保稅貨物之貨箱。

三、**駁船**：指在海運之通商口岸內專供駁載保稅貨物之船舶。其屬一般貨駁者，載重量不得少於 20 噸：其屬油駁者，載重量不得少於 200 噸。

第 3 條

本辦法所稱**保稅貨物**指未經海關放行之進口貨物，業經海關驗封之出口貨物與轉口貨物及其他應受海關監管之貨物。

資料來源：財政部關務署基隆關—關務辭彙篇

自主管理保稅倉庫稽核作業規定

稽核關員應辦理事項:

一、稽核准單核准事項辦理情形。

二、受理並處理一般報備案件。

三、處理專責人員報告違章、異常案件:

(一) 保稅貨物逾時進倉、逾時未進倉者。

(二) 保稅貨物失竊、掉包者。

(三) 封條破損、斷失、有偽造變造之嫌疑及封條號碼或車號與貨櫃(物)運送單不符者。

(四) 貨櫃(物)運送單經塗改者。

(五) 發現貨櫃(物)有夾藏或夾層者。

(六) 保稅貨物進錯倉者。

(七) 其他異常情形者。

四、複核專責人員簽證之短溢卸報告及破損貨物報告。

五、複核業者派員監視保稅貨物銷毀、破壞作業。

六、稽核業者有關海關封條之領用、登錄加封作業、控管使用及規費核銷情形。

資料來源:財政部主管法規查詢系統

https://law-out.mof.gov.tw/LawContent.aspx?id=FL020512

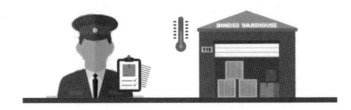

Unit 15-4 保稅倉庫設立及管理辦法

一、立法沿革

中華民國 58 年 1 月 28 日財政部（58）台財關字第 0998 號令訂定發布。中華民國 109 年 6 月 16 日財政部台財關字第 1091013519 號令修正發布第 45 條條文。

二、重要條文

第 2 條

經海關核准登記供存儲保稅貨物之倉庫為**保稅倉庫**，其設立及管理，依本辦法規定辦理。本辦法未規定者，適用其他相關法令之規定。

申請登記為完全存儲自行進口保稅貨物、自行向國內採購保稅貨物、供重整用貨物、供免稅商店或離島免稅購物商店銷售用貨物之保稅倉庫，為自用保稅倉庫，不得存儲非自己所有之貨物。

第 6 條

保稅倉庫應在港區、機場、加工出口區、科學工業園區、農業科技園區、鄰近港口地區或經海關核准之區域內設立。

第 12 條

保稅倉庫符合貨棧貨櫃集散站保稅倉庫物流中心及海關指定業者實施自主管理辦法規定，且實收資本額在新臺幣 5000 萬元以上者，得向海關申請核准實施自主管理。

自用保稅倉庫之設立，應具備自主管理條件始得申請核准登記。

保稅倉庫專供存儲修造飛機用器材者，其申請自主管理，得不受第一項實收資本額規定之限制。

第 13 條

經核准設立之保稅倉庫，非經海關許可，不得自行停業。

第 15 條

保稅倉庫應指定**專人代表**保稅倉庫辦理有關保稅事項並向海關報備。

第 31 條

本辦法所規定海關監視關員辦理事項，在自主管理之保稅倉庫，得由保稅專責人員辦理。但須押運之貨物，仍應由關員辦理。

第 34 條

保稅貨物得依下列方式辦理**重整**（Reconditioning）：

一、**檢驗**（Inspection and testing）、測試：存倉貨物予以檢驗、測試。

二、**整理**（Sorting）：存倉貨物之整修或加貼標籤。

三、分類（Classification）：存倉貨物依其性質、形狀、大小顏色等特徵予以區分等級或類別。

四、分割（Segmentation）：將存倉貨物切割。

五、裝配（Assembly）：利用人力或工具將貨物組合。

六、重裝（Repacking）：將存倉貨物之原來包裝重行改裝或另加包裝。

前項貨物之重整應受下列限制：

一、不得改變原來之性質或形狀。但雖改變形狀，卻仍可辨認其原形者，不在此限。

二、在重整過程中不發生損耗或損耗甚微。

三、不得使用複雜大型機器設備。

四、重整後不合格之貨物，如屬國內採購者，不得報廢除帳，應辦理退貨，如屬國外採購者，除依規定退貨掉換者外，如檢具發貨人同意就地報廢文件，准予報廢除帳。

五、重整後之產地標示，應依其他法令有關產地之規定辦理。

貨物所有人或倉單持有人於保稅倉庫內重整貨物前，應向海關報明貨物之名稱、數量、進倉日期、報單號碼、重整範圍及工作人員名單，經海關發給准單後，由海關派員駐庫監視辦理重整。但經海關核准自主管理之保稅倉庫及設於加工出口區之保稅倉庫，得免派員監視。重整貨物人員進出保稅倉庫，海關認有必要時，得依海關緝私條例第 11 條規定辦理。

第 54 條

海關依據海關緝私條例或其他規章應處理之保稅倉庫存貨，得憑海關扣押憑單隨時將存儲於倉庫之該項貨物扣存海關倉庫，保稅倉庫業者或管理人不得拒絕。

第 60 條

經核准登記之保稅倉庫，應由海關及倉庫業者**共同聯鎖**。但經海關核准自主管理之保稅倉庫及設立於加工出口區、科學工業園區、農業科技園區、國際機場與港口管制區內者，得免聯鎖。

海關對免聯鎖之保稅倉庫於必要時得恢復聯鎖或派員駐庫監管。

 轉運貨物（Transit Cargoes）

係指國外貨物於運輸工具最初抵達本國口岸卸貨後轉往國內其他港口者而言，依國際「貨品暫准通關證公約」轉運係指依照締約國之法令與規定，**在該國領域內，貨品由某一地區海關運送至另一地區海關**。

海關緝私條例所稱之轉運貨物，並不包括轉運與其他國家或地區之貨物及通運貨物，至貨物是否為轉運貨物，宜依貨物起卸口岸之事實認定，而非以當事人之記載為準。

資料來源：財政部關務署基隆關—關務辭彙篇

保稅倉庫（Bonded Warehouses）

經海關核准登記供儲保稅貨物之倉庫謂**保稅倉庫**。運達通商口岸之貨物，在報關進口前，得申請存入保稅倉庫，在規定存倉 2 年內，原貨退運出口者免稅。

存倉之貨物，在規定存倉期限內，貨物所有人或倉單持有人，得申請海關核准於倉庫範圍內整理、分類、分割、裝配或重裝。保稅倉庫設立地點，應經海關認為適當始得設立。

保稅倉庫之性質，係介於貨物報關納稅及貨物退關復運出口的緩衝位置。它一方面為海關留置應稅貨物，在其未繳納稅款前，不致流出，使關稅得以保障，另方面貨主無須先繳稅而得重行整理始行報關，且遇稅率修正時，亦可等待修正後適用較低之稅率，再者貨物在倉庫等待買方，可給貨主從容處理時間及節省稅費。

保稅倉庫可分為 3 種：

一、普通保稅倉庫：存儲一般貨物。

二、專用保稅倉庫：專供儲存供經營國貿易之運輸工具專用燃料、物料、危險品、重整貨物、修護船艇或飛機、貨櫃等器材、展覽品、礦物油、免稅商店銷售用之貨物等。

三、自用保稅倉庫：專供存儲自行進口或自行向國內採購之貨物，並得辦理貨物之重整。

資料來源：財政部關務署基隆關—關務辭彙篇

港口倉庫（Harbor warehouse）

　　港口倉庫是以船舶運送貨物在港口的暫存場所，一般選擇在港口碼頭附近，以便貨物裝卸作業。依海關管理規定可分為港區貨櫃集散站、港區貨棧、保稅倉庫、物流中心等，依貨物儲存功能可分為貨櫃倉庫、散貨倉庫、一般雜貨倉庫、石化油品倉庫等。

　　倉庫的貨物提領或進儲作業會涉及國際貿易作業的船舶運送業、船務代理業、碼頭營運商、通關申報、貨物保險、銀行押匯、內陸運輸等文件等傳遞交換流程。

圖片來源：https://www.docksthefuture.eu/digitalisation-and-ict-innovations-a-focus-on-
　　　　　port-logistics/

Unit 15-5 物流中心貨物通關辦法

一、立法沿革

中華民國 89 年 3 月 21 日財政部（89）台財關字第 0880003401 號令訂定發布全文 25 條；中華民國 106 年 5 月 19 日財政部台財關字第 1061010391 號令修正發布第 4、24～27 條條文。

二、重要條文

第 3 條

本辦法所稱**物流中心**，指經海關核准登記以主要經營保稅貨物倉儲、轉運及配送業務之保稅場所。

物流中心得經海關核准，於不同地址另設分支物流中心。各分支物流中心除資本額外，應依本辦法有關規定辦理登記、管理及通關，並分別獨立設帳控管貨物之進出。

WAREHOUSING
& FULFILLMENT

物流中心內得進行因物流必需之**重整**（**Reconditioning**）及**簡單加工**（**Simple processing**）。

第 5 條

物流中心向海關申請核准登記，應具備下列條件：

一、實收資本額在新臺幣 1 億 5 千萬元以上之股份有限公司組織，其以股份有限公司或分公司名義申請設立登記者，投資於物流中心之營業資金不得低於新臺幣 1 億 5 千萬元。

二、應設在國際港口、國際機場、加工出口區、科學工業園區、農業科技園區內及鄰近國際港口、國際機場地區或經海關專案核准之地點。

三、應與外界有明顯之區隔，且具備確保貨物安全與便利海關查核之設施。

四、應設置電腦及相關連線設備，並以電子資料傳輸方式處理貨物通關、帳務管理及貨物控管等有關作業，並與海關電腦連線。

五、應設有門禁並以電腦控管貨物及車輛之進出。

六、應依本辦法規定繳納保證金。

七、應符合自主管理條件。

前項第 2 款之鄰近國際港口、國際機場地區或須經海關專案核准之地點，申請設立前應先向海關申請勘查，並事先取得建築物使用主管機關之同意。

外國分公司實際匯入之營業資金在新臺幣 1 億 5 千萬元以上者，得依前 2 項規定，向海關申請核准登記為物流中心。

第 16 條

物流中心與國際港口、機場間貨物之運送，應由物流中心或與其訂定契約之運輸業辦理，其涉及違章或私運，應由物流中心與運送人負共同責任，依海關緝私條例處分。

 簡單加工（Simple processing）

加工出口區設置管理條例施行細則

第 27 條

本條例第 13 條第 1 項第 2 款所稱自國外輸入供貿易、倉儲轉運用貨品，指自國外輸入後以原形態、經簡單加工或重整後轉售之貨品。

前項所稱簡單加工，指未使該貨品實質轉型之加工作業。

 多國貨櫃（物）集併作業

　多國貨櫃（物）集併作業（Multi-country Cargo Consolidation，MCC）已於 105 年 10 月 14 日正式在基隆港先行運作，所謂 MCC 作業是指國外貨物運至本國港口，於進口貨物艙單申報之包裝型態下（不拆及包件），辦理拆櫃進倉及申報轉運併櫃出口之作業，即來自不同地區之貨物或國產品，可於轉口倉庫（間）併櫃轉運出口。

　以往 MCC 作業僅能由航商於港邊的轉口倉執行，為了吸引國際承攬業者將原本於韓國、香港、中國大陸等鄰近港口的 MCC 作業移回台灣，財政部關務署增訂關稅法第 20 條之 1 賦予 MCC 作業法源依據，開放承攬業者得向海關申報貨物艙單及辦理轉運、轉口相關事宜，並增修 MCC 作業相關法規及配套措施，包含海關管理承攬業辦法、海關管理貨櫃集散站辦法、轉口貨物通關及管理作業要點等，打造低成本、高效率的安全便捷通關環境，期望台灣可以成為轉口物流及發貨中心。

資料來源：關貿網路（Trade-Van）

https://www.tradevan.com.tw/news/index.do?act=detail&articleId=332

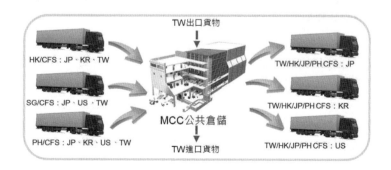

Unit 15-6 海運快遞貨物通關辦法

一、立法沿革

中華民國 102 年 11 月 29 日財政部台財關字第 1021027019 號令訂定發布全文 32 條；中華民國 109 年 4 月 1 日財政部台財關字第 1091006967 號令修正發布第 12 條條文。

二、重要條文

第 2 條

海運快遞貨物（Maritime Express Consignments）在海運快遞貨物專區通關者，依本辦法規定辦理。

第 3 條

本辦法所稱**海運快遞貨物**，指在海運快遞貨物專區辦理通關之貨物。

下列各款貨物不得在海運快遞貨物專區辦理通關：

一、屬關稅法規定不得進口之物品、管制品、侵害智慧財產權物品、進口生鮮農漁畜產品、活動植物、保育類野生動植物及其產製品。

二、每件（袋）毛重逾 70 公斤之貨物。

第 4 條

本辦法所稱**海運快遞貨物專區**（下稱專區），指供專用存儲進出口、轉口海運快遞貨物及辦理通關之場所。

前項轉口海運快遞貨物應存放於獨立區隔之轉口區，其通關依據轉口貨物作業相關規定辦理。

第一項專區應設置於**國際通商港口之管制區內**，並依海關管理貨櫃集散站辦法或海關管理進出口貨棧辦法規定向海關申請設置，接受海關管理。

第 5 條

本辦法所稱**海運快遞貨物專區業者**（Maritime Express Handling Unit Operator）（下稱專區業者）指能提供足夠區分為進口區、出口區、轉口區、查驗區、待放區、緝毒犬及檢疫犬勤務區之面積，配置通關及查驗必要之設備，辦理海運快遞貨物通關業務並經核准設立之貨棧業者。

第 6 條

本辦法所稱**海運快遞業者**（Maritime Express Delivery Enterprise），指經營承攬及遞送海運貨物快遞業務之營利事業。

第 10 條

海運快遞業者應將發票及可資辨識之**條碼標籤**黏貼於海運快遞貨物上，供海關查核。但非商業交易確無發票者，應黏貼經發貨人簽署之價值聲明文件。

前項所定發票或條碼標籤有未貼、脫落或毀損情事者，應先行補貼始得辦理通關；補貼發票或條碼標籤，應由運輸業者及海運快遞業者聯名敘明理由，申經海關同意後，於海關派員監視下辦理。

第 15 條

海運快遞業者不得將同批海運進口快遞貨物分開申報。

前項所稱同批海運進口快遞貨物，指同一發貨人以同一航次運輸工具發送給同一收貨人之快遞貨物。

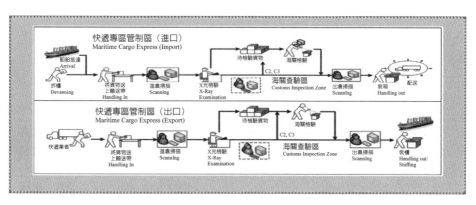

圖片來源：臺灣港務國際物流股份有限公司

 海運快遞業務簡介

 　　兩岸海運運輸具有航行時間短（快速輪僅須 4 小時航行時間）及運載容量大之雙重特性，如能配合成熟之電子商務平台及物流配送作業，兩岸間點對點（戶對戶）之海運服務速度較諸空運不遑多讓，且鑒於我國海關處理海空聯運之通關效率極為便捷，臺北港與桃園機場藉由 61 號快速道路之連結，車程甚短，有助提升我國港埠跨境運輸之營運量，促進貨暢其流、增加就業人口，提升經濟發展之願景。基隆關所轄八里分關配合上述發展兩岸海運快遞運輸政策，於 104 年 5 月開辦海運快遞貨物通關業務，以提供海運快遞貨物便捷、安全之通關服務。

資料來源：財政部關務署基隆關

https://keelung.customs.gov.tw/multiplehtml/239

Unit 15-7 貨物通關自動化實施辦法

一、立法沿革

中華民國 81 年 9 月 8 日財政部（81）台財關字第 810922001 號令訂定發布全文 31 條。中華民國 107 年 8 月 21 日財政部台財關字第 10710185102 號令修正發布第 18、19、21 條條文；並刪除第 12、20 條條文。

二、重要條文

第 2 條

本辦法所用名詞定義如下：

一、**通關網路**（Through-Customs value-added network）：指與關港貿單一窗口（以下簡稱單一窗口）連線，提供通關電子資料傳輸服務，經依通關網路經營許可及管理辦法設立供營運之網路。

二、**電腦連線**（Computer online transmission）：指與貨物通關有關之機關、機構、業者或個人，以電腦主機、個人電腦或端末機，透過網際網路與單一窗口連線，傳輸電子資料或訊息，以取代書面文件之遞送。

三、**電子資料傳輸**（Electronic data transmission）：指與貨物通關有關之機關、機構、業者或個人，利用電腦或其他連線設備，經由通關網路透過單一窗口相互傳輸訊息，以取代書面文件之遞送。

四、**連線機關**（Online agencies）：指主管有關貨物進出口之簽審、檢疫、檢驗、關務、航港、外匯或其他貿易管理，而與單一窗口電腦連線之行政機關或受各該行政機關委託行使其職權之機構。

五、**連線金融機構**（Online financial institutions）：指受委託代收或匯轉各項稅費、保證金或其他款項，而與通關網路或單一窗口電腦連線之金融機構或經財政部指定之機構。

六、**連線業者**（Online traders）：指以電腦連線或電子資料傳輸方式傳輸電子資料或訊息，以取代書面文件遞送之報關業、承攬業、運輸業、倉儲業、貨櫃集散站業、進出口業、個人或其他與通關有關業務之業者或其代理人。

七、**未連線業者**（Offline traders）：指未以電腦連線或電子資料傳輸方式傳輸電子資料或訊息，以取代書面文件遞送之前款業者或其代理人。

八、**連線通關**（Online Customs clearance procedures）：指依照規定之標準格式，以電腦連線或電子資料傳輸方式辦理貨物進出口、轉運或轉口通關程序。

九、**連線申報**（Online declarations）：指連線業者依連線通關方式依關稅法規之規定所為應行辦理或提供之各種申報、申請、繳納或其他應辦事項。

十、**連線核定**（Online determinations）：指連線之海關對於前款之連線申報所為之各種核定稅費繳納證或准單之核發、補正、貨物查驗或放行之通知或其他依法所為

之准駁決定，經由單一窗口傳輸之各種核定信息。

十一、**線上扣繳**（Online payment）（electronic fund transfer）：指連線業者與指定之連線金融機構約定開立繳納稅費帳戶，並於連線申報時在報單上「繳稅方式」之「線上扣繳」欄填記，其應納稅費、保證金或其他款項透過電腦連線作業由該帳戶直接扣繳國庫。

十二、**連線轉接服務業者**（Online switching service provider）：指按照通關網路公告之技術規範，提供相關用戶與通關網路間為連線所需之資訊轉接服務事業。

第 3 條
以電腦連線或電子資料傳輸方式辦理通關，依本辦法之規定，本辦法未規定者，依其他有關法令之規定。

第 4 條
連線申報有關事項依關稅法第 10 條規定，需經海關電腦記錄者，海關得委託經營通關網路之事業或由單一窗口以其電腦檔案代為記錄。

海關實施通關自動化有關事項，除前項規定者外，得視需要委託經營通關網路之事業或由單一窗口辦理之。

第 13 條
海關對於連線通關之報單實施電腦審核及抽驗，其通關方式分為下列三種：

一、**免審免驗通關**：免審書面文件免驗貨物放行。

二、**文件審核通關**：審核書面文件免驗貨物放行。

三、**貨物查驗通關**：查驗貨物及審核書面文件放行。

第 17 條
通關網路或單一窗口記錄於電腦之報單及其相關檔案應自進出口貨物放行之翌日起保存 5 年，期滿予以銷毀。

通關網路記錄於電腦之艙單、出口裝船清表檔案，應自進出口貨物放行之翌日起保存 5 年，期滿除另有約定外予以銷毀。

通關網路（A through-Customs value-added network）

　　通關網路是指與關港貿單一窗口連線，提供通關電子資料傳輸服務，經依通關網路經營許可及管理辦法設立供營運之網路。

　　通關網路具有傳輸（Transmission）、轉接（Switching）、轉換（Translation）、存證（Archive）及遠端異地備援等五大功能。對於通過之資料，原則上並不進行「處理」（Processing）。關稅法第 10 條所規定之「電腦記錄有案」，通關網路之存證功能屬之。

資料來源：財政部關務署基隆關－關務辭彙篇

 電子資料交換（Electronic Data Interchange, EDI）

一、「EDI」－係採用聯合國電子資料交換標準（UN/EDIFACT－United Nations/ Electronic Data Interchange For Administration, Commerce and Transport）規定之規格、代碼。

二、「FTP」－FTP 為 File Transfer Protocol 之縮寫，係依使用者雙方約定之格式傳輸。

三、「XML」－XML 為 Extensible Markup Language 之縮寫，稱為可擴展標示語言，該語言提供標記自定之便利性與可讀性，是一廣泛應用於網際網路之電子資料交換格式。

四、「HTML」－為 Hyper Text Markup Language 之縮寫，稱為超文字標示語言，是一廣泛應用網際網路瀏覽器（Browser）之電腦語言，報關人可透過瀏覽器上網連結海關之「網際網路報關」系統，及完成驗證後，即是以網頁格式（HTML）鍵輸資料。

資料來源：財政部關務署基隆關－關務辭彙篇

Electronic Data Interchange

海運通關自動化介紹

　　所謂「貨物通關自動化」（Cargo Clearance Automation），係將海關辦理貨物通關的作業與所有「相關業者」及「相關單位」，利用「電腦連線」，以「電子資料相互傳輸」取代傳統「人工遞送文書」；及以「電腦自動處理」替代「人工作業」，俾加速貨物通關。依關稅法第10條第一、三項規定：「依本法應辦理之事項、應提出之報單及其他相關文件，採與海關電腦連線或電子資料傳輸方式辦理，其經海關電腦記錄有案者，視爲已依本法規定辦理或提出；其實施辦法由財政部定之」，財政部已配合發布「貨物通關自動化實施辦法」（簡稱爲「通自法」）。

　　爲配合政府經貿政策，繼空運貨物實施通關自動化之後，海關於民國（以下皆爲民國年）83年11月7日上線實施通關自動化，由關務署以電子資料交換方式（EDI）透過通關網路與相關業界及簽審機關連線，運用電子資料相互傳輸方式取代傳統人工遞送文件作業，使通關作業產生脫胎換骨之變革。在自動化作業系統下進出口貨物之通關，改變爲C1（免審免驗通關）、C2（文件審核通關）及C3（貨物查驗通關）三種方式。由於通關過程中，除稅則與稅率之複核及貨物之查驗仍需人力參與外，其餘進階均以系統處理，大幅簡化關務徵課作業與業界報關程序。

　　自92年起，經濟部國際貿易局推動「貿易便捷化計畫」，藉由電子化資訊之傳遞，與相關之政府部門進行申報作業，避免資料重複鍵入而造成時間與成本之增加，相對的，政府之各部門間則可利用業者申報之電子資料，進行資料之交換、分送、彙總、追蹤及存證，有利於作業效率之提升。各簽審機關簽審文件電子化，並與貨物通關自動化整合，94年8月30日起「便捷貿e網」上線實施，簽審核准文件之單證比對作業回歸簽審機關辦理，加速廠商通關便捷，以落實貿易便捷與安全，並與國際接軌，達到貿易管理、貨物通關及國際運輸等全程無紙化之目標。

　　由於網際網路結合資訊科技應用已蓬勃發展，電子商務時代業已來臨，世界海關組織「World Customs Organization, WCO」及先進國家的海關亦已將網際網路服務列爲關務工作重點。有鑑於此，關務署爲順應國際關務趨勢，檢討行之多年透過通關網路EDI連線機制，於93年規劃建置網際網路報關連線系統，提供報關人另一種報關方式的選擇，「海運網際網路報關系統」自94年8月31日上線實施，提供業者多元化之報關連線方式。

　　98年1月，爲促進全球貿易安全與便捷，世界關務組織積極推動「世界關務組織全球貿易安全與便捷化標準架構（WCO SAFE Framework）」，鼓勵導入「世界關務組織資料模型」（以下簡稱WCO Data Model），引導各國利用資訊科技導入安全與便捷化相關標準通關作業模式，建立進出口單一窗口服務架構，藉各國海關間之合作與通關資訊之互通，便利進出口貨物之交易流通與國際貿易資料交換。

資料來源：https://keelung.customs.gov.tw/singlehtml/248

Unit 15-8 貨棧貨櫃集散站保稅倉庫物流中心及海關指定業者實施自主管理辦法

一、立法沿革

中華民國 90 年 12 月 30 日財政部（90）台財關字第 0900550915 號令訂定發布全文 17 條；中華民國 107 年 11 月 6 日財政部台財關字第 1071024587 號令修正發布第 3、6、12 條條文；增訂第 3-1 條條文；刪除第 5-1 條條文。

二、重要條文

第 2 條

已向海關辦理登記之進出口貨棧、貨櫃集散站、保稅倉庫、物流中心及經海關指定之業者，具備第 5 條規定之條件，得向海關申請或由海關依職權核准實施自主管理。

前項經海關指定之業者，由關務署公告並刊登行政院公報。

第 3 條

經海關核准實施自主管理之業者，海關得不派員常駐。但於實施初期海關得派員輔導。

經核准實施自主管理之業者，應置 **2 至 7 名專責人員**（含 1 名主管），辦理自主管理事項，海關並得定期或不定期實施稽核。專責人員名單應於每年 1 月底前送海關備查。

專責人員應具備下列資格：

一、具有國內外高中或高職以上學校畢業之學歷（含同等學力資格）。

二、通過由海關或由海關審查通過之民間機構舉辦之專業訓練，並取得合格證書。

三、最近 5 年內無走私違法紀錄。

專責人員每半年應參加由海關或由海關委託民間機構舉辦之專責人員進修講習至少 1 次，全年累積受訓時數不得低於 16 小時。

第 5 條

實施自主管理之業者，應具備下列條件：

一、已設置電腦及相關連線設備，並以電子資料傳輸方式依關務有關法令處理業務。

二、制度完善，營運正常及管理良好；對貨櫃（物）之進儲、提領、存放位置、異動及進出棧（倉）設有完整之電腦控管作業流程。但儲存大宗或種類單純之裸裝貨物者，不在此限。

三、大門警衛室設有電腦並採連線控管貨物進出，且可提供海關線上查核。但保稅工廠附設之自用保稅倉庫，不在此限。

四、大門及依法規應設置之集中查驗區域、貴重物品儲存專用倉間、未經公告准許輸入大陸物品儲放專區內，須設置具備 24 小時連續錄影或動態偵測錄影、供駐

庫（稽核）關員線上監看等功能之監視系統。監視錄影檔案應存檔 30 日以上，以供海關查核。但設立於港口機場管制區內以儲存大宗或種類單純裸裝貨物之業者，得經海關核准免設置。

五、業者無積欠已確定之稅額及罰鍰或提供相當擔保。

六、連續滿 3 年所存儲之貨櫃（物）無私運或嚴重失竊紀錄，且所屬員工無利用職務之便從事走私違法行為者。但有下列情形之一者，得不受 3 年期間之限制：

(一) 新申請設立登記之自用保稅倉庫、物流中心、免稅商店或專供存儲免稅商店銷售貨物之保稅倉庫。

(二) 港口機場管制區、加工出口區、農業科技園區或科學工業園區之倉儲業，設置未滿 3 年。

進出口貨棧、貨櫃集散站申請或經海關指定自主管理，除應具備前項各款規定之條件外，並應設有獨立之警衛部門，負責執行貨櫃（物）進出站（倉）之查對、門禁管制及櫃場（倉棧）巡邏；警衛人員需著制服，以資識別。但設立於港口機場管制區內之進出口貨棧，不在此限。

自主管理（Autonomous Management）

為減輕倉儲業者之營運成本，提升競爭力，並使業者對海關業務能充分參與，對合於條件之倉儲業者，經海關核准辦理自主管理，將原由駐庫海關監管事項全面或部分由倉儲業者辦理，實施對象包括：

一、**保稅工廠**：應指定專人代表保稅工廠辦理有關保稅事項，並向海關報備，海關取銷駐廠關員監管方式，由監管海關按管理保稅工廠分級管理作業要點視保稅工廠等級分別管理。

二、**保稅倉庫**：經核准登記之保稅倉庫，應由海關及倉庫營業人共同聯鎖，海關得派員定期或不定期前往稽核保稅貨物。但發貨中心、經海關核准自主管理之普通及專用保稅倉庫及設立於加工出口區者得免聯鎖，海關得隨時派員查核。

三、**貨棧、貨櫃集散站**：如組織健全，管理制度完善，得經海關核准辦理自主管理，設專責人員並向海關報備負責處理自主管理事項及海關連繫事宜，海關得隨時查核。

資料來源：財政部關務署基隆關—關務辭彙篇

海關規費（Customs Service Fees）

　　規費為政府機關因提供特定服務、設備或設定某種權利，或為達成某種管制政事目的，而對特定對象按成本或其他標準所收取之款項。

　　規費係對要求政府實行特定活動，依個別報價原則，由個人視其需要自行決定是否向政府購買此種服務；租稅係根據共同報價原則，但與所獲得之報價無比例關係。

　　海關對進出口運輸工具與貨物所為之特別服務，及各項證明之核發，得徵規費。規費徵收方式分貼足同額之「規費證」及開立國庫專戶存款收款書繳納。除業務費外均得使用規費證。

　　依「**海關徵收規費規則**」，應繳之規費計有 14 種，包括簽證費、修改處理費、影印費、資訊特別服務費、特別驗貨費、特別監視費、快速通關處理費、押運費、加封費、鍵輸費、倉庫貯存費、業務費、證照費及非辦公時間盤存特別處理費等，面額分為 13 種，相當於有價證券，由關務署委由中央印製廠統一印製交由台灣銀行代售。

資料來源：財政部關務署基隆關─關務辭彙篇

規費法第 2 條
各級政府及所屬機關、學校，對於規費之徵收，依本法之規定。本法未規定者，適用其他法律之規定。
法院徵收規費有特別規定者，不適用本法之規定。

關稅法第 101 條
海關對進出口運輸工具與貨物所為之特別服務，及各項證明之核發，得徵收規費；其徵收之項目、對象、條件、金額、標準、方式及程序之規則，由財政部定之。

通運貨物（Through Cargoes）

又稱**過境貨物**，指運輸工具所載國外貨物在本國口岸過境者而言，除經特別准許翻艙作業外，一般均不卸岸，原機或原船離境。依海關緝私條例法規解釋，尚應包括卸岸之轉口貨物在內。

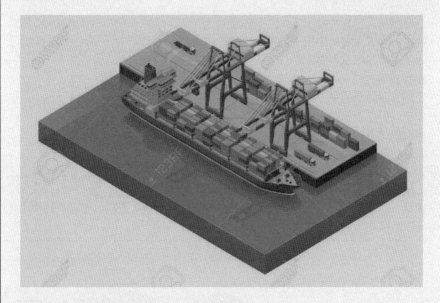

資料來源：財政部關務署基隆關—關務辭彙篇

關稅法對報關資料的規定

第 12 條

關務人員對於納稅義務人、貨物輸出人向海關所提供之各項報關資料，應嚴守秘密，違者應予處分；其涉有觸犯刑法規定者，並應移送偵查。但對下列各款人員及機關提供者，不在此限：

一、納稅義務人、貨物輸出人本人或其繼承人。

二、納稅義務人、貨物輸出人授權之代理人或辯護人。

三、海關或稅捐稽徵機關。

四、監察機關。

五、受理有關關務訴願、訴訟機關。

六、依法從事調查關務案件之機關。

七、其他依法得向海關要求提供報關資料之機關或人員。

八、經財政部核定之機關或人員。

海關對其他政府機關為統計目的而供應資料，並不洩漏納稅義務人、貨物輸出人之姓名或名稱者，不受前項限制。

第一項第 3 款至第 8 款之機關人員，對海關所提供第 1 項之資料，如有洩漏情事，準用同項對關務人員洩漏秘密之規定。

參考資訊

1. 陳崑旭、于惠蓉,「海事法規」,教育部,2017 年,臺北。
2. 彭銘淵,「航運行政事務法制管理體系架構之解析與評論」,五南圖書出版公司,2008 年,臺北。
3. 張志清,「港埠經營與管理」,國立臺灣海洋大學航運管理系,2018,基隆。
4. 劉律師 編著,「圖解式法典 海商法」,高點文化事業有限公司,2019年,臺北。
5. 許耀明,「未內國法化之國際條約與協定在我國法院之地位」,法務部司法官訓練所,司法新聲第 104 期,第 20～27 頁。

   http://ja.lawbank.com.tw/pdf/02-%E6%9C%AA%E5%85%A7%E5%9C%8B%E6%B3%95%E5%8C%96%E4%B9%8B%E5%9C%8B%E9%9A%9B%E6%A2%9D%E7%B4%84.pdf

6. 立法院法律系統

   https://lis.ly.gov.tw/lglawc/lglawkm

7. 交通部航港局

   https://www.motcmpb.gov.tw/

8. 台北海洋科技大學

   https://www.tumt.edu.tw/

9. 全國法規資料庫

   https://law.moj.gov.tw/index.aspx

10. 考畢試題查詢平臺 - 考選部

    https://wwwq.moex.gov.tw/exam/wFrmExamQandASearch.aspx

11. 財團法人中國驗船中心

    https://www.crclass.org/index.html

12. 臺灣自由貿易港區

    https://taiwan-ftz.com/#1

13. 財政部關務署基隆關

    https://keelung.customs.gov.tw/Default.aspx

14. 國立臺灣海洋大學

    https://www.ntou.edu.tw/

15. 國立高雄科技大學

    https://www.nkust.edu.tw/

16. 國立澎湖科技大學

    https://www.npu.edu.tw/index.aspx

17. 海洋委員會

    https://www.oac.gov.tw/ch/index.jsp

18. 海洋委員會海巡署

https://www.cga.gov.tw/GipOpen/wSite/mp?mp=999

19. 關港貿單一窗口

https://portal.sw.nat.gov.tw/PPL/index

20. International Maritime Organization, IMO

http://www.imo.org/EN/Pages/Default.aspx

21. Integrated Maritime Policy, EU

https://ec.europa.eu/maritimeaffairs/policy_en

22. Maritime Administration (MARAD), U.S. Department of Transportation

https://www.maritime.dot.gov/ports/office-safety/standards-and-regulations

23. The Maritime Industry Knowledge Centre

https://www.maritimeinfo.org/en/Maritime-Directory/shipping-rules

※ 本書部分插圖參考取材自國內外網路，圖片屬原始網站所有。

附　錄

1. 考選部公務人員高等考試三級考試暨普通考試航運行政、航海技術及輪機技術等3類科30科應試專業科目命題大綱公告

發文字號：考選部 103.03.19. 選高二字第 1031400177 號公告

公（發）布日：103.03.19

要　　旨：公告公務人員高等考試三級考試暨普通考試航運行政、航海技術及輪機技術等 3 類科 30 科應試專業科目命題大綱

本　　文：主旨：公告公務人員高等考試三級考試暨普通考試航運行政、航海技術及輪機技術等 3 類科 30 科應試專業科目命題大綱。

公告事項：

一、公務人員高等考試三級考試航運行政、航海技術及輪機技術等類科應試專業科目命題大綱，除適用於公務人員高等考試三級考試，並適用於公務人員升官等考試薦任升官等考試、關務人員升官等考試薦任升官等考試、其他特種考試三等考試及高員級考試，部分類科列考科目名稱相同者。

二、公務人員普通考試航運行政、航海技術及輪機技術等類科應試專業科目命題大綱，除適用於公務人員普通考試，並適用於其他特種考試四等考試及員級考試，部分類科列考科目名稱相同者。

三、旨揭應試科目命題大綱內容為各該相關考試命題範圍之例示，惟實際試題並不完全以此為限，仍可命擬相關之綜合性試題。

四、本案自公告日起實施，各應試科目命題大綱適用類科一覽表及命題大綱內容，請參見考選部全球資訊網（網址：http://www.moex.go v.tw）首頁 / 應考人專區 / 命題大綱選項內之詳細內容。

資料來源：全國人事法規釋例資料庫檢索系統
http://weblaw.exam.gov.tw/SorderContent.aspx?SoID=94436

2. 考選部公務人員普通考試航運行政科「航港法規概要」命題大綱

適用考試名稱	適用考試類科
公務人員普通考試	航運行政
專業知識及核心能力	一、理解航港法規之基礎觀念。 二、具有航政與港務法規應用能力。
命題大綱	
一、航港法規之基礎觀念 (一) 航港法規之作用 (二) 航港法規與行政法基本概念	
二、航政法規概要 (一) 航業法　(二) 船舶法 (三) 船員法　(四) 航路標識條例、船舶登記法、引水法	
三、港務法規概要 (一) 商港法 (二) 自由貿港區設置與管理條例 (三) 關務、港務、貿易相關法規	
四、我國航港法規與航港產業 (一) 航政法規對航運經營之關係 (二) 港務法規與港埠經營效率之關係	
備註	表列命題大綱為考試命題範圍之例示，惟實際試題並不完全以此為限，仍可命擬相關之綜合性試題。

3. 考選部公務人員普通考試輪機技術科「船舶法規概要」命題大綱

適用考試名稱	適用考試類科
公務人員普通考試	輪機技術
專業知識及核心能力	一、了解船體構造及載運規則相關規定。 二、了解船舶檢查丈量相關規定。 三、了解船舶載運相關規定。 四、了解船舶國際相關法規。
命題大綱	
一、船體構造 (一) 船舶防火構造規則概要 (二) 船舶載重線勘畫規則概要	
二、船舶法及相關法規 (一) 船舶法　　　　(二) 船舶檢查規則 (三) 船舶丈量規則　(四) 小船檢查丈量規則	
三、船舶載運相關法規 (一) 船舶散裝貨物裝載規則　(二) 客船管理規則 (三) 小船管理規則　　　　　(四) 遊艇管理規則	
四、國際相關法規 (一)1974 年海上人命安全國際公約及其議定書（SOLAS 公約） (二) 航海人員訓練、發證及當值標準國際公約（STCW 公約） (三) 防止船舶污染國際公約（MARPOL 公約）	
備註	表列命題大綱為考試命題範圍之例示，惟實際試題並不完全以此為限，仍可命擬相關之綜合性試題。

4. 考選部公務人員高等考試三級航運行政科「航港法規」命題大綱

適用考試名稱	適用考試類科
公務人員高等考試三級	航運行政
專業知識及核心能力	一、了解航港法規與行政法之基礎觀念。 二、熟悉航政與港務法規內容。 三、具備應用航港法規，並與航港產業發展聯結之能力。
命題大綱	
一、航港法規及行政法之基礎觀念 (一) 航港法規之作用 (二) 行政法之性質及行政行為、行政程序	
二、航政法規 (一) 航業法　(二) 船舶法 (三) 引水法　(四) 船舶登記法 (五) 船員法　(六) 航路標識條例	
三、港務法規 (一) 商港法 (二) 自由貿易區設置與管理條例 (三) 關務、港務、貿易相關法規	
四、我國航港法規與航港產業 (一) 船舶法與海事安全 (二) 船舶登記法與國輪船隊發展 (三) 航業法與航運產業發展 (四) 船員法與船員培育僱用 (五) 商港法與港埠營運 (六) 自由貿易港區相關法規與自由港區發展	
備註	表列命題大綱為考試命題範圍之例示，惟實際試題並不完全以此為限，仍可命擬相關之綜合性試題。

5.考選部公務人員高等考試三級航海技術科「海上人命安全」命題大綱

適用考試名稱	適用考試類科
公務人員高等考試三級	航海技術
專業知識及核心能力	一、熟悉船舶構造艙區及防火救生設備之安全設置。 二、熟悉船舶安全營運管理及其相關規定。 三、熟悉海事保全之特別措施及其相關規定。 四、熟悉其他有關船舶安全之知識與應用。
命題大綱	
一、船舶構造安全 (一) 艙區劃分及穩度、機械與電機裝置 (二) 防火、火災偵測及滅火 (三) 救生設備及佈置	
二、船舶安全營運管理	
三、海事保安 (一) 加強海上安全之特別措施 (二) 加強海上保全之特別措施	
四、其他船舶安全 (一) 無線電通信 (二) 航行之安全 (三) 貨物運送 (四) 危險品之載運 (五) 核動力船 (六) 高速船安全措施	
備註	表列命題大綱為考試命題範圍之例示，惟實際試題並不完全以此為限，仍可命擬相關之綜合性試題。

6. 考選部公務人員高等考試三級航海技術科「航港法規」命題大綱

適用考試名稱	適用考試類科
公務人員高等考試三級	航海技術
專業知識及核心能力	一、熟悉我國航港法規及行政法之基礎觀念。 二、熟悉我國各航政相關法規內容。 三、熟悉我國各港務相關法規內容。 四、熟悉國際各相關海事法規內容。
命題大綱	
一、航港法規及行政法之基礎觀念 (一) 航港法規之作用 (二) 行政法之性質及行政行為、行政程序	
二、航政法規及其相關法規 (一) 航業法 (二) 船舶法及其相關法規如：船舶檢查規則、船舶丈量規則、小船檢查丈量規則、小船管理規則等 (三) 引水法 (四) 船舶登記法 (五) 船員法及其相關法規如：航行船舶船員最低安全配置標準等 (六) 航路標識條例	
三、港務法規及其相關法規 (一) 商港法及其相關法規如：商港港務管理規則等 (二) 自由貿港區設置與管理條例 (三) 關務、港務、貿易相關法規	
四、相關國際海事法規 (一) LL, Tonnage 國際公約 (二) MARPOL 及其海洋污染類相關國際公約 (三) STCW 國際公約 (四) SAR, Salvage 國際公約	
備註	表列命題大綱為考試命題範圍之例示，惟實際試題並不完全以此為限，仍可命擬相關之綜合性試題。

7. 考選部公務人員高等考試三級輪機技術科「船舶法規」命題大綱

適用考試名稱	適用考試類科
公務人員高等考試三級	輪機技術
專業知識及核心能力	一、熟悉船體構造及載運規則相關規定。 二、熟悉船舶檢查丈量相關規定。 三、熟悉船舶載運相關規定。 四、熟悉船舶國際相關法規。
命題大綱	
一、船體構造 (一) 船舶防火構造規則 (二) 船舶載重線勘畫規則	
二、船舶法及相關法規 (一) 船舶法 (二) 船舶檢查規則 (三) 船舶丈量規則 (四) 船舶設備規則 (五) 小船檢查丈量規則	
三、船舶載運相關法規 (一) 船舶散裝貨物裝載規則 (二) 客船管理規則 (三) 小船管理規則 (四) 遊艇管理規則	
四、國際相關法規 (一)1974 年海上人命安全國際公約及其議定書（SOLAS 公約） (二) 航海人員訓練、發證及當值標準國際公約（STCW 公約） (三) 防止船舶污染國際公約（MARPOL 公約）	
備註	表列命題大綱為考試命題範圍之例示，惟實際試題並不完全以此為限，仍可命擬相關之綜合性試題。

8.海事法規閱讀注意重點

1. 立法宗旨：緣起、對象、範圍、目標（立法說明）
2. 名詞定義：對象、行為、國際法規名詞
3. 主管機關：中央部會、地方政府、相關機關（構）
4. 規定程序：申請、公告、異議、相關機關（構）
5. 應盡權責：管理人或行為人（或代理）責任、除（例）外規定
6. 裁罰範圍：罰金金額、剝奪或中止行使權利

船上法令規章必要藥品及醫療設備備置標準第 2 條
船舶應備置下列法令規章：

一、船員法。
二、船舶法。
三、海商法。
四、商港法。
五、海洋污染防制法。
六、勞動基準法。
七、勞工安全衛生相關法規。
八、船舶載重線勘劃規則。
九、國際海上避碰規則。
十、港口國航行水道、航道規則。
十一、海上人命安全國際公約。
十二、一九八二年國際海洋法公約。
十三、船舶噸位丈量國際公約。
十四、國際載重線公約。
十五、防止船舶污染國際公約。
十六、一九七八年航海人員訓練、發證及當值標準國際公約。
十七、其他依法令或經指定應備置之規章。

9.歷年高普考航港法規考試試題

109 年公務人員高等考試三級考試

類科：航運行政
科目：航港法規

一、就船員、船舶、航政、港務等相關產業規範之考量觀點，說明海事行政法應含括那些種類的法律或法規範圍？（25 分）

二、請依船舶登記法及其施行細則，述明「應登記之船舶權利事項」、「船舶登記法及其施行細則之內容」、「船舶登記法之目的」等三項主要內容為何？（25 分）

三、請分別由「商港之公權力、商港之經營管理、港口安全及管制」三個面向，述明港埠業務管理範圍之相關法規有那些？（25 分）

四、我國為提升船舶航行安全、設置、監督及管理各種航路標識，特制定「航路標識條例」。請述明以下定義：

(一)航路標識（10 分）

(二)水域（5 分）

(三)航船布告（5 分）

(四)海洋設施（5 分）

109 年公務人員高等考試三級考試

類科：航海技術
科目：航港法規

一、依「航路標識條例」，試說明：
(一) 條例之立法目的為何？（5 分）
(二) 航路標識設置機關（構）之權責分工為何？（10 分）
(三) 彰化外海離岸風力發電場的設置，依本條例規定，相關單位應有何作為？（10 分）
二、現行船舶法第 59 條第 1 項：「遊艇檢查分特別檢查、定期檢查、臨時檢查及自主檢查。」請說明各項檢查之時機與檢查之遊艇種類等相關規定。（25 分）
三、關於港口國管制（Port State Control），試回答下問題：
(一) 港口國管制之目的為何？（5 分）
(二) 在港口國管制程序（Procedures for Port State Control）中，次標準船的定義為何？（5 分）
(三) 我國針對港口國管制檢查實施禁行制度（Banning System）之原因及依據為何？（15 分）
四、關於 SOLAS 公約 2002 年修正案第 XI-2 章加強海事保全特別措施（Special Measures to Enhance Maritime Security）與國際船舶及港口設施保全章程（ISPS Code），試說明章程之適用範圍為何？締約國政府的責任主要為何？又有哪些職責事項不可授權其認可之保全機構（PSO）來執行？（25 分）

109 年公務人員高等考試三級考試

類科：輪機技術

科目：船舶法規

一、船舶防火構造規則是依船舶法第 35 條規定所訂定。此規則之目的係要求船舶之防火達到最完善可行程度，請問其基本原則為何？（25 分）

二、依據我國船舶法第 33 條第 3 項訂定船舶散裝固體貨物裝載規則規定，船舶應具備裝載手冊，裝載手冊內容應包括哪些事項？（25 分）

三、依據我國船舶法第 33 條第 3 項訂定船舶散裝固體貨物裝載規則。請說明船舶散裝固體貨物裝載規則中五個名詞的定義：(一) 平艙、(二) 已平艙之滿載艙間、(三) 未平艙之滿載艙間、(四) 部分裝載艙間、(五) 專用艙間。（每小題 5 分，共 25 分）

四、

(一) 由於船舶造成空氣污染的情形日益嚴重，我國依防止船舶污染國際公約（MARPOL）規定，自民國 108 年 1 月 1 日起，規定外籍船舶及航駛國際航線之國籍船舶，進入我國國際商港區域，嚴格限制船舶使用燃油的含硫量，請問這個規定的內涵是什麼？（15 分）

(二) 航商又怎麼因應這個規定？（10 分）

109 年公務人員普通考試

類科：航運行政
科目：航港法規概要

一、我國有關船舶法及其相關子法，係針對我國相關之船舶航行安全管理範疇制定之，請列舉至少 7 項並述明其內有關「船舶安全管理」之主要內容。（25 分）

二、我國引水法及相關法規，係針對我國引水區域之船舶航行安全的管理範疇所制定的，請列舉至少 4 項與航行安全管理相關之主要範圍內容；或衍生之法規名稱。（25 分）

三、請述明航業法第 3 條有關「船舶運送業」與「船務代理業」之名詞定義。（25 分）」

四、

(一)請述明「商港公共基礎設施」有哪些？（5 分）

(二)商港公共基礎設施，其興建維護費用由何處支付？（5 分）

(三)商港公共基礎設施，由誰來興建維護？（5 分）

(四)國際商港區域內各項設施，除「商港公共基礎設施」之外，得由誰來興建自營或租賃經營？（10 分）

109 年公務人員普通考試

類科：輪機技術

科目：船舶法規概要

一、為確保船舶航行及人命安全，並落實船舶國籍證書、檢查、丈量、載重線及設備之管理，我國制定「船舶法」。請問「船舶法」中如何定義以下這些名詞：(一) 船舶、(二) 載客小船、(三) 貨船、(四) 特種用途船、(五) 乘員。（每小題 5 分，共 25 分）

二、依據我國「船舶法」第 44 條規定訂「船舶丈量規則」。請說明「船舶丈量規則」中五個名詞的定義：(一) 船長、(二) 模深、(三) 船寬、(四) 法長、(五) 上甲板。（每小題 5 分，共 25 分）

三、依據我國「船舶法」第 51 條規定訂「船舶載重線勘劃規則」，「船舶載重線勘劃規則」中所稱「封閉船樓」的詳細規定為何？（25 分）

四、依據我國「船舶法」第 24 條規定訂「船舶設備規則」，「船舶設備規則」中的消防設備包括哪些設備及其屬具？（25 分）

108 年公務人員高等考試三級考試

類科：航運行政
科目：航港法規

一、我國自由港區管理機關之主管機關為交通部，其掌理自由貿易港區之港區內執掌事項為何？（25 分）

二、依據我國航政法令規範，船舶入港至出港時，應於船上懸掛何種國旗？若是遇難或避難船舶，經交通部航港局或指定機關會同有關機關檢查，有那些情事之一時，交通部航港局或指定機關得拒絕入境？且該遇險避難之船舶進港後，不得有那些污染港區之行為？（25 分）

三、為維護港區安全及污染防治，依據相關航政法令規定，港區內之船舶及浮具，不得有那些行為？（25 分）

四、請說明我國制定「航路標識條例「之立法目的與免收航路標識服務費之船舶範圍。（25 分）

108 年公務人員高等考試三級考試

類科：航海技術
科目：航港法規

一、請說明何人有行政程序之行為能力？（20 分）

二、依船舶登記法第 3 條之規定，船舶所有權之保存、設定、移轉、變更、限制、處分或消滅，均應登記。船舶是動產為何採行登記制度？試申論。（30 分）

三、請依商港法及自由貿易港區設置管理條例之規定解釋：「商港區域」、「船舶理貨業」、「自由港區」、「自由港區事業」及「自由港區事業以外之事業」之意義。（每一專用之解釋為 4 分，計 20 分）

四、關於 1989 年海難救助國際公約（International Convention on Salvage, 1989），請說明下列問題：

(一) 何謂特別補償（specual compensation）？（20）

(二) 特別補償與海難救助報酬（salvage reward）有何關係？（10 分）

108 年公務人員高等考試三級考試

類科：輪機技術

科目：船舶法規

一、我國「船舶防火構造規則」規定，第壹等及防火構造中船體構造的船殼、上層建築、各結構艙壁、各甲板與甲板室應以鋼材或其他同等材料構成。結構之任何部分為鋁合金時，應符合哪些規定？（25分）

二、依據我國「船舶檢查規則」規定，船舶定期檢查時，船舶鍋爐應依據哪些規定項目進行檢查？（25分）

三、依據我國「客船管理規則」規定，客船檢查時所提送之「船舶主要規範說明書」中，一般資料及輪機部分，分別記載哪些事項？（25分）

四、MARPOL 公約「附則 VI－防止船舶空氣污染規則」，船舶排放控制要求項目中，對於氮氧化物（NOx）及硫氧化物（SOx）的要求分別為何？（25分）

108 年公務人員普通考試

類科：航運行政
科目：航港法規概要

一、船員法所提之船員的「服務時間」，其法定定義為何？並請另說明船員終止僱傭契約之法定原因有哪些？（20 分）

二、依據我國商港法、商港港務管理規則規定，在商港所轄區域內或港區從事那些作業應經商港事業經營機構、交通部航港局或指定機關同意？（30 分）

三、商港法、航業法所規定的港埠及航運產業有哪些？並請解釋該產業的定義。（30 分）

四、依據我國船員法規定，雇用人於何種情形下不得終止僱傭契約，且若要終止僱傭契約該如何依法預告、為之？（20 分）

108 年公務人員普通考試

類科：輪機技術
科目：船舶法規概要

一、我國「船舶防火構造規則」規定，防火構造分為哪些等級？各等級防火構造適用之船舶規定為何？（25 分）

二、我國「小船管理規則」的母法為何？本規則所稱小船，定義為何？小船之適航水域如何規定？（25 分）

三、依據我國「船舶檢查規則」規定，現成船機器進行特別檢查時，其電器設備應依哪些規定檢查？（25 分）

四、MARPOL 公約「附則 I－防止油類污染規則」檢驗與證書部分規定，需要檢驗的船舶噸位如何劃分？需要檢驗的種類有哪些？其檢驗的時機為何？（25 分）

107 年公務人員高等考試三級考試

類科：航運行政
科目：航港法規

一、請說明我國目前推動自由貿易港區所面臨之挑戰，以及因應之道。（25 分）
二、請列舉六種我國主要之航港法律，並說明其立法目的。（25 分）
三、請說明與船舶法、船員法有關之國際海事公約有那些？其性質各為何？（25 分）
四、請比較我國船舶登記制度與權宜船登記制度之主要差異。（25 分）

107 年公務人員高等考試三級考試

類科：航海技術
科目：航港法規

一、請說明海上人命安全公約、防止船舶污染國際公約、航海人員訓練、發證及當值標準國際公約對航運公司之意義。（25 分）

二、請說明商港法與港埠政策之關係。（25 分）

三、航業法對船舶運送業之規定範圍為何？（25 分）

四、何謂「行政命令」、「行政處分」、「行政救濟」？（25 分）

107 年公務人員高等考試三級考試

類科：輪機技術
科目：船舶法規

一、船舶於何種狀況下，應向所在地之航政主管機關申請施行船舶臨時檢查？（25 分）

二、船舶法用詞，對於小船、客船、動力船舶及高速船定義爲何？（25 分）

三、防止船舶污染國際公約（MARPOL 公約）所規範附錄中，附則 V、附則 VI 各規範污染物爲何？規範準則爲何？（25 分）

四、火災分類中 NFPA 與 ISO 列表其分類有何區別不同？分類中各可燃物爲何？應對滅火器材爲何？（25 分）

107 年公務人員普通考試

類科：航運行政
科目：航港法規概要

一、現行航港法規中，有多採取「……未規定事項，涉及國際事務者，主管機關得參照國際公約或協定及其附約所訂規則、辦法、標準、建議或程式，採用施行。」的立法模式，請列舉並說明採用此立法模式之利弊得失？（25 分）

二、依船員法規定，船員及其雇用人得終止僱傭契約之法定原因為何？（25 分）

三、為了商港之管理、經營及安全考量，商港法規定，航港局或指定機關對船舶之入港，視不同狀況有不同處置（包括申報、不准、拒絕等），試申論之。（25 分）

四、針對現行航業法第 4 條規定，現行航政主管機關有何規定，讓非中華民國船舶可以在中華民國各港口間運送客貨？其理由及具體內容為何？試申論之。（25 分）

107 年公務人員普通考試

類科：輪機技術
科目：船舶法規概要

一、試繪圖說明火災（燃燒）三要素及火災四面體，說明燃燒之抑制方式。（25 分）

二、油料紀錄簿填寫注意事項為何？（25 分）

三、靜止船體的穩定特性，其平衡狀態可區分為哪三種？試繪圖說明之。（25 分）

四、由於人類行為造成海洋污染導致不利海洋環境之影響為何？試述之。（25 分）

106 年公務人員高等考試三級考試

類科：航運行政

科目：航港法規

一、行政程序法第 4 條規定：「行政行為應受法律及一般法律原則之拘束。」請闡述本條規定之意涵。（25 分）

二、船舶法第 84 條第 1 項規定：「主管機關因業務需要，得委託驗船機構辦理下列事項：一、船舶檢查、丈量及證書之發給。二、各項國際公約規定之船舶檢驗及證書之發給。三、船舶載重線之勘劃、查驗及證書之發給。」請申論：

(一) 此「委託」之法律性質為何？受託者取得何種法律地位？（10 分）

(二) 依行政程序法之規定，此「委託」應實踐何種行政程序？（15 分）

三、請就我國現行海事評議制度，申述下列問題：

(一) 海事評議小組之設立依據為何？其評議事項有哪些？（10 分）

(二) 海事評議書之法律性質為何？不服海事評議書之決議應如何救濟？（10 分）

(三) 現行海事評議制度有何缺失？試抒己見。（5 分）

四、關於引水制度，請回答下列問題：

(一) 引水人在船上的法律地位為何？（10 分）

(二) 承上題，我國現行法制對此有何相關規定？（15 分）

106 年公務人員高等考試三級考試

類科：航海技術

科目：航港法規

一、行政程序法第 7 條規定：「行政行為，應依下列原則為之：一、採取之方法應有助於目的之達成。二、有多種同樣能達成目的之方法時，應選擇對人民權益損害最少者。三、採取之方法所造成之損害不得與欲達成目的之利益顯失均衡。」請闡述本條規定之意涵。（25 分）

二、請救我國現行引水制度，回答下列問題：

(一)何謂「引水」？引水制度之目的何在？（10 分）

(二)何謂強制引水？何謂自由引水？（5 分）

(三)我國國際商港係採強制引水還是自由引水，其理由何在？（10 分）

三、依現行商港法第 2 條第 2 巷規定：「商港之經營及管理組織如下：一、國際商港：由主管機關設國營事業機構經營及管理；管理事項涉及公權力部分，由交通及建設部航港局（以下簡稱航港局）辦理。二、國內商港：由航港局或行政院指定之機關（以下簡稱指定機關）經營及管理。」，請申述：

(一)商港之法律地位。（10 分）

(二)我國現制國際商港與國內商港之經營管理模式有何異同？（15 分）

四、船舶法第 74 條第 1 項：「小船之檢查，分特別檢查、定期檢查及臨時檢查。」請說明：

(一)各該檢查之檢查時機。（15 分）

(二)檢查合格者，航政機關應為何種行為？（10 分）

106 年公務人員高等考試三級考試

類科：輪機技術
科目：船舶法規

一、依據我國「船舶散裝貨物裝載規則」規定船長應於船舶載運散裝貨物前，須向貨主取得貨物相關書面運送文件，以便施行適當積載和安全裝運之預防措施，該相關文件內容應包含哪些資料？該規則又要求船舶若裝載非黏性散裝貨物時，在進行貨物平艙作業需符合哪些規定？（20分）

二、請依據「船舶檢查規則」要求船舶定期檢查有關艉軸、機器、鍋爐之要求規定為何？（30分）

三、請繪圖與文字說明我國「船舶載重線勘劃原則」，如何規定航行國際間、國內航線時之船舶勘劃木材載重線要求？（30分）

四、國際海事組織在 MSC.365（93）決議案中，修正修正「國際海上人命安全公約（SOLAS）」規則 II-1/29.3.2 的內容，已自 2016 年 7 月 1 日起施行，對於舵機之測試要求上，主操舵裝置及輔操舵有何規範作為？（20分）

106 年公務人員普通考試

類科：航運行政
科目：航港法規概要

一、海運服務業在我國屬特許事業者，有哪些業別？其法律依據、特性及定義為何？（25分）

二、現行國際商港行使公權力之 C.I.Q.S. 機關及其執法依據為何？（25分）

三、何謂遊艇、自用遊艇、非自用遊艇、載客小船、客船、娛樂漁業漁船，各有何區別？（25分）

四、引水人應招登船執行業務時，引水人是指揮或是顧問？請依引水法、船員法規定說明之。（25分）

106 年公務人員普通考試

類科：輪機技術

科目：船舶法規概要

一、依據我國「船舶防火構造規則」規定，船舶之防火構造除遊艇及小船外，明訂航行國際航線船舶須符合那些國際公約規定要求？在封閉式駛上駛下貨艙空間內載運油箱內儲有自用油料之機動車輛者，為防止易燃揮發氣體之引燃，應符合哪些規定？（20 分）

二、依據我國「船舶設備規則」要求救生設備之型式、材料與製造，應經航政機關或驗船機構之認可，或符合相關國際公約、中華民國國家標準，並應於船舶離港前及航程中，隨時保持有效可用狀態，該救生設備應符合哪些規定？前述該規則又要求救生圈用自燃燈之構造應符合哪些規定？（30 分）

三、依據我國「船舶檢查規則」規定船舶應分別施行那三類檢查？且明訂航行國際航線船舶須符合哪些國際公約規定要求？又，有關船舶施行檢查及審核圖樣之機關，其在認定上之規定為何？（30 分）

四、國際海事組織在 MSC.380（94）決議案中，修正「國際海上人命安全公約（SOLAS）」規則 VI/2 的內容，規定載貨貨櫃於上船前，必須先核實貨櫃重量。此「核實貨櫃重量規則（VGM Rule, Verified Gross Mass Rule）」已自 2016 年 7 月 1 日起施行，禁止沒有核實過重量的載貨貨櫃上船，且我國交通部航港局亦於中華民國 105 年 6 月 13 日公告「我國實施載貨貨櫃總重驗證指導原則」。試問新修定之 SOLAS 規則 VI/2 對於核實貨櫃重量之規定為何？其毛重（Gross Weight）和安全載重（Max. Gross Weight）的差別是什麼？（20 分）

105 年公務人員高等考試三級考試

類科：航運行政
科目：航港法規

一、請論述沿海貿易權（Cabotage），我國航業法及船舶法規定及實務現況。（25分）

二、請說明國際公約與國內相關法規，對船舶必須具備一定適航能力條件之規定。（25分）

三、請論述國際船舶保全及我國相關船舶保全作為。（25分）

四、近年國際港口相繼發生危險品爆炸及化學品外洩事件，請論述我國相關港口管理法規及其內容。（25分）

105 年公務人員高等考試三級考試

類科：航海技術

科目：航港法規

一、試依航業法與商港法之規定解釋：商港設施、海運承攬運送業、國際聯營組織、船舶運送業和貨櫃集散站經營業之意義。（20 分）

二、試說明客船、載客小船及高速船隻定義，並說船舶檢查的主要依據法規。（25 分）

三、試述船員的適用對象，並分別依海商法、商港法以及船員法說明船長在處理海難事故中應有之義務與責任。（25 分）

四、試說明商港法對於船舶於商港區域外因海難或其他意外事故致擱淺、沉沒而必須限期打撈、移除船舶及所載貨物至指定之區域之相關規定與程序。（30 分）

105 年公務人員高等考試三級考試

類科：輪機技術
科目：船舶法規

一、我國「船舶防火構造規則」是依何母法的第幾條規定而訂定的？此規則中之船舶防火構造分為六級，各等級防火構造規定適用於何種船舶？（25 分）

二、依據我國「船舶丈量規則」之規定，船舶所有人或船長申請船舶丈量時，應填具申請書，申請書應載明哪些事項？另外必需檢附哪些必要之圖說？（30 分）

三、依「客船管理規則」客船檢查及航前查驗部分之規定，船舶所有人向航政機關或驗船機構申請施行初次檢查時，應依「船舶檢查規則」規定填具申請書並檢送哪些文件？（20 分）

四、依據「海上人命安全國際公約」第 VIII 條之規定，須達到三分之二之締約國接受，始生效力；且各締約國須循其國內之立法程序完成批准、接受之手續，因此幾乎所有國際公約之修正案，其生效日期皆遙遙無期。有鑑於此，IMCO 乃於 1974 年 10 月 20 日至 11 月 1 日，在倫敦召開第五次海上人命安全國際會議；藉 1960 年海上人命安全國際公約的基礎，修正制定了 1974 年海上人命安全國際公約，同時也涵蓋一全新的修正程序，稱作「默示接受」（Tacit Acceptance）程序，請問此程序如何施行？有何效果？（25 分）

105 年公務人員普通考試

類科：航運行政
科目：航港法規概要

一、請解釋下列名詞之意義：（每小題 5 分，共 25 分）
(一) 危險物品
(二) 船舶載重線
(三) 壓艙水
(四) 國際聯營組織
(五) 船員之資格
二、請說明我國航運法規特性、制定目的何範圍？（25 分）
三、請論述航運政策與航運法規關係。（25 分）
四、請說明海洋污染防治法，防止航行船舶對海洋污染之規定（25 分）

105 年公務人員普通考試

類科：輪機技術
科目：船舶法規概要

一、我國「船舶防火構造規則」中，第一級防火構造船舶之機艙空間應具有符合哪些規定之逃生方法？（25 分）

二、我國船舶丈量規則所用名詞中，下列名詞之定義為何？（每小題 5 分，共 25 分）
(一) 法長
(二) 前垂線
(三) 基線
(四) 梁拱高
(五) 風雨密

三、遊艇所有人應於特別檢查合格及丈量後多少時間以內，檢附哪些文件向航政機關申請登記或註冊？（25 分）

四、依據「STCW 國際公約」規定，在有人值守機艙負責當值之輪機員，或指派在定期無人值守機艙為值勤輪機員，兩者發證之強制性最低要求為何？（25 分）

104 年公務人員高等考試三級考試

類科：航運行政
科目：航港法規

一、因應航港體制改革及實務現況之需要，商港法於 108 年全盤修正。為利國際商港之營運，特對國際商港需用土地之取得與使用收益予以增修，試對此增修內容申述之。（25 分）

二、何謂依法行政原則、法律優位原則及法律保留原則？試申論之。（25 分）

三、試述為因應海盜威脅，航業法及其子法有何規制？試申論之。（25 分）

四、為保障船員權益，維護船員身心健康，船員法對船員之勞動條件規定於 103 年 12 月大幅修正，試申論其修正理由及現行船員法勞動條件之主要規範。（25 分）

104 年公務人員高等考試三級考試

類科：航海技術
科目：航港法規

一、現行船舶法第 23 條第 1 項之規定：「船舶檢查分為特別檢查、定期檢查、臨時檢查。」

(一) 試依船舶法規定，申述各類船舶檢查之時機為何？（15 分）

(二) 船舶所有人對對於船舶檢查結果不服者，應如何救濟？（5 分）

(三) 船舶法規定之救濟與一般救濟途徑有何不同？（5 分）

二、現行船員法第 89 條：「本法未規定事項，涉及國際事務者，主管機關得參照有關國際公約或協定及其附約所訂規則、辦法、標準、建議或程式，採用發布施行。」本條所謂「關國際公約或協定及其附約所訂規則、辦法、標準、建議或程式」，是否得作為行政法之法源？主管機關「採用發布施行」是否有違憲疑義？試從法治國之角度分析。（25 分）

三、行政程序法第 10 條：「行政機關行使裁量權，不得逾越法定之裁量範圍，並應符合法規授權之目的。」試問：

(一) 何謂裁量？（5 分）

(二) 裁量應遵守哪些原則？（15 分）

(三) 違反前揭裁量原則，其法律效果如何？（5 分）

四、關於港口國管制（Port State Control, PSC），試回答下列問題：

(一) 何謂港口國管制（10 分）

(二) 我國實施港口國管制之國內法依據為何？規範體系上有無疑義？（15 分）

104 年公務人員高等考試三級考試

類科：輪機技術
科目：船舶法規

一、依據我國船舶法及船舶設備規則規定，試請說明船舶設備之種類爲何？（30 分）

二、依據我國船舶法、船舶載重線勘劃規則規定，船舶有哪些情形時不得航行，又依國際載重線公約或船籍國法律之規定應勘劃載重線之非中華民國船舶，自中華民國港口發航，該船船長應向航政機關送驗何類證書，且有發生那些情形時，該港航政機關得命其限期改善，未改善完成前，不得離港？另請說明船舶發生哪些情事時，其中華民國船舶載重證書應予以廢止？（30 分）

三、依據我國船舶法及遊艇管理規則規定，說明遊艇之檢查種類、航行條件爲何？並請說明遊艇及新建遊艇特別檢查之範圍？（20 分）

四、依據我國船舶丈量規則規定，船舶淨噸位計算公式爲：

$NT = K_2 V_c \left(\dfrac{4d}{3D} \right)^2 + K_3 \left(N_1 + \dfrac{N_2}{10} \right)$，試問該公式中 V_c、D、N_1 表示爲何？以及在利用該公式計算船舶淨噸位時，若「N_1 與 N_2 之和少於 13 人時」、「$\left(\dfrac{4d}{3D} \right)^2$ 之值大於 1 時」，該如何調整？D 爲舯部模吃水，依據我國船舶丈量規則該如何界定此吃水？（20 分）

104 年公務人員普通考試

類科：航運行政
科目：航港法規概要

一、環境污染以爲現今重要課題，商港法亦於 100 年修正時，將其列爲立法目的之一，試說明商港法對於港區內污染行爲之管理機制。（25 分）

二、船舶法之客船定義爲何？確保船舶航行及人命安全，船舶法對於客船有何主要管制規定？（25 分）

三、試述船員立法目的及爲此目的之主要規範。（25 分）

四、無論國際公或國內之航業法令均規定商船必須在各方面具備一定條件，符合安全要求，並取得各種證明文件後，始得承運客貨。請依船舶法之規定，說明船舶（遊艇及小船除外）應具備哪些文書，以及未具備者之罰則。（25 分）

104 年公務人員普通考試

類科：輪機技術

科目：船舶法規概要

一、依據我國船舶設備規則規定，請說明救生設備之種類為何？（30分）

二、依據我國船舶法及遊艇管理規則規定，試說明遊艇施行特別檢查時機為何？另針對自用遊艇之特別檢查項目內容應包括哪些？試請說明之。（30分）

三、依據我國船舶法規定，在水面或水中供航行之船舶，應適用本法之規定，但哪些船舶不在此限？又該法之立法目的為何？（20分）

四、

(一) 依據我國船舶丈量規則規定，船舶所有人遇到那些情事之一時，應自發覺或事實發生之日起多久期限內，將國際噸位證書或船舶噸位證書繳還航政機關？（10分）

(二) 若無法將船舶國際噸位證書或船舶噸位證書繳還時，船舶所有人該如何處理，抑或倘若航政機關簽發船舶噸位證書後，其淨噸位減少時，應俟原噸位證書簽發日起屆滿多久後始得換發新證書，但有哪些情況之一者不在此限？（10分）

103 年公務人員高等考試三級考試

類科：航運行政
科目：航港法規

一、請說明制定航港法規之目的，以及爲達成此等目的，其主要立法內容有哪些？
（20 分）

二、爲保障船員權利，船員法對船員之僱用有何規定？（30 分）

三、爲何貨物自由流通對自由貿易港區之運作極爲重要？並請說明自由貿易港區設置
管理條例對貨物流通管制之主要規定。爲能促進貨物自由流通，對未來該條例之
修正有何建議？（30 分）

四、請說明航業法、船舶法、船舶登記法、船員法、商港法、自由貿易港區設置管理
條例與我國產業發展之關係。（20 分）

103 年公務人員高等考試三級考試

類科：航海技術
科目：航港法規

一、試從中央集權性、國內法與國際法、公法與私法的角度分析與說明航政法規的特性。（15 分）

二、試述商港法之立法要旨與主要架構，並舉例說明依據商港法所設之相關法規或行政規則。（20 分）

三、試依據交通部航港局航安組掌理事項，闡述該組織工作重點及未來發展方向。（30 分）

四、試列舉至少 15 類國際海事組織框架下有關海洋環境保護之相關法規。（15 分）

五、試依 1989 年國際救助公約（The International Convention on Salvage, IMO 1989）之精神，闡述救助作業的實施要點。（20 分）

103 年公務人員高等考試三級考試

類科：輪機技術
科目：船舶法規

一、依據「航海人員訓練、發證及當值標準國際公約（STCW）」內容規定，試說明
　　船上人員的工作分類，責任層級及職務種類為何？（25 分）

二、依據「國際載重線公約」規定，試繪圖說明各載重線上字母符號代表意義為何？
　　（25 分）

三、依據我國「船舶法」規定，試說明船舶應備的文書種類為何？（25 分）

四、依據我國「船舶法」規定，試說明小船檢查的申請程序及檢查種類為何？（25 分）

103 年公務人員普通考試

類科：航運行政
科目：航港法規概要

一、我國有哪些法規在規範海上商業活動，維護海上人命、財產安全，並防止災害發生？（20 分）

二、請依船員法，說明船長之權責。（30 分）

三、請比較說明航政機關對本國籍商船及對外籍商船之管制檢查方式。（30 分）

四、自由貿易港區設置管理條例與商港法，對提升我國港埠競爭力有何重要性？（20 分）

103 年公務人員普通考試

類科：輪機技術
科目：船舶法規概要

一、有關來自船舶操作所產生的污染情形，試說明其來源種類為何？（25 分）

二、依據「國際載重線公約」的航行限制規定，試說明船舶不得航行狀況為何？（25 分）

三、依據「海上人命安全國際公約」規定，客船服務前的初次檢驗項目內容為何？試說明之。（25 分）

四、依據我國「船舶法」規定，試說明小船特別檢查的實施實機為何？（25 分）

國家圖書館出版品預行編目資料

圖解海事法規／張雅富著. －－初版.－－
　臺北市：五南圖書出版股份有限公司，
2021.05
　面；　公分
ISBN 978-986-522-680-0（平裝）

1.航運法規　2.國際海事公約　3.海商法

557.41　　　　　　　　　110005415

5I56

圖解海事法規

作　　　者 — 張雅富（214.5）

發 行 人 — 楊榮川

總 經 理 — 楊士清

總 編 輯 — 楊秀麗

副總編輯 — 王正華

責任編輯 — 張維文

封面設計 — 王麗娟

出 版 者 — 五南圖書出版股份有限公司

地　　　址：106台北市大安區和平東路二段339號4樓

電　　　話：(02)2705-5066　　傳　　　真：(02)2706-6100

網　　　址：https://www.wunan.com.tw

電子郵件：wunan@wunan.com.tw

劃撥帳號：01068953

戶　　　名：五南圖書出版股份有限公司

法律顧問　林勝安律師事務所　林勝安律師

出版日期　2021年5月初版一刷

定　　　價　新臺幣450元

經典永恆・名著常在

◈

五十週年的獻禮 —— 經典名著文庫

五南，五十年了，半個世紀，人生旅程的一大半，走過來了。

思索著，邁向百年的未來歷程，能為知識界、文化學術界作些什麼？

在速食文化的生態下，有什麼值得讓人雋永品味的？

歷代經典・當今名著，經過時間的洗禮，千錘百鍊，流傳至今，光芒耀人；

不僅使我們能領悟前人的智慧，同時也增深加廣我們思考的深度與視野。

我們決心投入巨資，有計畫的系統梳選，成立「經典名著文庫」，

希望收入古今中外思想性的、充滿睿智與獨見的經典、名著。

這是一項理想性的、永續性的巨大出版工程。

不在意讀者的眾寡，只考慮它的學術價值，力求完整展現先哲思想的軌跡；

為知識界開啟一片智慧之窗，營造一座百花綻放的世界文明公園，

任君遨遊、取菁吸蜜、嘉惠學子！